Daniela Crescenzio

Dolce Italia in Bayern

Band 1 – Italienische Spuren
von Bad Tölz bis Oberammergau

© 2010   IT-INERARIO

 **Daniela Crescenzio** ist Italienerin und lebt seit 1991 in Deutschland. Vor einigen Jahren entdeckte sie ihre Leidenschaft für die Geschichte, vor allem für die der Italiener in Deutschland. So fand sie eine Fülle an deutsch-italienischen Beziehungen, die sich in vielen Hundert Jahren über alle Lebensbereiche und sozialen Schichten erstreckten. Seit Jahren berichtet sie auf Deutsch und Italienisch über die Verbindungen deutscher Städte mit Italien.

Weitere Informationen über ihre originellen Stadtführungen unter dem Motto „Italienische Spaziergänge" auf Deutsch oder auf Italienisch und sonstige von ihr persönlich geführten Fahrten finden Sie im Internet unter:

www.crescenzio.de
www.italienische-spaziergaenge.de

Inhalt

Vorwort

Ich freue mich, Sie auf dieser Reise zu begleiten, auf der Entdeckung der italienischen Spuren im bayerischen Voralpenland. Und wahrhaftig, es gibt sehr viele davon!

Jahrhundertelang fuhren vor allem Künstler und Händler aus Italien auf den Straßen des bayerischen Voralpenlandes, um in Mitteleuropa Kunst, Produkte und Kenntnisse zu verbreiten. Aus Mitteleuropa zogen Händler, Künstler, Pilger und Studenten auf denselben Straßen nach Italien und kehrten mit neuen Ideen, Produkten oder Kunstwerken nach Bayern zurück. Und obwohl der Austausch jahrhundertelang so intensiv und umfangreich war, scheint er heute komplett in Vergessenheit geraten zu sein. Es ist an der Zeit, die Spuren neu zu entdecken und zu beleuchten!

Im Sommer biete ich immer wieder sowohl Spaziergänge als auch Ausflüge auf den hier vorgestellten Pfaden und anderswo an. Vielleicht wandeln Sie einmal mit mir persönlich. Infos finden Sie unter www.crescenzio.de

Buon viaggio e buon divertimento da

Daniela Crescenzio

Einführung

Als Straßenkarten eine echte Rarität waren, bedeutete eine bekannte Straße viel mehr als nur Straßenbelag, es bedeutete, dass man die Sicherheit hatte, sein Ziel zu erreichen, da auf diesen Wegen Anfang und Ende allgemein bekannt waren, und man dadurch kaum Gefahr lief, sich zu verirren. Darüber hinaus wusste man, dass auf dieser Strecke die Sicherheit bestand, im ganz genau definierten Abständen Stationen anzutreffen, wo eine Rast eingelegt werden konnte.

Schon unter dem römischen Kaiser Claudius, dessen kompletter Name Tiberius Claudius Caesar Augustus Germanicus lautete (der Name war Programm!) und der von 10 v. Chr. bis 54 n. Chr. lebte, wurden zwei wichtige Straßen zwischen Italien und Augsburg ausgebaut. Wegen Claudius nennt man beide „Via Claudia Augusta", was man sinngemäß als „Weg des Claudius nach Augsburg" übersetzen kann. Heute denken die meisten bei diesem Namen aber nur an die Route über Füssen. Die andere Route, die hier durch Mittenwald führt, wird manchmal auch „Via Raetia" genannt und diesen Namen werde ich im Buch beibehalten, damit Sie und ich nicht durcheinander kommen!
Zur Römerzeit verbanden beide Straßen Augsburg mit Verona. In der Neuzeit wurde Venedig die wichtigste Stadt und das neue Ziel dieser Straße, und die Strecke wurde dann „Untere Straße" genannt. Heute erkennt man den alten Verlauf dieser ehemals wichtigen Straßen wegen der Veränderungen durch Autobahnbau und neuangelegte Straßen nur noch mit Schwierigkeiten.

Auf dem Weg von Venedig nach Augsburg habe ich einen Ausschnitt ausgewählt, der sich von Bad Tölz nach Oberammergau erstreckt, und bin auf die Suche nach Spuren der Tausenden Reisenden aus Italien gegangen und den Einflüssen Italiens in den Orten entlang der Straße. Vor allem Venedig und Rom zogen die Bayern an, wie Sie entlang der Route immer wieder merken werden.

Darum geht es in dieser Reise im schönen bayerischen Voralpenland: um italienische Spuren auf eine ganz spezielle Art und Weise.

8

Bad Tölz

Little Italy an der Isar

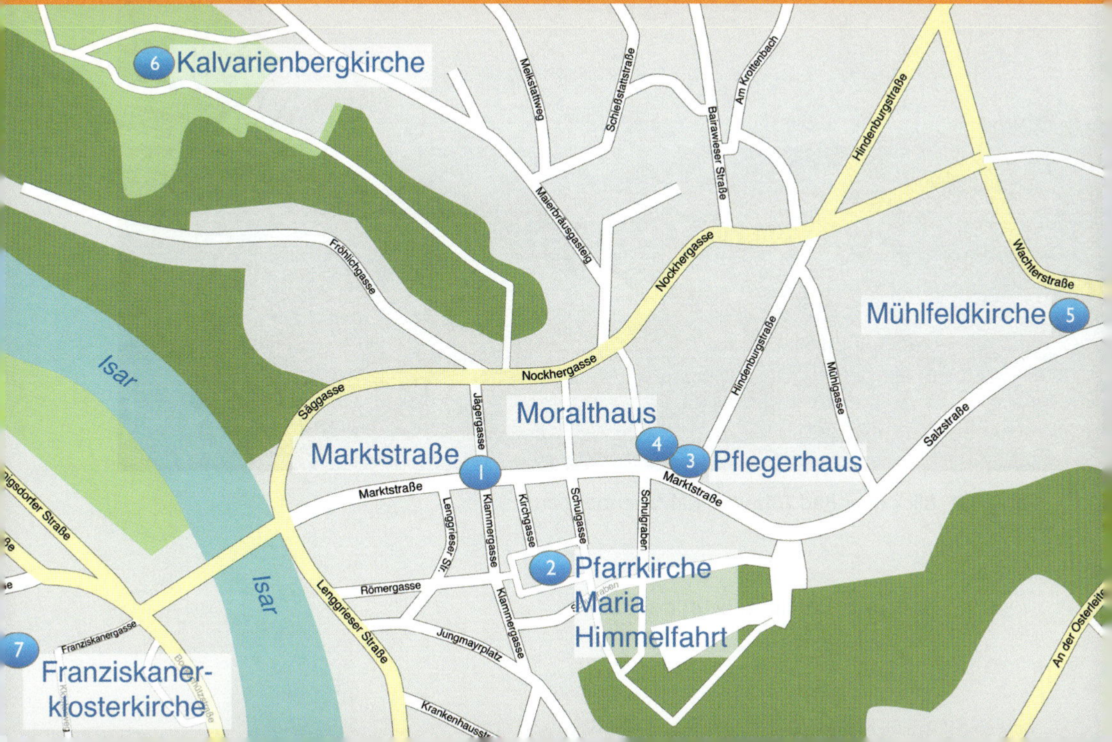

6 Kalvarienbergkirche

Melkstatweg

Scheißstattstraße

Am Krottenbach

Hindenburgstraße

Bairawieser Straße

Maierbräuanstieg

Fröhlichgasse

Nockhergasse

Wacherstraße

Isar

5 Mühlfeldkirche

Nockhergasse

Hindenburgstraße

Mühlgasse

Saggasse

Jägergasse

Moralthaus

4 3 **Pflegerhaus**

Salzstraße

Marktstraße

1 Marktstraße

Lenggrieser Str.

Klammergasse

Kirchgasse

Schulgasse

Schulgraben

Marktstraße

Königsdorfer Straße

Römergasse

2 **Pfarrkirche Maria Himmelfahrt**

Klammergasse

Jungmayrplatz

An der Osterleite

Isar

7 **Franziskaner-klosterkirche**

Franziskanergasse

Krankenhausstr.

Warum Bad Tölz?

Jede Reise muss an einem Ort beginnen, so auch diese, die italienischen Spuren und Einflüssen im schönen Oberbayern folgt. Doch warum ausgerechnet in Bad Tölz? Die Stadt hat keinen römischen Ursprung, und selbst wenn, so hätte es sie nicht zu einer „italienischen" Stadt gemacht. Auch fühlt man sich in Bad Tölz nicht unbedingt an den Canal Grande versetzt. Auch wenn Sie es noch nicht glauben können: Die Tour ich beginne ich hier, weil gerade in Bad Tölz sehr viel mehr „Italien" zu finden ist, als man auf dem ersten Blick vermutet und das Städtchen ein passender Auftakt ist für eine schöne und interessante Entdeckungsreise durch wunderschöne Alpentäler auf alten – auch römischen – Wegen.

Um es gleich abzugrenzen: Mein Hauptthema wird Italien sein, doch ist es in der Region schwierig, den Römern komplett aus dem Weg zu gehen. Zumal in einem bestimmten Zeitraum praktisch alle Bewohner der Region Römer waren: Die Römer in Rom, also die „echten" Römer, praktizierten ab dem 3. Jahrhundert n. Chr. eine konsequente Integrationspolitik im gesamten Reich, die alle freien Menschen, teilweise sogar die Nachfahren befreiter Sklaven, als römische Bürger anerkannte. Die „echten" Römer hatten lange gebraucht, sich solche Zugeständnisse abzuringen, aber ab dato waren „Sie" hier in Oberbayern genauso römisch, wie ich in Padua! Zumindest wenn Sie von den Kelten abstammen, denn die Bajuwaren kamen später und sind im Land die eigentlichen „Zuagroastn" (Zugereiste). Doch bevor ich mich jetzt den „echten" Italienern in Bayern zuwende, möchte ich Ihnen einen kurzen Einblick in die Tölzer Stadtgeschichte geben:

Blick über Bad Tölz vom Kalvarienberg aus

Bad Tölz – Little Italy an der Isar

Zuerst war Tölz und dann das Bad

Zum ersten Mal wird Tölz 1180 erwähnt. Es liegt an der Isar – na ja, ein Stückchen oberhalb, damit man vom Fluss nicht jedes Frühjahr nasse Füße kriegte! Ein uralter Salzhandelsweg kreuzte hier die Isar, auf dem Salz aus der Region Reichenhall/Innsbruck bis ins Bodenseegebiet transportiert wurde und Stadt und Land lange Zeit große Einnahmen bescherte. Wichtig war der Fluss auch für den Transport von Waren, die aus Italien importiert und ab Mittenwald auf Flößen isarabwärts durch Tölz nach München, Freising, Regensburg und weiter transportiert wurden. So etablierte sich Tölz als Warenumschlagplatz. Aus Italien kamen Seide, Früchte (besonders Kastanien), geläuterter (roher gefilterter und gereinigter) Honig, Wein, Heu, Kreide, Pech und Pechöl, die für die Bierbrauer unabdingbar zum Verdichten der Fässer waren, Kienruß, den vor allem die Drucker zum Schwärzen brauchten, Pottasche, Kohle, Baumöl und Instrumente. Ein vielfältiger Handel also, der Wohlstand brachte.

Als die Einnahmen aus dem Handel zurückgingen, entwickelten sich mehr und mehr Einwohner zu tüchtigen Handwerkern, die – wie hätte es von Wäldern umgeben auch anders sein können – sehr gut mit Holz umgehen konnten. Das Stadtmuseum bietet einen interessanten Einblick in das Können der Tölzer Kistler. Es entstanden Möbelstücke, die weit über die Stadtgrenzen hinaus Absatz fanden. Gleichzeitig entstanden viele Brauereien in der Stadt, die ihr Bier bis nach München lieferten und in Tölz den Wohlstand vermehrten. Einige Bürger lebten fast luxuriös, vor allem Brauersfrauen. Das Gewerbe der Flößer blieb allerdings das wichtigste, noch vor dem der Brauer.

Im 19. Jahrhundert entdeckte Caspar Riesch dann eine sehr starke Jodquelle und Tölz entwickelte sich zu einem wichtigen Kurort. 1899 erhielt Tölz den Zusatznamen „Bad", und als Kurort ist Bad Tölz heute noch bekannt. Dem Zeitgeist entsprechend fährt man hierher allerdings nicht mehr vorrangig zur Kur – wie altmodisch das klingt –, sondern immer lieber zur Wellness...

Neben berühmten Söhnen und Töchtern der Stadt gab es prominente Gäste: Thomas Mann zum Beispiel, der von 1909 bis 1917 die Sommermonate in Bad Tölz verbrachte, natürlich in der Mann-Villa. Ganz passend zum Leitthema dieses Buches schrieb Mann hier in Bad Tölz am berühmten Roman „Der Tod in Venedig". Zum Glück muss ich die weiteren Bezüge zu Italien nicht so weit herholen wie aus dem Werk eines deutschen Schriftstellers, und Sie können mir glauben, dass mich die realen italienischen Gestalten der Stadtgeschichte viel mehr interessieren.

Wenn Sie in Bad Tölz ankommen, begeben Sie sich am besten zuerst in die Marktstraße. Sie ist das heutige Gesicht von Bad Tölz und im Sommer angefüllt mit Touristen, unter die sich auch immer mehr Italiener mischen. Wo Sie mit dem nächsten Kapitel beginnen, ist nicht so wichtig, im Lauf des Spaziergangs werden Sie die Marktstraße sowieso in ihrer vollen Länge zu sehen bekommen.

Station 1 – Marktstraße
DIE Straße der Stadt

Auch an Bad Tölz sind Kriege und Kämpfe nicht spurlos vorübergegangen, doch die Stadt hatte das Glück, durch sie nicht komplett entstellt zu werden. So kann man heute an der Marktstraße, *der* Straße der Stadt, noch die Originalhäuser bewundern.

Die nicht ganz historische Marktstraße von Bad Tölz ist das Werk Gabriel von Seidls: Im 19. Jahrhundert wurden die Fassaden der historischen Häuser zu denen stilreiner Alpenhäuser umgestaltet

Die schönen und dekorativen Lüftlmalereien sind teilweise sehr alt, doch vom Erscheinungsbild der Häuser kann man das nicht behaupten: In der zweiten Hälfte des 19. Jahrhunderts und teilweise noch am Anfang des 20. Jahrhunderts war der Historismus Mode und man gestaltete Vieles im Sinne der guten alten Tradition neu. Oder sollte ich sagen alt? Jedenfalls versuchte man, stilistisch zu seinen Ursprüngen zurückzukehren und wandelte die gotischen Häuserfassaden in der Marktstraße, die wohl bemerkt die Originale waren, zu denen stilreiner Alpenhäuser um. Denkmalpflegerisch mag man das verurteilen, doch die Kulisse in der Marktstraße hat davon profitiert und ist sehr stimmungsvoll. Ein einheitliches Bild, das die Stadt charakterisiert und das heute niemand mehr wegdenken möchte. Und 100 Jahre nach der Umbaumaßnahme sind die Fassaden ja auch schon wieder historisch! Der Schöpfer dieser und anderer Werke in Bad Tölz war der Münchner Architekt Gabriel von Seidl, der hier 1913 starb.

Wenn Sie die Marktstraße bergauf gehen, sehen Sie, noch bevor Sie ganz oben angelangt sind, rechterhand die Kirchgasse, in der Sie die gelbe markante Silhouette der Pfarrkirche Maria Himmelfahrt erkennen können, unsere nächste Station. Laut Planung ist sie bis Mai 2011 wegen Restaurierungsmaßnahmen geschlossen.

Gabriel von Seidl

Der Architekt Gabriel von Seidl, der am 9. Dezember 1848 in München geboren worden war, arbeitete zunächst als Lehrling in der Maffei-Werkstatt in München und danach als Maschinentechniker.

Erst nach dem Tod des Vaters konnte er seiner eigenen Begeisterung für die Architektur folgen. Er studierte an der Münchner Akademie und genoss in den Jahren 1876-77 einen langen Studienaufenthalt in Rom, der einen Teil seines weiteren Schaffens prägte, wie die Villa Lenbach und die Kaulbach-Villa in München zeigen; ihre italienischen Vorbilder sind nicht zu übersehen. Später wandte er sich dem Neoklassizismus zu.

In Bad Tölz hat er vielfältige Spuren seines Schaffens hinterlassen, vom Jugendstilhotel Kolbergarten am Fuß des Kalvarienbergs, das man vom Isarufer aus sehr gut sieht, bis zum Kurhaus, das 1914, ein Jahr nach seinem Tod, von seinem Bruder Emanuel Seidl fertiggestellt wurde.

Station 2 –
Pfarrkirche Maria Himmelfahrt

Aus dem Jahr 1315 kennt man die erste Nennung einer „Kapella Tölnz" am Standort der heutigen Pfarrkirche Maria Himmelfahrt. Nach einem Brand 1453 baute man sie bis 1490 in Form einer dreischiffigen Halle wieder auf. Das Innere wurde im 19. Jahrhundert der architektonischen Mode entsprechend gotisiert, da man mit dem alten Stil auch eine Rückbesinnung zu „guten alten Zeiten" verband. Unter anderem wurde dabei der gegenwärtige Hochaltar mit Flügeln errichtet.

Dieser Flügelaltar dient von Advent bis Fronleichnam als Bühnenraum für eine Art Krippe, in der 20 verschiedene biblische Szenen dargestellt werden. Besonders daran sind nicht nur die vielen 1,30 m großen bekleideten Holzpuppen aus dem 19. Jahrhundert, sondern auch die Theaterkulissen aus der gleichen Epoche, die der damalige Theatermaler Simon Quaglio malte.

Die Stadtpfarrkirche
Maria Himmelfahrt

Simon und andere Quaglios

Simon Quaglio entstammte der Familie Quaglio aus Laino im Intelvital beim Luganersee, aus deren Reihen zahlreiche Freskanten, aber vor allem Theater- und Dekorationsmaler hervorgingen. Als erstes Familienmitglied sollte man Giulio Quaglio nennen, der im 17. Jahrhundert als Altar-, Theater- und Freskomaler in Wien tätig war.

Sein Sohn Giulio II. arbeitete unter anderem in Salzburg und Laibach. Im 18. Jahrhundert war Lorenzo Quaglio sowohl als Theatermaler als auch als Baumeister am Mannheimer Hof tätig und baute dort unter anderem das Opernhaus um. Mit dem Umzug des Mannheimer Hofes 1778 nach München kam auch er in die bayerische Hauptstadt, in der die Familie in den folgenden Generationen lebte und bald als „münchnerisch" betrachtet wurde. Man kennt insgesamt fünf Generationen der Familie als Bühnenbildner, die für das gesamte Theaterwesen zuständig waren.

Simon Quaglio wurde am 23. Oktober 1795 als Sohn Giuseppes in München geboren. Er war das erste Familienmitglied, das in München und nicht mehr in Laino zur Welt kam. Simon folgte der künstlerischen Familientradition, lernte bei seinem Vater und seinem älteren Bruder Angelo und bekam schon 1814 eine Einstellung als Theatermaler in München. Er schuf alle wichtigen Theater- und Operndekorationen seiner Zeit in München und Salzburg. Sehr bekannt ist zum Beispiel seine Dekoration für die Oper *Zauberflöte*, die 1818 in München aufgeführt wurde. Simon starb in München am 8. März 1878.

Bei einem Ausflug nach Laino können Sie dort noch immer das Haus Quaglio antreffen, das in Privatbesitz ist.

Römische Nazarener in Bad Tölz

Nicht nur beim Hauptaltar lassen sich italienische Einflüsse entdecken, sondern auch bei den 14 Kreuzwegstationen, die in den Jahren 1825/26 von jungen Künstlern gemalt wurden, die der Gruppe der Nazarener angehörten. Die Kreuzwegstationen sehen Sie im Hauptschiff auf der linken Seite.

Die Geschichte der Nazarener hatte mit den Wiener Malern Johann Friedrich Overbeck und Franz Pforr begonnen. Nachdem sie mit den Lehrmethoden der kaiserlichen Kunstakademie gebrochen hatten, gingen sie um 1800 nach Rom, um sich dort auf die alte Kunst im Sinne des Christentums zurückzubesinnen. Ihr großes Vorbild war Raffael, der Maler aus Urbino, der in Rom für die Päpste des 16. Jahrhunderts gearbeitet hatte. Nicht nur die Nazarener verehrten Raffael im 19. Jahrhundert, sondern auch weite Kreise Münchens und ganz Bayerns: Die Einweihung der Alten Pinakothek in München fand am 7. April 1826 statt, dem Geburtstag Raffaels!

Das Innere der Pfarrkirche Maria Himmelfahrt vor der Renovierung

In Rom gesellten sich zu den Malern Overbeck und Pforr bald andere österreichische und deutsche Maler, die fast alle katholisch waren oder zum Katholizismus übertraten und sich größtenteils im Kloster Sant'Isidoro auf dem Monte Pincio niederließen.

Allgemein war Rom bei Künstlern beliebt: In der ersten Hälfte des 19. Jahrhunderts zählte allein die deutsche Künstlerkolonie bis zu 300 Personen; viele von ihnen wohnten ihr Leben lang im selben Stadtteil Roms. Viele ihrer Werke sind noch in München und anderen Städten Deutschlands zu sehen.

In München fasste die Bewegung der Nazarener mit dem Maler Peter Cornelius Fuß, der 1818 einer Einladung von Kronprinz Ludwig folgte und seine Wahlheimat Rom verließ, um in München zu arbeiteten. 1824 wurde er zum Direktor der Kunstakademie ernannt. In den ersten Jahren der neuen Künstlerbewegung schufen junge Künstler wie August Riedel, Paul Emil Jacobs, Ludwig Caspar Weiß und Johann Michael Wittmer die 14 Kreuzwegstationen für die Pfarrkirche in Bad Tölz. Über Johann Michael Wittmer werde ich in Partenkirchen bei der dortigen Kirche Maria Himmelfahrt, deren Hauptaltargemälde er schuf, mehr erzählen.

Leidenschaftlich Rom

August Riedel wurde am 25. Dezember 1799 in Bayreuth geboren. Ab 1818 studierte er an der Münchner Akademie bei Robert von Langer. 1823 ging Riedel zum ersten Mal nach Italien, 1829 ein zweites Mal und 1832 ließ er sich endgültig in Rom nieder. Bekannt wurden vor allem seine Porträts, eines ist in der Neuen Pinakothek in München zu sehen. Er starb in Rom im August 1883.

Paul Emil Jacobs wurde am 18. August 1802 geboren. 1818 trat er in die Kunstakademie in München ein, in der er Schüler von Johann Peter von Langer und später von dessen Sohn Robert von Langer wurde. Erstmalig reiste er mit seinem Freund August Riedel 1823 nach Italien. Bei seinem zweiten Aufenthalt verbrachte er ab August 1825 mehrere Wochen in Florenz und Rom; die ewige Stadt sollte seine zweite Heimat werden. In den folgenden Jahren lebte er erst in Frankfurt, dann in St. Petersburg und schließlich in Gotha. In den Jahren 1838, 1844 und 1853 kehrte er teilweise für längere Zeit nach Rom zurück. Er starb am 6. Januar 1866.

Ludwig Caspar Weiß wurde 1793 geboren und war Spross einer Familie aus Rettenberg im Allgäu, die 14 künstlerisch tätige Mitglieder zählte – Bildhauer und Maler. Von Ludwig Caspar Weiß findet man vor allem in zahlreichen Kirchen im Allgäu Gemälde und Fresken, die er im Stil der Nazarener malte. Er starb 1867.

Bleiben Sie in der Kirche und schauen Sie in der Sebastianikapelle nach dem Gemälde mit der Darstellung der *Heiligen Sebastian, Rochus und Franz von Paula*. Johann Ulrich Loth malte es im Pestjahr 1634 für die hiesige Schützengesellschaft. Laut Aufzeichnungen des damaligen Pfarrers war hier wie in der ganzen Region ein großer Teil der Bevölkerung der Seuche zum Opfer gefallen und so ließ man seinerzeit zu Ehren der Pestheiligen Rochus und Sebastian zahlreiche Kapellen errichten und Gemälde anfertigen. Es ist anzunehmen, dass der Kontakt der Schützengesellen mit Ulrich Loth durch den Stadtpfleger Cesare Crivelli zustande kam, dessen Vetter Giovanni Battista Crivelli den Maler in Rom jahrelang unterstützt hatte. Mehr über den Bezug Ulrich Loths zu Italien können Sie unten in seiner Biografie erfahren. Und sagen Sie nicht, Sie wären nicht überrascht!

Johann Ulrich Loth

Johann Ulrich Loth wird meist nur Ulrich Loth genannt und kam vor 1599 in München als Sohn eines Glasmalers zur Welt. Ab 1615 war er als Malerjunge im Hofdienst unter Maximilian I. in München tätig und arbeitete als Lehrling beim Hofmaler Peter Candid.

Seine Begabung verschaffte ihm Ende 1619 ein Stipendium von Maximilian I. für eine Lehrreise nach Italien. Spätestens im Dezember 1619 brach er nach Rom auf. Man hatte sich vor seiner Abreise weder auf ein Rückkehrdatum noch auf einen Lehrmeister festgelegt und überließ die Wahl vertrauensvoll dem bayerischen Agenten Giovanni Battista Crivelli in Rom, der Loth dort empfing und sich um ihn kümmerte. Er war übrigens Vetter des Tölzer Pflegers Cesare Crivelli, den Sie in der nächsten Etappe kennenlernen werden, und stellte wohl die Weichen für Loths Werk in Tölz.

Wer Loths Lehrer wurde, ist noch nicht nachgewiesen und von seiner Zeit in Italien sind weder Skizzen noch Gemälde bekannt. Den ersten Werken nach seiner Rückkehr nach München sieht man allerdings an, dass er stark von der Kunst Caravaggios beeinflusst war, der allerdings schon vor Loths Romreise gestorben war. Die Anweisung zurückzukehren erfolgte im Mai 1622, doch Loth hatte es nicht eilig damit: Im Juli 1622 berichtete Crivelli erst einmal aus Rom, dass Loth krank sei. Im September war er noch immer in Rom, und im Dezember 1622 wurde berichtet, dass er sich

Drei Jahre lang lernte Johann Ulrich Loth in Rom

endlich einmal auf dem Weg gemacht hatte. Doch dauerte es bis Mai 1623, bis er... in Mantua auftauchte und nicht in München! Womöglich steuerte er gleich danach noch Venedig an, das wäre ja auch kein sooo großer Umweg. In aller Ruhe kam er im Herbst 1623 nach München zurück.

Auch Mantua schien Loth zu gefallen: Bevor er dem Ruf seines Herzogs nach München folgte, schaute er sich die Stadt und ihre Meisterwerke an

Dort wurde er als Hofmaler eingestellt und heiratete am 3. Juni 1624 Libia Krumpper, eine geschickte Miniaturmalerin und Tochter des Hofbildhauers Hans Krumpper und der Katharina Sustris, die ihrerseits Tochter des Hofkunstintendanten Friedrich Sustris war. Aus der Ehe gingen sieben Kinder hervor, das bekannteste wurde Carl Loth – siehe Seite 61.

Nach einer Gehaltserhöhung gehörte Ulrich Loth 1626 mit Peter Candid und Hans Krumpper zu den bestbezahlten Hofkünstlern seiner Zeit. 1629 beschloss er, frei zu arbeiten und sich nicht mehr als Hofmaler zu binden. In die Zunft trat er aber erst viel später ein, im Jahr 1644. Nach wie vor arbeitete er sehr oft für Maximilian, zum Beispiel für das Schloss in Schleißheim und die Residenz. Anderweitig war er als sehr gut bezahlter Maler für Kirchen und private Auftraggeber tätig. Nach dem Tod Peter Candids 1628 war er der begehrteste Maler seiner Zeit.

Doch da sich der Zeitgeschmack änderte, erhielt Ulrich Loth in seinen letzten Lebensjahren nur noch wenige Aufträge und verschuldete sich. Seine Ehefrau Libia stützte die Familie mit kleinen Malaufträgen, die sie vor allem vom Hof bekam. Ein Jahr nach seiner Frau starb Ulrich Loth im Juni 1662. Seine Söhne Carl und Franz lebten zu diesem Zeitpunkt schon als Maler in Venedig und über die anderen fünf weiß man gar nichts mehr.

Von Ulrich Loth sind zahlreiche Werke bekannt, in München zum Beispiel in der Peters-, Frauen-, Heiliggeist- und Michaelskirche; weitere unter anderem in Weilheim, Wasserburg am Inn und Bad Tölz.

18

Die Rosenkranzbruderschaft von Tölz

Werfen Sie jetzt einmal einen Blick in die linke Chorkapelle. Dort sehen Sie links und rechts einer Kopie der Mariahilf von Lukas Cranach d. Ä. die Abbildungen des heiligen Dominikus und der heiligen Katharina von Siena, die an die früher berühmte und bedeutende Tölzer Rosenkranzbruderschaft erinnern. Denselben beiden Heiligen werden Sie gleich in der Winzererkapelle wiederbegegnen, auch dort neben einer Madonnenfigur der Spätgotik, die sich früher in der sogenannten Gruftkapelle nördlich der Kirche befand.

Eine Rosenkranzbruderschaft ist eine Gemeinschaft von Laien, deren Ziel die Vertiefung der Frömmigkeit durch das Rosenkranzgebet ist. Das ursprüngliche Konzept entstand im 15. Jahrhundert bei den Dominikanern. Die Tölzer Bruderschaft wurde laut Urkunde am 12. September 1628 in Rom bestätigt. Die Genehmigung erteilte der Dominikaner Fr. Castellino da Faenza, der in Santa Maria sopra Minerva lebte, dem wichtigsten Dominikanerkloster Roms. In diesem Kloster werden seit Jahrhunderten die Reliquien der heiligen Katharina aufbewahrt, die neben dem heiligen Franz von Assisi Patronin Italiens ist.

Die Tölzer Rosenkranzbruderschaft war in der Zeit der Gegenreformation und des 30jährigen Krieges ins Leben gerufen worden – auf Initiative des damaligen Pfarrers Johann Pistor, des Herren Jakob Appenzeller, des Bürgermeisters Johann Schwägerl und des Tölzer Pflegers Giulio Cesare Crivelli, von dem ich bald noch mehr zu berichten haben werde.

Der Cousin des Pflegers, Giovanni Battista Crivelli, wirkte in Rom für Kurfürst Maximilian als bayerischer Gesandter beim Papst. Die Kontakte Giovanni Battistas in Rom waren seiner Position entsprechend zahlreich und sehr gut und schlossen den Orden der Dominikaner mit ein. Man kann davon ausgehen, dass er sich persönlich beim Orden in Rom für seinen Vetter und die Genehmigung seiner Bruderschaft in Tölz einsetzte.

19

Ein Benefizium mit italienischer Beteiligung

Zum ältesten Benefizium in der Pfarrkirche in Tölz führte die Einwirkung einer Italienerin: Elisabeth Visconti stiftete 1415 gemeinsam mit ihrem Ehemann, dem bayerischen Herzog Ernst, und mehreren Tölzer Bürgern einen Betrag, um die Frühmesse auf dem Leonhards- und Georgsaltar zelebrieren zu lassen. Die Dotierung für den Unterhalt des Benefiziums scheint allerdings nicht wirklich üppig gewesen zu sein, sodass es schon 1485 aufgestockt werden musste. Danach hatte es bis ins 19. Jahrhundert Bestand.

Gehen Sie nun links hinter dem Hauptaltar durch den Zugang zur Winzererkapelle. Sie hieß bis zur Mitte des 19. Jahrhunderts *Guidobonische Kapelle* und war nach einem Grafen Guidobono-Cavalchini benannt.

Die Malerei an einer Fassade in der Marktstraße vermittelt
einen Eindruck von den alten Häusern und Kirchen der Stadt;
der Glockenturm der Pfarrkirche hat beispielsweise noch ein Satteldach

Die Pfleger und ihre Gepflogenheiten

Fast bis zum Ende des 18. Jahrhunderts lag die Verwaltung eines Territoriums in den Händen eines Verwalters, der polizeilich tätig wurde, als Richter diente und sogar für kirchliche Angelegenheiten zuständig war. Ihm unterstand fast Alles und nichtsdestotrotz bekam er nicht mehr als ein überraschend kleines „Gehalt" vom Landesherren ausgezahlt, in der Regel nur für die Bewachung der zuständigen Burg. Einnahmen hatte er trotzdem reichlich, da er Naturalien von den Bewohnern bekam, die er noch zusätzlich zu kostenlosen Arbeitsdiensten verpflichten konnte, den sogenannten Scharwerken. Die größten Einnahmen hatte der Pfleger allerdings aus der Nutzung der verschiedenen Einrichtungen und Ökonomien des Landes.

Das machte unterschiedliche Territorien, oder besser gesagt die Pflege unterschiedlicher Pflegämter, in die das Land Bayern unterteilt war, unterschiedlich attraktiv. Es war also nicht nur eine Frage des Prestiges, sondern auch der finanziellen Ertragskraft, wenn ein Pflegamt dem anderen vorgezogen wurde, und eine Frage der Wertschätzung durch den Kurfürsten, welchem Herren er die Pflege welchen Pflegamtes zuteilte (Frauen kamen nur selten in den Genuss). Dem Pfleger brachte das Amt konstante Einnahmen, oft sogar als Zusatzverdienst zu einem Amt am Hof, wie dem des Kämmerers oder Mundschenks. In derartigen Hofämtern gab es recht wenig Arbeit und noch weniger Risiko z.B. beim Vorkosten der kurfürstlichen Gerichte, das an Untertanen delegiert wurde... und die meisten Pfleger richteten sich ihren Pflegejob ähnlich bequem ein, indem sie einen Pflegsverwalter oder Amtsvertreter einstellten.

Im 16. und 17. Jahrhundert waren drei Italiener unmittelbar nacheinander Pfleger in Tölz. Den Anfang machte Giovanni Battista Guidobono-Cavalchini.

Guidobono-Cavalchini: Aus dem Piemont nach Tölz

Die ältesten gesicherten Belege eines Familienmitglieds der Guidobono-Cavalchini stammen aus dem Jahr 1183, und zwar von Bernardo Guidobono aus Tortona, einem Städtchen in der Provinz Alessandria im Piemont. Den Doppelnamen Guidobono-Cavalchini nahm die Familie erst im 15. Jahrhundert an. Sie hatte ausgedehnte Besitztümer bei Alessandria und Mailand, die so unabhängig waren, dass man fast von einem eigenen Staat sprechen konnte. Wenn Sie nach Tortona fahren, finden Sie dort noch den Palazzo Guidobono aus dem 15. Jahrhundert mit römischem Boden im Keller! Und bei Alessandria können Sie ein Dorf Castellar Guidobono besuchen.

Den Weg nach Bayern nahmen die Brüder Giovanni Battista und Gianfrancesco Guidobono-Cavalchini im Februar 1568. So genau kann man das datieren, da sie zum Gefolge Renates von Lothringen gehörten, die den Wittelsbacher Herzog Wilhelm V. geheiratet hatte. Ihre sagenhafte 14tägige Hochzeitsfeier, die vieles dem Stil der pompösen Medici-Hochzeit des Jahres 1565 abgeschaut hatte, blieb den Münchnern jahrhundertelang in Erinnerung, und das frisch vermählte Paar wird heute wie seit Jahrzehnten jeden Tag von Tausenden ahnungslosen Münchner Touristen bewundert ...im Glockenspiel des Neuen Rathauses am Münchner Marienplatz! Na ja, eigentlich wissen selbst die Münchner nicht, wer die beiden da oben sind.

Mit der Glockenspielgeschichte ist es mir sicher nicht gelungen, sie von der Frage abzulenken: Wieso kommt ein Italiener aus Lothringen? Das ist ja noch weniger Italien als Tölz! Es ist eine weitere Hochzeitsgeschichte, eigentlich sogar zwei: Christina von Dänemark war 1533 als Braut von Francesco II. Sforza nach Mailand gegangen und nach dessen Tod hatte sie 1541 Franz I. geheiratet, den Herzog von Lothringen und Toskana. Nun war es in Bayern, Italien und andernorts üblich, dass adelige Sprösslinge auszogen, um an auswärtigen Höfen zu lernen und zu „arbeiten", und so war wohl ein Guidobono-Cavalchini von Tortona nach Lothringen gelangt. Aus der Lothringer Ehe Christinas von Dänemark ging Renate hervor, die zukünftige Braut Wilhelms V. in München und Wegbereiterin für einen Guidobono-Cavalchini an den bayerischen Hof. Christina von Dänemark verbrachte nach schweren Jahren in Lothringen und Exil unter anderem in Heidelberg ihre letzten Jahre in Tortona, wo sie 1590 starb.

Das Herzogspaar Wilhelm V. und Renate verbrachte die ersten Ehejahre am Landshuter Herzogshof, an dem Giovanni Battista Baron Guidobono-Cavalchini 1574 Kämmerer wurde. 1579 musste Wilhelm nach München umziehen und Giovanni Battista folgte ihm. 1580 ernannte man Guidobono-Cavalchini zum Hofrat und zum Oberststallmeister, 1583 zum Obersthofmeister und Kämmerer der Herzogin, später noch zum Geheimen Rat. 1594-95 war er Verwalter des Obersthofmeisteramts, und im folgenden Jahr ernannte man ihn zum Obersthofmarschall. Zu seinen wahrscheinlich bedeutendsten

Tätigkeiten gehörten die Heiratsverhandlungen für die zukünftige Braut Herzog Maximilians I., dem Sohn von Wilhelm V. Da es sich schon wieder um eine Braut aus Lothringen handelte, hatte man Giovanni Battista für die diplomatische Mission ausgewählt, die er zur vollsten Zufriedenheit seines Chefs ausführte.

Eine italienisch-bayerische Heirat

Giovanni Battista ließ sich im Herzogtum Bayern nieder und heiratete um 1578/80 Anna von Pienzenau aus Reichersbeuern, einer Ortschaft etwa 7 km östlich von Bad Tölz. Der Name der Familie Pienzenau stammt von einem Gebiet bei Miesbach, das früher Pienzenova genannt wurde. Heute besteht es aus Kleinpienzenau und Großpienzenau in der Gemeinde Weyarn. Außer in der Pienzenova besaßen die Pienzenau ein Schloss in Reichersbeuern mit der dazu gehörigen Hofmark und einige Anwesen in München.

Durch die Heirat mit Anna erwarb Giovanni Battista die Hofmark in Reichersbeuern, und am 10. November 1594 wurde er zum Pfleger von Tölz ernannt. Sein Titel lautete Freiherr zu Lichtenberg, Carbonara und Sarzana, zu Reichersbeuern und Sachsenkam.

Guidobono-Cavalchinis Epitaph erinnert seit Jahrhunderten in der Pfarrkirche von Bad Tölz an den italienischen Pfleger

Der italienische Pfleger von Tölz

Giovanni Battista Guidobono-Cavalchini ließ die Pflege von Tölz durch einen Verwalter erledigen, vor allem da er neben dem Pflegamt am herzoglichen Hofe so beschäftigt war! Doch muss Tölz ihm etwas bedeutet haben, denn er erwarb eine große Kapelle in der Tölzer Pfarrkirche für sich und seine Familie als Grabstätte. Vom 17. bis zum 19. Jahrhundert nannte man sie *Guidobonische Kapelle*. Nach seinem Tod am 13. Mai 1603 wurde er darin bestattet, später auch seine Frau Anna, und ihre beiden großen und schönen Epitaphe aus rotem Marmor kann man heute noch links und rechts an den Wänden der Kapelle bewundern.

Im 19. Jahrhundert wurde der Name in *Winzererkapelle* geändert, in Erinnerung an die heute viel bekanntere Tölzer Pflegerfamilie Winzerer.

Seit Jahrhunderten gibt einen Jahrestag, an dem während einer Messe an Giovanni Battista erinnert wird. Den Jahrestag führte seine Frau Anna ein und finanzierte ihn sehr nachhaltig. Wer aber weiß heute noch, was ein Guidobono-Cavalchini jemals in Tölz zu suchen hatte? ...außer Ihnen natürlich!

Nachkommen Giovanni Battistas sind keine bekannt. Nachfolger als Pfleger in Tölz wurde ab Ende 1603 wieder ein Italiener, Baron Giulio Cesare Crivelli, den ich Ihnen in der nächsten Etappe, vor dem Pflegerhaus, ausführlich vorstellen werde.

Anna von Pienzenau heiratete nach Giovanni Battistas Tod ein zweites Mal und zwar wieder einen Italiener: Giacomo Papafava, Graf von Carrara und Anguillara, aus einer alteingesessenen paduanischen Familie.

Auch Giovanni Battistas Bruder Francesco Guidobono-Cavalchini heiratete in Bayern, und sein Sohn Albrecht Nikolaus wurde ab 1638 Pflegsverwalter in Riedenburg, später auch in Dietfurt und in Reichenhall. 1652 ging die Pflege in Riedenburg an seinen Sohn Albrecht Nikolaus Freiherr von Guidobono-Cavalchini über und 1681 weiter an dessen Sohn Franz Maria Wolfgang. Mit dem Tod dieser letzten Generation endete die Dynastie der Guidobono-Cavalchini in Bayern im Jahre 1711.

Kehren Sie in die Marktstraße zurück und folgen Sie ihr weiter bergauf, bis Sie gleich nach dem imposanten Winzerer-Monument auf der linken Seite an der Straßenecke das Pflegerhaus sehen. Hier geht es um die nächste italienische Pflegerfamilie in Tölz: Wie Guidobono-Cavalchini war auch ein Crivelli Pfleger in der Stadt.

Doch auf keinen Fall möchte ich versäumen, vorher das gegenüberliegende Stadtmuseum von Bad Tölz zu erwähnen, auch wenn ich darin nichts über die „italienische" Vergangenheit der Stadt finden konnte. Daher stelle ich es als kleine Extra-Etappe vor:

23

Das Stadtmuseum von Bad Tölz

Auf insgesamt fünf Stockwerken können Sie vor allem die Produktion der Tölzer Holzhandwerker in schönem Rahmen bewundern. Das Museum stellt eine wahrhaft umfangreiche Sammlung an Holzobjekten aus, von Truhen über Wiegen und Himmelbetten bis zu Schränken, die in den letzten Jahrhunderten zu Recht den Stolz der Tölzer Kistler begründeten.

Darüber hinaus können Sie anhand der Rottflößerei etwas über das Transportwesen früherer Zeiten erfahren und einiges mehr über die Stadtgeschichte von Bad Tölz.

Einige der wichtigen Persönlichkeiten der Stadt kann man dort auch im Porträt antreffen. Leider habe ich im Museum weder Porträts noch andere Informationen von Guidobono-Cavalchini oder Crivelli vorgefunden. Doch ich hoffe sehr, dass sich das bald ändern wird! Das Museum will sich in den nächsten Jahren komplett verändern, und vielleicht wird man sich doch wieder an den einen oder anderen Italiener erinnern...

Station 3 – Pflegerhaus
Noch mehr italienische Pflege dank Crivelli

Nachdem Giovanni Battista Guidobono-Cavalchini im Mai 1603 gestorben war, erhielt seine Witwe Anna von Pienzenau die Pflege von Tölz, und sie setzte, wie schon ihr verstorbener Ehemann, einen Pflegsverwalter ein. Ihre Freude über das Amt währte allerdings nur kurz, da der Landesherr die Pflege wohl in italienischer Männerhand wissen wollte und schon am 1. Januar 1604 dem italienischen Baron Giulio Cesare Crivelli zuteilte.

Er war ein Mann von Welt, und um ihn standesgemäß einzuführen, muss ich einen kleinen Umweg über Mantua und Ingolstadt machen:

Rechts das Pflegerhaus von Bad Tölz und in der Mitte das Moralthaus

Der Prinz aus Mantua

Die Wittelsbacher standen in sehr guten Beziehungen zur in Mantua herrschenden Familie Gonzaga; schon seit Generationen waren sie mit ihr verschwägert. 1591 und 1595 hatte Vincenzo Gonzaga auf einer Europareise unter anderem die Verwandten in München besucht und neue Heiraten mit der Familie in Aussicht gestellt. Für seinen Sohn Ferdinand sah er vor, dass er eine ausgezeichnete Ausbildung erhalten und, dem gesellschaftlichen Stand der Familie angemessen, Kardinal werden sollte. Karrierepläne schmiedete man für die Sprösslinge sehr früh in diesen Familien und so schickte man ihn im Alter von 14 Jahren an die Jesuitische Universität in Ingolstadt! Die Empfehlung kam von Astor Leoncelli aus Mantua, der für Herzog Maximilian in München als Stallmeister arbeitete. Seit 1595 hatte Leoncelli von München aus ständige Korrespondenz mit dem Herzog von Mantua geführt; auch schickten die Wittelsbacher ihn für geschäftliche Tätigkeiten und als Gesandten nach Mantua. Leoncelli empfahl Ferdinand nicht nur das Studium in Ingolstadt, sondern auch einen geeigneten Privatlehrer der deutschen Sprache, nämlich Dr. Fabio Ponzoni. Dieser war ein Sohn von Antonio Ponzano, einem italienischen Hofmaler am Münchner Hof, und hatte 1592 in Ingolstadt promoviert.

Wenn so hoher Besuch kommt, möchte man als Gastgeber und erst recht als Familienmitglied eine „bella figura" machen; zumindest musste man dem Gast ein paar fähige Leute von Stand zur Verfügung stellen. So wurden Giulio Cesare Crivelli aus Mailand, der Hofangestellter von Maximilian und Kammerherr des Kaisers war, und Giulio Gigli aus Imola, der seit mindestens 1585 als Hofsänger und -musiker in München tätig war, als „Aushilfe" des Prinzen von der Familie Wittelsbach nach Ingolstadt geschickt und an der Universität immatrikuliert.

Der junge Kardinal Ferdinando Gonzaga, der in Ingolstadt studiert hatte

Auch der Prinz selbst brachte im September 1601 ein standesgemäßes Gefolge mit: Mit ihm immatrikulierten am 10. Februar 1602 weitere 13 Personen an der Universität Ingolstadt, inklusive dem Privatlehrer Dr. Ponzoni und dem Abt der Basilika St. Barbara in Mantua! Die Immatrikulation war damals wichtig, um in den Genuss des besonderen Schutzes zu kommen, der Studenten zuteil wurde, also immatrikulierte sich Ferdinands gesamtes Gefolge inklusive Giulio Cesare und Giulio Gigli. Das Ingolstädter Studium des jungen Ferdinand sollte von kurzer Dauer sein: Nachdem er im Mai 1602 krank geworden war, kehrte er schon im Juni 1602 nach Mantua zurück. Es scheint, als sei ihm das Klima in Ingolstadt nicht gut bekommen – in seinen Briefen schrieb er allerdings oft über große Langeweile...

Neben einem Urteil über den Unterhaltungswert Ingolstadts zu Beginn des 17. Jahrhunderts erlauben diese Geschehnisse den Schluss, dass Giulio Cesare Crivelli eine Person von Stand war und ein Vertrauensverhältnis zum Haus Wittelsbach haben musste. Einer hoch angesehenen Familie entstammte er sowieso.

Giulio Cesare Barone Crivelli

Giulio Cesare Barone Crivellis Vorname heißt auf Deutsch *Julius Cäsar*. Und nicht nur sein Vorname war stolz: Die mailändische Familie Crivelli kann auf einige Jahrhunderte Familiengeschichte zurückblicken, gespickt mit ehrenvollen Männern, einigen Bischöfen und sogar einem Papst!

Das Siegel von Freiherr Giulio Cesare Crivelli, Pfleger in Tölz. Bezeichnend ist das Sieb, auf Italienisch crivello

Der Name Crivelli kommt vom Mailändischen „cribbio", auf Italienisch „crivello" und zu Deutsch „Sieb", das ganz deutlich im Familienwappen zu sehen ist. Die Legende erzählt, dass eine Vestalin – im antiken Rom eine jungfräuliche Priesterin der Göttin Vesta – ungerecht zum Tode verurteilt wurde, weil sie ihr Keuschheitsgelübde gebrochen haben soll. Sie erklärte sich unschuldig und als Probe versprach sie, Wasser aus dem Tiber mit einem Sieb zu transportieren, ohne einen Tropfen fallen zu lassen. Nachdem das ihr tatsächlich gelang, ließ man die Anschuldigung fallen und erlaubte ihr zu heiraten – früher oder später brach sie also doch ihr Gelübde! In Erinnerung an diese Geschehnisse nahm sie das Sieb in ihr Wappen auf. Das war natürlich nicht mehr als eine schöne Geschichte: Solche „Recherchen" ließ fast jede höher gestellte Familie unternehmen und regelmäßig wurde der Ursprung im antiken Rom gesucht. Das Ergebnis enthielt in der Regel mehr Dichtung als Wahrheit.

Der erste historisch dokumentierte Ahne der Familie war Arialdo Crivello im Jahre 1075 in der Lombardei, dessen Vorfahren sehr wahrscheinlich mit dem langobardischen König Autari im 6. Jahrhundert nach Italien gelangt waren; der Ausgangspunkt der Familie wäre also nördlich und nicht südlich der Alpen zu suchen... Mitte des 13. Jahrhunderts zählten die Crivelli laut zeitgenössischer Aussagen zu den wichtigsten Familien der Stadt Mailand. Es gab mehrere Familienzweige, die alle in der heutigen Lombardei ihren Sitz hatten und Paläste und Ländereien besaßen.

Giulio Cesare Crivelli nannte sich „Barone di Gudo", zu Deutsch „Freiherr von Gudo", und damit meinte er höchstwahrscheinlich die heutige Gemeinde Gudo Gambaredo bei Mailand, in der es noch immer ein Gebäude gibt, das den Familiennamen trägt. Er selbst berichtete in einem Dokument von seinem Haus in Gudo, aus dem er einen Altar mit nach Tölz bringen und in der Schlosskapelle aufstellen ließ.

Eines der bekanntesten Familienmitglieder war sicherlich Uberto Crivello, der vom 25. November 1185 bis zu seinem Tod in Ferrara am 20. Oktober 1187 als Papst Urban III. regierte. Urban war ein großer Gegner des Kaisers Friedrich Barbarossa und setzte sein Leben lang nicht den Fuß in Rom; die meiste Zeit verbrachte er in Mailand und Verona.

Auch sein Neffe, Goffredo di Castiglione, Sohn von Giovanni und Cassandra Crivelli, wurde am 25. Oktober 1241 zum Papst gewählt und nahm den Namen Coelestin IV. an. Doch kam es nie zu einer Krönung, da er 17 Tage nach der Ernennung und noch vor der Zeremonie in Rom starb. Ein paar Jahrhunderte später kam ein weiteres Familienmitglied nach Rom, Archidiakon Giovanni Crivelli, der dort 1432 starb. In der Kirche Santa Maria in Aracoeli wurde er unter einer Marmorplatte begraben, die von keinem Geringeren als Donatello erschaffen worden war.

Uberto Crivello,
hier als Papst Urban III.

In Rom gibt es auch noch einen Palast Crivelli, der von der glorreichen Vergangenheit und Macht der Familie zeugt und der von Kardinal Alessandro Crivelli gebaut wurde. Alessandro Crivelli Graf von Lomello lebte in der

Grabplatte von Giovanni Crivelli in der Kirche Santa Maria in Aracoeli in Rom. Sie ist das einzige Werk in Rom, das Donatello zugeschrieben wird

zweiten Hälfte des 16. Jahrhunderts einige Jahre in der ewigen Stadt. 1574 starb er dort und wurde in derselben Kirche wie sein Vorfahr Giovanni Crivelli begraben. In Rom hinterließ er neben seinem Grab, dem Palast und einer Institution namens *Collegio Crivelli* auch noch drei Söhne! Eheliche Söhne wohlbemerkt, da er verheiratet gewesen war. Nach dem Tod der Ehefrau hatte er sich für die Kirchenlaufbahn entschieden, in der er schnell Karriere machte – man wollte ihn sogar zum Papst ernennen!

27

Zurück nach Bayern: Giulio Cesare Crivelli war mindestens seit September 1591 am Münchner Hof als Mundschenk und Silberkammeramtsverwalter von Herzog Maximilian tätig, beides Tätigkeiten, die Adeligen vorbehalten waren. Sehr wahrscheinlich schon im September 1601 schloss er sich für das Haus Wittelsbach in Ingolstadt dem zahlreichen Gefolge des studierenden Prinzen Ferdinand Gonzaga aus Mantua an.

Da der Prinz es nicht lange im kalten Norden ausgehalten hatte, war Giulio Cesare spätestens seit Juni 1602 wieder von seiner Ingolstädter Mission befreit und kehrte nach München zurück. Zum 1. Januar 1604 wurde er offiziell Pfleger von Tölz, wo er schon ab 1603 gewohnt hatte. Am 23. November 1603 wurde hier seine Tochter Maria Elisabeth Christina geboren und am 30. November in der Pfarrkirche getauft; Patin war die Ihnen schon bekannte Anna Guidobono-Cavalchini, Witwe des vorherigen Tölzer Pflegers Giovanni Battista Guidobono-Cavalchini, die in der Zeremonie als Stellvertreterin der Herzogin Elisabeth fungierte. Mit der Familie wohnte Crivelli im Tölzer Schloss und unterbrach den Aufenthalt ein paar Mal für Reisen nach Rom: Herzog Maximilian schickte ihn 1609/1610 und 1620 für diplomatische Missionen zum päpstlichen Hof. In der ewigen Stadt hatte er beste Kontakte: Seine Familie war, wie in der Familiengeschichte beschrieben, in Rom geachtet und sein Cousin Giovanni Battista diente seit 1605 als Agent Bayerns am Hof des Papstes; die Stelle hatte er unter anderem dank der Unterstützung von Giulio Cesare erhalten.

Über das Leben Giulio Cesares in Tölz werden Sie an anderen Stationen in der Stadt noch viel mehr erfahren, er begegnet Ihnen in Bad Tölz immer wieder.

Giulio Cesare Crivelli starb in Tölz am 11. März 1645. Sein Grab hat sich in der ehemaligen Guidobonischen Kapelle nicht erhalten, nur das seines Sohns Markus Christoph und von – höchstwahrscheinlich – seiner Frau Anna Maria, die hier 1620 starb.

Die Grabplatten von Anna Maria und „Marx Christoph Crivelli Freyherr auf Guto" in der Winzererkapelle, ehemals Guidobonische Kapelle genannt, in der Pfarrkirche von Bad Tölz. Anna Maria war vermutlich Giulio Cesares Ehefrau, Marx Christoph war sein Sohn.

Julius Cäsar und die Schweden

Giulio Cesare bewährte sich in Tölz in einer der für Oberbayern schlimmsten Phasen des 30-jährigen Krieges: Die Schweden waren bis Süddeutschland vorgedrungen, und zu ihren Begleiterscheinungen gehörten Plünderungen und niedergebrannte Dörfer. Am 17. Mai 1632 zogen schwedische Truppen in München ein, während andere ihren Marsch in Richtung Alpen fortsetzten. Am 19. Mai steckten einige Soldaten Wolfratshausen in Brand und am 20. Mai kamen einige nach Tölz. Hier forderten sie eine große Summe Geld, um die Stadt zu verschonen. Die Verhandlungen mit den Soldaten führte

Giulio Cesare Crivelli zusammen mit seinem Pflegsverwalter Johann Ableitner und zwei weiteren Tölzern. Da die Stadtkassen durch den 30jährigen Krieg schon schwer gebeutelt waren, war die geforderte Summe nicht von der Stadt aufzubringen und wurde von vermögenden Tölzern vorgestreckt. Noch einmal Glück gehabt... dachte man! Denn am nächsten Tag erschienen noch einmal 30 schwedische Soldaten mit einer weiteren, diesmal nicht

Alte Ansicht von Tölz. Mittig die Pfarrkirche, rechts das ehemalige Schloss, Sitz des Pflegers Giulio Cesare Crivelli

erfüllbaren Geldforderung. Und nach erfolglosen Verhandlungen ergriff Pflegsverwalter Ableitner, der auf schärfste bedroht worden war, die Flucht. So musste Giulio Cesare Crivelli die Wut der Soldaten allein auf sich nehmen, und nachdem sie das Tölzer Schloss ausgeraubt hatten, setzten sie ihn auf ein Pferd ohne Sattel und führten den armen kranken Crivelli zum Spott auf den heutigen Kalvarienberg. In der Stadt legten sie Feuer an drei verschiedenen Stellen. Irgendwann ließen sie Crivelli wieder frei und der handelte schnell: Er sammelte Bauern der Umgebung im Schloss von Tölz und überzeugte sie, sich den schwedischen Truppen zur Wehr zu setzen. Zunächst einmal blieben die circa 200 Männer als Stadtwache in Tölz.

Währenddessen plünderten die schwedischen Soldaten Dörfer der Gegend und setzten sie in Brand. Am 26. Mai 1632 war die Tölzer Mobilmachung vollendet, die versammelte Bauerntruppe marschierte gegen die Soldaten und besiegte sie auf dem Weg von Kirchbichl nach Dietramszell – etwa 7 km nördlich von Tölz. Die Tat blieb den Tölzern und den Helfern aus dem Umland lange in Erinnerung, und die Beute – immerhin 53 Pferde, Vieh, Waffen und mehr – wurde geteilt oder den beraubten Besitzern zurückgegeben.

Viele weitere Probleme plagten in den folgenden Kriegsjahren die Einwohner von Tölz und ihren Pfleger, wie die Pest im Jahre 1634, die bis Anfang 1635 ihren Tribut forderte und viele Kinder zu Waisen machte; Sorge für sie musste der Pfleger tragen!

Als 1648 der 30jährige Krieg endlich zu Ende ging, war Giulio Cesare Crivelli schon seit drei Jahren tot; er war am 11. März 1645 gestorben. Sein jüngerer Sohn Markus Christoph – auch Marx genannt – hatte im Januar 1645 das Pflegamt übernommen. Ich schätze, dass er zu diesem Zeitpunkt etwa 44 Jahre alt war. Er wohnte in einem Haus in München, diente als Kämmerer am Münchner Hof und ließ in Tölz vor allem in seinen letzten Lebensjahren einen Pflegsverwalter einsetzen. Auch hatte er eine gute Portion Erfahrung im Kriegswesen gesammelt und war Obristwachtmeister geworden, Oberst eines Regiments. Er hatte sechs Kinder, von denen 1655 drei an der Universität

29

in Ingolstadt immatrikuliert waren, diese konnten also nur Söhne gewesen sein. Verheiratet war er mit Anna Kunigunde geborene von Hornstein. Als er am 31. März 1656 starb – auch an ihn erinnert eine Steinplatte in der Winzererkapelle – erhielt die verwitwete Anna Kunigunde Crivelli die Pflege Tölz, allerdings unter der Verwaltung eines Beamten. 1665 bekam sie für die Überlassung der Pflege von Tölz das Pflegamt Aibling, in dessen Schloss sie ab dato wohnte. Und mit ihr endete auch die Zeit der Pfleger aus dem italienischen Hause Crivelli in Tölz, die immerhin gute 60 Jahre angedauert hatte. Aber versuchen sie nicht, in Tölz eine Crivellistraße zu finden – auf die wartet man bisher vergeblich. Lieber Stadtrat, denken Sie einmal darüber nach!

Mit dem Tod von Anna Kunigunde endet allerdings noch nicht die Geschichte ihrer Familie in Bayern: Ihr Sohn Maximilian Wilhelm heiratete Maria Jakobe von Törring-Seefeld. Maximilian Wilhelm erhielt 1679 die Pflege von Rosenheim und starb 1688. Auch Maria Ursula Crivelli, eine Cousine Maximilian Wilhelms, heiratete 1654 ein Mitglied der Familie Törring, Graf Albrecht zu Törring-Jettenbach. Im 17. oder spätestens im 18. Jahrhundert erlosch die Familie Crivelli in Bayern schließlich.

Die nächste Etappe ist das Moralthaus gleich links neben dem Pflegerhaus, und ich möchte von der namensgebenden Familie berichten.

Station 4 – Moralthaus
Die Muralt aus Locarno

Das Moralthaus war ursprünglich eine Brauerei und so etwas überrascht in Bad Tölz nicht sehr. Später wurde es zum „Gasthaus zur Post" und dann zum „Moralthaus", weil ein Herr Moralt es erworben hatte. So richtig aus Italien kamen die Moralt zwar nicht, doch sie waren ein „Grenzfall"...

Die Familie Moralt stammt aus dem italienischsprachigen Tessin, das heute ein Schweizer Kanton ist. Bevor sich die Eidgenössische Republik 1516 die Region einverleibte, hatte sie allerdings zu den Territorien des Bischofs von Como gehört. Am schönen Lago Maggiore findet man gleich vor den Toren Locarnos eine Gemeinde namens Muralto. Von den Muralt – aus „Muro alto", zu Deutsch „Hohe Mauern" – oder Moralt ist schon im 12. Jahrhundert die Rede, sie stammten womöglich aus der Lombardei und gehörten in Locarno zu den wichtigen Familien.

Heute ist das Tessin katholisch, doch im 16. Jahrhundert hatte diese Konfession dort nicht gerade Hochkonjunktur, im Gegenteil! Gerade in diesen Gebieten, wie zum Beispiel auch im benachbarten Mesox, tobte jahrzehntelang ein erbitterter Kampf gegen die neuen Ideen Luthers und Calvins, die vor allem bei Gebildeten und Kaufleuten einen fruchtbaren Boden gefunden hatten. Wer sich nicht zur römisch-katholischen Konfession bekennen wollte, dem blieb nur das Exil oder Schlimmeres. So wanderte Johannes Muralto, ein überzeugter Anhänger der evangelischen Kirche, mit seiner Familie und über 100 weiteren Bewohnern Locarnos nach Zürich aus. 1556 wurde er als Züricher Bürger anerkannt und konnte als Arzt seinem Beruf nachgehen. Auch alle anderen Exulanten integrierten sich mit der Zeit in der Stadt und begründeten die Züricher Seidenindustrie.

Aus dem gleichen Ort Muralto stammten höchstwahrscheinlich auch jene Muralt, die zum Ende des 18. Jahrhunderts als Musiker am kurfürstlichen Hof in Mannheim tätig waren. Namensänderungen fanden übrigens bis 1876 sehr häufig statt, vor allem bei Fremden! Von Mannheim aus wurde der Hof nach München verlegt und mit ihm die Muralt. Diesem Familienzweig entstammte auch August Joseph Moralt und war das erste Familienmitglied, das sich gegen die Musik als Lebensunterhalt entschied. Nach einer mehr als respektablen Karriere in der bayerischen königlichen Armee, ein paar Ehrenorden und einer besonders schweren Verletzung entschied er sich für ein ruhigeres Leben als Bauer und erwarb im Alter von 31 Jahren ein kleines Gut bei Tölz. Wenig später heiratete er Christina Falter aus Kirchbichl und ein Jahr später, am 5. Juni 1875, wurde in Tölz sein Sohn Augustin Muralt geboren.

Augustin Moralt lernte den Schreinerberuf, mit dem er sich einen Namen machte. Mit 25 Jahren gründete er ein Unternehmen: Eine Werkstatt für Möbelschreinerei, deren lange und wechselvolle Geschichte ich hier nicht schildern werde. Irgendwann musste er sie leider verkaufen und als Angestellter darin arbeiten.

Die Firma existiert heute noch in Bad Tölz und heißt „Moralt Tischlerplatten GmbH & Co. KG". Wenige Jahre später wurde Augustin wieder Unternehmer und erwarb eine Säge, die florierte, bis sie im April 1924 niederbrannte. Drei Jahre später starb er in München in einer Klinik. Von den vielen verschiedenen Ämtern, die er in Bad Tölz bekleidet hatte, möchte ich hier nur das des zweiten Bürgermeisters und des Mitglieds des Finanz- und Sparkassenausschusses erwähnen. Aber ich denke, dass sein Name durch das schöne Tölzer Haus mit den Lüftlmalereien am besten in Erinnerung bleiben wird.

Augustin Moralt, ein integrierter „Italiener" in Bad Tölz

Folgen Sie der Straße weiter bergauf. Bevor Sie den Marktturm aus dem 14./15. Jahrhundert erreichen, sehen Sie rechts den großen Parkplatz, an dessen Stelle einst das Tölzer Schloss stand. Da es dort heute nichts mehr zu sehen gibt, gehen Sie weiter durch den Torturm und entlang der Salzstraße zum oberen Bereich der Stadt. Nach ein paar Schritten erkennen Sie die Mühlfeldkirche, alias Wallfahrtskirche Maria Hilf, in der ich Ihnen Matthäus Günther vorstellen möchte.

Station 5 – Mühlfeldkirche
Illusionen aus Italien

Wo sonst könnte eine „Mühlfeldkirche" stehen als in einem Stadtteil, der „Mühlfeld" heißt? Und von was könnte der Stadtteilname abstammen, außer von den Mühlen, die hier einst vom Ellbach angetrieben wurden! Doch das Gotteshaus heißt eigentlich „Maria Hilf", und ist im 16. Jahrhundert als Wallfahrtskapelle errichtet worden. Nachdem sie als Wallfahrtsziel immer populärer geworden war, ließ man 1735-37 die heutige Kirche bauen. Der Wessobrunner Architekt und Baumeister Joseph Schmuzer schuf den Plan und der Maler Matthäus Günther die Gemälde für die Kirche; Maurermeister war Lorenz Reiter aus Tölz. Das Team Schmuzer-Günther arbeitete auch 1733 in Garmisch an der neuen Martinskirche, 1740 in Mittenwald an der Pfarrkirche Peter und Paul und 1741 an der Pfarrkirche Oberammergau; die letzten beiden Kirchen sind auch Stationen auf unserer Route durch *Dolce Italia in Bayern*.

„Nun", fragen Sie sich vielleicht, „was soll ich vom Wessobrunner Schmuzer in einem Buch über Italien in Bayern halten?" Da gibt es viel mehr zu erzählen als Sie wahrscheinlich erwarten, doch das hebe ich mir für ein anderes Buch auf. In diesem Buch und an diesem Ort möchte ich von Matthäus Günther erzählen, der in Tirol und Oberbayern als Maler quasi omnipräsent ist. Kaum ein anderer war in Kirchenmalereien so produktiv wie er, und wenn Sie zwischen Oberbayern und Südtirol unterwegs sind, werden Sie immer wieder Kirchen antreffen, die von ihm freskiert wurden!

Hier in Bad Tölz kann man ein Werk von Matthäus Günther aus dem Jahre 1737 sehen, die Tölzer *Bittprozession zur Maria Hilf wider die Pest* über dem Chor

Die Mühlfeldkirche in Bad Tölz

der Mühlfeldkirche. Die Prozession hatte im Jahr 1634 stattgefunden, als die Tölzer hierher pilgerten und um himmlische Hilfe gegen die Seuche baten. Neben Loths Gemälde in der Pfarrkirche ist das Fresko also eine weitere Erinnerung an die große Pest 1634.

33

Matthäus Günther

Er wurde am 7. September 1705 in Tritschenkreut bei Peißenberg geboren. Über seine ersten Lebensjahre weiß man wenig, doch ist man sich fast sicher, dass er zunächst in Wessobrunn in die Lehre ging und dann 1723-28 bei Cosmas Damian Asam in München. Seinen frühen Werken merkt man an, wie stark er von diesem Lehrer beeinflusst worden war. Nach einer Wanderschaft von zwei Jahren, die ihn keiner-weiß-wohin führte, ließ er sich 1730 in Augsburg nieder, einer Stadt, die damals von Malern nur so wimmelte. Warum er sich einen Ort mit so großer Konkurrenz aussuchte, ist immer noch nicht klar. Er heiratete dort, wurde ab 1762 katholischer Direktor der Kunstakademie – natürlich gab es in Augsburg auch einen protestantischen – und fuhr von hier aus immer wieder zu verschiedenen bayerischen, schwäbischen, fränkischen und Tiroler Ortschaften, um dort der Nachwelt Werke zu hinterlassen.

In der Stadt Augsburg finden sich von seiner 55 Jahre andauernden Karriere allerdings nur wenige Werke. Insgesamt schuf Günther 70 Deckenfresken und mindestens 25 Tafelbilder. Am 30. September 1788 starb er in Haid bei Wessobrunn.

Deckenfresko über dem Chor der Mühlfeldkirche:
Die Tölzer *Bittprozession zur Maria Hilf wider die Pest* von Matthäus Günther

Auf unserer Route durch Oberbayern können Sie nebenbei Günthers Entwicklung in der Perspektivmalerei verfolgen. In seinen frühen Werken lehnte er sich stark an das bei Cosmas Damian Asam gelernte an: Unter einer perspektivisch gemalten Kuppel stellte er eine Art Bühne mit Treppe dar, auf der sich eine Szene abspielt – so wie hier, in der Kirche Maria Hilf. Diese Art zu malen heißt Architekturmalerei, nimmt Architekturelemente des Gebäudes um sich herum auf und vermittelt im Idealfall die Illusion, dass sich die Architektur im Gemälde fortsetzt. Diese Idee war schon zu Römerzeiten in Italien entstanden und Cosmas Damian Asam hatte sie in Rom intensiv studiert und zu Hause perfektioniert.

Zwar ist Matthäus Günther nachweislich nie in Italien gewesen und hat die dortigen Werke nicht mit eigenen Augen gesehen, doch sein Lehrmeister Asam hatte ihm sicher viele Skizzen von dessen Romaufenthalt zeigen können. Abgesehen davon brauchte man zu Günthers Zeit gar nicht mehr bis nach Italien zu reisen, um Werke und Vorgehen italienischer Perspektivmaler persönlich zu studieren: Viele dieser Künstler waren am Anfang des 18. Jahrhunderts zum Beispiel auch in Wien und Innsbruck tätig, angefangen mit dem berühmten Trentiner Maler Andrea Pozzo. Anhand seines hervorragenden Literaturwerks *Perspectiva Pictorum et architectorum*, das 1693 auf Latein in Rom erschien, war auch eine gute Basis zum Eigenstudium erhältlich. 1709 erschien das Buch in zwei Bänden auch in Augsburg, praktischerweise auf Deutsch. Es trug den einleuchtenden Titel: *Worinnen gezeiget wird, wie man auf das allergeschwindest- und leichteste alles, was zur Architectur und Bau-Kunst gehöret, ins Perspectiv bringen solle.* Darin fand man eine hervor-

ragende Einleitung mit bildlichen Anleitungen, wie Figuren, Architekturelemente, Bauten und weiteres zu entwerfen waren, wie die vorausgehende
Planung aussah und wie die Details auszuarbeiten waren.

In späteren Werken löste sich Günther von der Architekturmalerei; er benötigte keine Scheinarchitektur mehr, um eine Szene perspektivisch abzubil-
den. Auf der Deckenfläche ließ er die Figuren in den Vordergrund treten und
die Architektur in den Hintergrund. Typisch für Günther wurde mit der Zeit
das Kreisformat, das mir oft wie eine spiralförmige Szenerie erscheint, in der
sich viele Figuren zum offenen Himmel hin bewegen. Das für mich schönste
Beispiel werde ich Ihnen in Oberammergau zeigen.

Wenn Sie die Kirche verlassen und die Marktstraße wieder ein Stück bergab gehen, sehen Sie nicht weit nach dem Pflegerhaus rechts die Rathausgas-
se, in die Sie hineingehen. An ihrem Ende gelangen Sie zur Nockhergasse;
um ein Mitglied der Familie Nockher wird es in der nächsten Station gehen.
Überqueren Sie die Gasse, gehen Sie dann nach links und gleich entdecken
Sie rechterhand den Aufgang zum Kalvarienberg. Der Ausblick von dort
oben und das nächste Kapitel werden Sie für den Aufstieg belohnen.

Station 6 – Kalvarienbergkirche
Die Scala Santa von Bad Tölz

Vom Isarufer aus kann man die Heilig-Kreuz-Kirche nicht übersehen, die
oben auf der Anhöhe errichtet wurde und zu Recht „Krone von Tölz" genannt wird. Aus der Ferne weniger prominent steht daneben die Leonardi-
kapelle, Ziel der berühmten alljährlichen Leonardiprozession von Bad Tölz.
Schon beim Anblick von unten können Sie sich vorstellen, dass Sie von dort
aus eine schöne Landschaft mit Bad Tölz, der Isar und den Bergen der Alpen
genießen können. Das allein wäre schon ein guter Grund, sich auf den Weg
nach oben zu machen. Als Katholik kann man den Aufstieg zum Pilgerweg
machen, da die Kirche als Wallfahrtsort bekannt ist. Der Name „Kalvarienberg" für die Anhöhe verrät schon einiges.

Das Kircheninnere ist durch ein römisches Heiligtum inspiriert und die bekanntesten heiligen Orte liegen praktisch alle im Süden. Wie kam es eigentlich den zu italienisch anmutenden Wallfahrtsstätten in Deutschland? Nicht
immer und nicht jedem war es möglich, als Pilger lange Reisen zu unternehmen und Rom, Santiago de Compostela oder gar Palästina zu besuchen. Das
war teuer und gefährlich. So existierten schon im Mittelalter in diesen Brei-
tengraden Wallfahrtsorte, die zwar nicht mit den Schätzen in Rom „wettei-
fern" konnten, aber immerhin einen kleinen Trost für die Unmöglichkeit einer so langen Reise boten. Und ab dem 17. Jahrhundert vermehrten sich die
Wallfahrtsorte nördlich der Alpen, die oft Kopien von wundertätigen Kunstwerken beherbergten oder, wie im Falle der Kirche auf dem Reutberg bei
Bad Tölz, Nachbildungen von Wallfahrtsheiligtümern waren, wie dem Haus
von Loreto oder, wie in Bad Tölz, der „Scala Santa" in Rom.

35

Die Kalvarienbergkirche mit dem Blick auf Bad Tölz

Die „Scala Santa", zu Deutsch „Heilige Stiege", war in früheren Jahrhunderten in Bayern ziemlich weit verbreitet; heute findet man nur noch hier und da welche, da sie im 19. Jahrhundert fast alle abgebaut wurden. Das Original findet man in Rom in der Kapelle namens „Sancta Sanctorum" schräg gegenüber der Basilika San Giovanni in Laterano. Darin gibt es im Obergeschoss drei Kapellen, die auf drei nebeneinander liegenden Treppen erreicht werden können: Die Treppe links und rechts darf man ganz normal zu Fuß begehen, nicht aber die mittlere. Die mittlere Treppe ist nämlich die, die Christus der Überlieferung nach im Palast von Pilatus betrat, und darf man sie dort nur auf Knien „hinaufbeten". Die Überlieferung berichtet weiter, dass die heilige Helena, Mutter des Kaisers Konstantin, diese Marmortreppe im Jahre 326 von Jerusalem nach Rom bringen ließ. Jahrhundertelang stand die Treppe dann im Freien, bis man sie Ende des 16. Jahrhunderts mit einem schützenden Bau umgab. Und auch die Marmortreppe selbst erhielt eine schützende Bekleidung aus Holz. Auch auf den Holzstufen gilt der Sündenablass der katholischen Kirche, komplett oder teilweise, je nachdem wann und wie oft ein Pilger sich darauf betend emporkniet – oder heißt es kniend emporbetet?

Auf jeden Fall wollte man einen derartigen Ablass auch Gläubigen nördlich der Alpen zugänglich machen, und da eine Reise nach Rom nicht immer im Rahmen der persönlichen Möglichkeiten lag, na dann baute man eben hier ein paar „Scale Sante", die samt zugeteiltem Ablass eine gute Ausweichmöglichkeit zum römischen Original darstellten. Erstaunlicherweise ist die Geschichte der Tölzer Scala Santa der römischen ganz ähnlich, da auch die hiesige Treppe ursprünglich im Freien stand: 1711 ließ Friedrich Nockher, der aus Bozen stammende Salz- und Zollbeamte von Tölz, erst einmal ein Kreuz aufstellen, sieben Jahre später einen Kreuzweg und die zunächst freistehende Stiege. Jahre später überbaute man die Stiege mit einer Kirche und ließ davor eine zusätzliche Kirche mit einem Heiligen Grab errichten.

Bad Tölz – Little Italy an der Isar

Wie für die Stiege gilt auch für das Heilige Grab, dass es früher viel mehr Exemplare im Lande gab, die allmählich verschwunden sind. So bietet die Heilig-Kreuz-Kirche in Bad Tölz gleich zwei „Wallfahrtsraritäten".

Auch für die Tölzer Scala Santa gilt natürlich, dass Sie sie, wie das Original in Rom, nicht mit den Füssen betreten dürfen, sondern nur kniend.

Wenn man nicht nach Rom kann, na dann eben auf nach Bad Tölz!

Links die Scala Santa in Rom und rechts die in Bad Tölz.
Beide Aufnahmen entstanden an einem normalen Arbeitstag im Frühling

Zur nächsten Etappe am anderen Ufer der Isar gelangen Sie, wenn Sie bergab wieder zur Nockhergasse gehen und ihr zum Fluss folgen. Die Straße ändert unterwegs ihren Namen in Säggasse. Auf der gegenüberliegenden Anhöhe sehen Sie eine große Kirche, es ist die Kirche des Franziskanerklosters, um das es in der nächsten Etappe geht. Das Kloster ist 2008 mangels Nachwuchs aufgelassen worden und wird renoviert, die Kirche aber kann besucht werden (Stand Frühling 2010).

Station 7 – Das Franziskanerkloster
Einst durch und durch italienisch

Noch zu Lebzeiten des heiligen Franz von Assisi kamen Franziskaner über die Alpen und gründeten Klöster auf deutschem Boden. Schon 1221, also in dem Jahr, in dem sie erstmalig nach Bayern kamen, gründeten die eifrigen Brüder Klöster in Augsburg, München, Nördlingen, Regensburg und

Würzburg. Es mag überraschen, doch oft sind die Überlieferungen über ihre ersten bayerischen Erfahrungen recht amüsant! Die armen Brüder sprachen kein Wort Deutsch und Sie können sich vorstellen, dass dies zu Missverständnissen aller Art führte. Aber Ende gut, alles gut: Nachdem sie sich Verstärkung durch zweisprachige Mitbrüder aus Trient geholt hatten, klappte es irgendwann auch mit der Verständigung, und die ersten Franziskanerklöster konnten gegründet werden, meist als Barfüßerklöster bekannt.

Die Dreifaltigkeitskirche,
Klosterkirche der Franziskaner

Über Tölz wurde in verschiedenen Publikationen spekuliert, dass sich die ersten Ordensbrüder im Jahre 1330 hier niedergelassen hatten, doch das trifft höchstwahrscheinlich nicht zu. Dennoch haben die zuvor genannten frühen süddeutschen Klostergründungen des 13. Jahrhunderts eines mit der in Tölz im 17. Jahrhundert gemeinsam: Die Gründer kamen direkt aus Italien.

1618 ließ Herzog Maximilian einen Friedhof auf der Anhöhe links der Isar anlegen und, wie bei Friedhöfen üblich, eine kleine Kapelle bauen. Diese wurde zur ersten kleinen Kirche des sechs Jahre später gegründeten Franziskanerklosters. Heute sehen Sie an diesem Standort eine richtige Kirche, die Klosterkirche der Franziskaner oder Dreifaltigkeitskirche, wie sie eigentlich heißt.

Schon 1614 hatte Herzog Maximilian Papst Paulus V. den Vorschlag gemacht, die Klöster der Franziskaner im bayerischen Territorium zu reformieren. Seinerzeit bestand der Franziskanerorden hier in Süddeutschland aus den sogenannten Observanten, die streng den ursprünglichen Idealen des Gründers aus Assisi folgten, vor allem dem der Armut. Der Name war Programm, denn das lateinischstämmige Wort *Observanz* heißt zu Deutsch *(strenge) Beachtung*. Nach einer Visitation im Jahre 1603 hatte sich der Ordensgeneral der Straßburger Provinz, zu der auch Bayern gehörte, sehr zufrieden über die Klöster geäußert, doch Maximilian war unzufrieden. Nicht dass es in Bayern großen Reformbedarf gegeben hätte, nein, Maximilian wünschte sich einfach eine andere Unterteilung der mitteleuropäischen Franziskanerprovinzen in so etwas wie Distrikte und vor allem die Gründung einer bayerischen Provinz. Durch sie hätte er stärkere Einflussmöglichkeiten auf die Angelegenheiten der Klöster gehabt. Schon 1532 war unter den italienischen Franziskanern aus den Reihen der Observanten die Gruppe der Reformaten hervorgegangen, und die war Maximilians Chance auf die erwünschte Umgestaltung in Bayern. Den Franziskanerorden kannte Maximilian bestens, da er schon im Jahr 1600 Kapuziner – damals noch eine Gruppe der Franziskaner – aus dem Venezianischen nach München gerufen hatte.

Heute ist von dem einst gebauten Kloster samt Kirche an der Stelle des heutigen Lenbachplatzes in München keine Spur übrig. Im 17. Jahrhundert aber war ihr Gotteshaus sicher die Lieblingskirche des sehr frommen Maximilians und eines großen Teils der Stadt. Dort predigte der damals berühmte Pater Lorenzo da Brindisi, alias Laurentius von Brindisi, dem während der teilweise stundenlangen Messe oft von Maximilian „geholfen" wurde – technisch ausgedrückt würde man „ministriert" sagen.

Maximilian I.,
Herzog und Kurfürst Bayerns,
der die bayerische Provinz der
Franziskaner ins Leben rief

Die Gründung einer bayerischen Franziskanerprovinz ging nicht so schnell und reibungslos über die Bühne, wie Maximilian sich das erhofft hatte, doch letztendlich konnte der Plan umgesetzt werden: In Rom hatte ihm sein Repräsentant schon seit 1614 eifrig geholfen, der schon erwähnte Giovanni Battista Crivelli, Cousin des Tölzer Pflegers Giulio Cesare, welcher ihn hier in Tölz unterstützte. Der nächste Papst, Urban VIII., genehmigte die neue Gründung nach seinem Amtsantritt allerdings relativ schnell, am 1. März 1625, und damit war die Bayerische Provinz der Franziskaner geboren. An ihrer Spitze standen in den ersten Jahren praktisch nur Italiener!

Um die Reform durchzuführen, verlangte Maximilian nach der „Einfuhr" von 10-12 Reformaten direkt aus Italien; letztendlich sollten mehr als 40 werden! Viele von ihnen sind hier in Deutschland geblieben und zu den verschiedenen Franziskanerklöstern Bayerns geschickt worden, wie zum Beispiel Landshut oder Freising. Im Klosterleben bedeutete die Reform anscheinend nur kleine Änderungen, unter anderem den Verzicht auf Einkünfte aus Stiftungen und die Rückkehr zum Klosterleben auf der Basis von Almosen, für das der Orden bekannt ist. Das stellte für die hiesigen Mönche kein großes Problem dar; sehr viel mehr störte es sie allerdings, sich der Leitung von Fremden, sprich Italienern, unterwerfen zu müssen: „Bei den welschen guberno bleiben sie nicht", sagten sie, und fast alle Mönche, die bislang in den Klöstern lebten, zogen aus und gingen in andere, nicht reformierte Klöster. Die entstandenen „Leerstellen" wurden mit weiteren italienischen Franziskanern besetzt. So rollte eine richtige italienische Welle durch Bayern!

Aus der Lombardei nach Tölz

Bevollmächtigter des Ordens in Bayern war Pater Antonio da Galbiate, der vom Ordensgeneral Benigno da Genova direkt aus Italien hierhergeschickt worden war. Am 24. Mai 1620 traf Pater Antonio da Galbiate in Begleitung von Pater Giacinto da Verona und Pater Prospero Manzochi da Galbiate und weiteren Mitbrüdern in München ein, und schon am 24. Juni teilte er in einem Rundschreiben den bayerischen Franziskanerklöstern mit, dass er vom Orden in Italien die Vollmacht bekommen hatte, die Reform in Bayern durchzuführen. Mit ihm sollte auch Tölz zu tun bekommen.

39

Antonio da Galbiate alias Antonio Arrigoni

Er war am 12. August 1570 in Galbiate als Antonio Arrigoni, Sprössling einer angesehenen Familie aus Galbiate bei Como, geboren worden und wurde im Alter von 18 Jahren Franziskaner. 1620 wurde er von Italien aus als Generalkommissär für ganz Oberdeutschland beauftragt, die Reformaten in die Bayerische Provinz einzuführen. Unter anderem betraf die Reform Tölz, in dem ein neues Kloster gegründet wurde. Er bekleidete verschiedene weitere Ämter. Nach seiner Rückkehr nach Italien wurde er am 5. April 1634 zum Bischof von Ripatransone ernannt, einem Städtchen bei Fermo in den Marken. Dort starb er am 6. März 1636.

Die Idee der Gründung eines Franziskanerklosters in Tölz kam sicher von Maximilian, der nicht nur Reformen anregte, sondern auch Neugründungen. Tölz sollte die erste sein. Am 18. November 1623 ließ Cesare Crivelli den Magistrat zu Tölz wissen, er unterstütze die Idee einer Klostergründung der Franziskaner Reformaten beim Friedhof auf der Anhöhe auf der linken Isarseite. Der Magistrat ließ am 20. November die Bürger versammeln, um ihre Meinung zu hören. Der Bevölkerung fiel die Entscheidung nicht schwer, da die Franziskaner hier wie praktisch überall sehr beliebt waren. Man kannte schon die Brüder aus München, die von Zeit zu Zeit auch nach Tölz kamen, um Almosen zu sammeln. Nachdem sich die Bevölkerung also einverstanden erklärt hatte, nahm Antonio da Galbiate die Sache persönlich in die Hand, verhandelte mit dem Bischof von Freising für die Zustimmung und mit dem Kloster Tegernsee für den Baugrund beim Friedhof. Am 15. Juli 1624 erklärte der Freisinger Bischof sein Einverständnis und am 1. August der Tölzer Magistrat.

Noch bevor alles geklärt und vertraglich abgeschlossen war, hatte man am 16. Juni 1624 als Präses, also Leiter, den Franziskaner Joseph a Scalvo herbestellt. Etwas verwirrend ist, dass er sich als Pater *Giuseppe da Bergamo* nannte. Er stammte ebenfalls aus der Lombardei, genau genommen aus Cagliano, einer Ortschaft südlich von Lecco und Galbiate. Der italienische Pater, der seit 1623 Prediger der Franziskaner war, nahm sich den Klosterbau sehr zu Herzen und packte tatkräftig mit an. Es wird berichtet, dass er sich nicht scheute, eigenhändig die Leichen im Friedhof von einem Grab zum anderen zu tragen, als zum Bau des Klosters ein Teil der Friedhofsfläche benötigt wurde.

Am 14. September 1624 wurde als Symbol der Inbesitznahme für den Bau ein Kreuz auf der Anhöhe aufgestellt, und die Grundsteinlegung fand vermutlich am 29. September statt. Im Jahre 1626 war der Klosterbau so weit, dass er, wenn auch nicht komplett fertig gestellt, zumindest bezogen werden konnte.

Der Zeremonie der Grundsteinlegung hatte unter anderem ein weiterer italienischer Franziskaner beigewohnt: Ambrogio da Galbiate als Stellvertreter von Antonio da Galbiate. Ambrogio da Galbiate war Lektor und Prediger

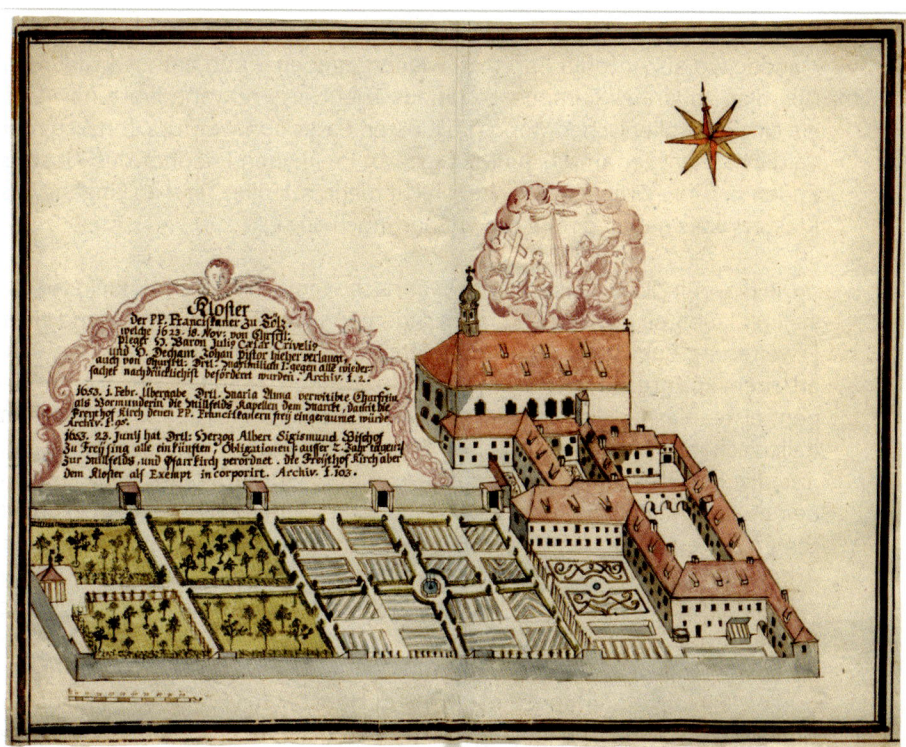

Alte Darstellung des Franziskanerklosters, in der
Giulio Cesare Crivelli als Coinitiator genannt wird

der Franziskaner und stammte, wie der Name so schön erklärt, ebenfalls aus Galbiate bei Como. Er betätigte sich unter anderem als Geistlicher Rat der Landesherzogin Claudia de' Medici in Innsbruck, auf die ich in Scharnitz zurückkommen werde. Die Predigertätigkeit hatten die Patres übrigens nicht nur für die Klosterkirche, sondern bis zur Klosteraufhebung 1802 auch für die Pfarrkirche in Tölz inne.

Unter den Franziskanern der ersten Stunde fand sich unter anderem ein Pater Bernardino da Arco, der 1626 erster Guardian wurde, also das für drei Jahre gewählte Oberhaupt: Er war 1625 zum Guardian im Franziskanerkloster in Freising ernannt und ein Jahr später nach Tölz geschickt worden. In der Literatur wurde er zum Grafen von Arco gemacht, da man vergessen hatte, dass es ein Städtchen namens Arco beim Gardasee gibt, aus dem Bernardino stammte! Nach ihm wurde 1631 der Italiener Lorenzo da Lorenzago Guardian, der aus Lorenzago bei Pieve di Cadore in der heutigen Provinz Belluno stammte und zwei Jahre zuvor in München zum Vikar ernannt worden war. Auch der italienische Pater Bonaventura Conzi aus der Valtellina, zu Deutsch Veltlin, wurde Guardian. Namen von Italienern finden sich in der Totenliste des Tölzer Klosterfriedhofs erst ab 1634: In jenem Jahr starben an der Pest (immer noch die gleiche!) am 28. September Antonio Parasotto – anderswo als Antonio Barettoti wiedergegeben – und am 1. Oktober der Guardian Johannes Campus, beide aus Trient. Irgendwann lebte nur noch ein einziger italienischer Mönch im Kloster, Pater Bonaventura Conzi aus der Valtellina, der hier am 13. Juni 1654 starb. Im kleinen Friedhof des Klosters finden sich ihre Gräber seit langem nicht mehr, nur eine Tafel im Eingang des Klosters links neben der Kirche erinnert noch an sie.

Die ursprüngliche Klosterkirche war nach wenigen Jahren zu klein für die vielen Gläubigen geworden, und nachdem 1653 Kurfürstin Anna Maria einer Erweiterung zugestimmt hatte, begann man zwar erst 1660 mit den Bauarbeiten, konnte sie aber schon 1661 abschließen. 1660 ließ der Tölzer Bürgermeister Kaspar Reiffenstuel eine Antoniuskapelle bauen, die 1684 vom italienischen Stuckateur „Nikolaus Berto", wie in den Dokumenten steht, „zierlich mit Stokhadorarbeit" ausgeschmückt wurde. Wahrscheinlich handelt es sich um keinen Anderen als Niccolò Perti, der gerade die Stuckarbeiten im Benediktinerkloster Benediktbeuern vollendet hatte und vor seiner Arbeit für Kloster Tegernsee 1684 hier in Tölz tätig geworden sein dürfte; seine Biographie können Sie im Kapitel über Benediktbeuern lesen. Wie es zum Auftrag bei den Tölzer Franziskanern kam, ist nicht bekannt, vermutlich durch persönliche Kontakte der Familie Reiffenstuel. 1733 wurde die Antoniuskapelle leider abgerissen, um Kirche und Kloster zu vergrößern, und damit sind die Stucke verloren gegangen. Ansonsten gab es keine Stuckarbeiten in der Klosterkirche, und noch heute ist sie ziemlich schlicht, z.B. im Vergleich mit den Kirchen der Benediktiner.

42

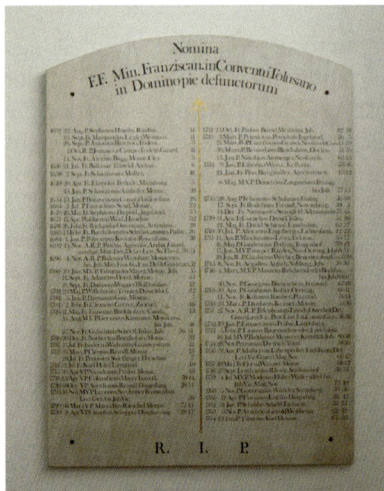

Gedenktafel an die Franziskaner, die in Tölz lebten und starben. Unter ihnen finden sich einige Italiener

Am 25. Januar 1802 wurden per Dekret des Kurfürsten und späteren Königs Max I. Joseph zahlreiche Klöster in der Rheinpfalz und in Bayern aufgelöst, inklusive dem in Tölz. 1804 wurde die Kirche dem Magistrat übergeben und die mit 7000 Bänden bestückte Bibliothek ging leider fast komplett verloren. Am 15. August 1827 beschloss König Ludwig I., Sohn von Max I. Joseph, die Franziskaner wieder in Tölz und weiteren Städten des Landes zuzulassen. Heute sieht man auf der Anhöhe die Klosteranlage des Jahres 1733-35, die in den nächsten Jahren eine neue Bestimmung erfahren wird, da das Kloster am 31. Juli 2008 mangels Nachwuchs die Tore schloss. Die Kirche aber bleibt bestehen!

Benediktbeuern und Bichl

Italien für Leib und Seele

nach
Bad Tölz

B 11

nach Sindelsdorf

B 472

Kirche
St. Georg

④

Bichl

B 11

Klosterkirche
St. Benedikt

Anastasia-
kapelle

① ②

Goethe &
Closteramer

③

Kloster

Benediktbeuern

B 11

Die Anfänge

Wenn man von Norden in Richtung Benediktbeuern fährt, erkennt man schon von weitem die charakteristische Silhouette mit den Glockentürmen der ehemaligen Benediktinerkirche. Wann genau das Kloster Benediktbeuern gegründet worden war, lässt sich nicht mehr genau feststellen; wahrscheinlich um die Jahre 739/40, manche glauben 40 Jahre später. Auf jeden Fall ist das Kloster eines der ältesten in Bayern.

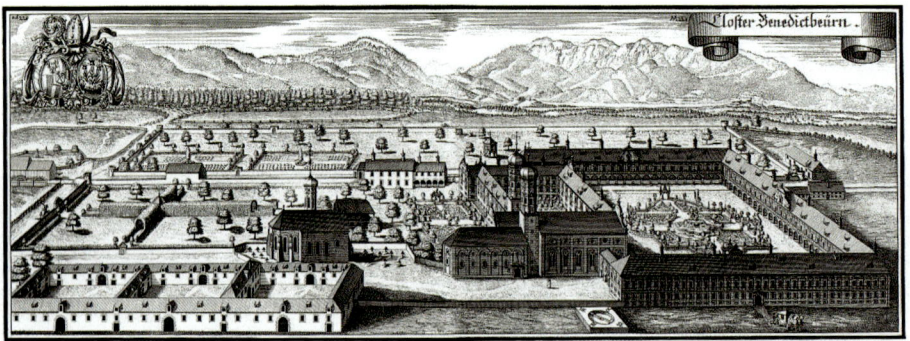

Ansicht des Klosters Benediktbeuern im Jahre 1701 auf einem Stich von Michael Wening. Links der Bildmitte kann man noch die 1803 abgerissene ehemalige Pfarrkirche Maria Himmelfahrt erkennen.

44

Gründer sollen drei Verwandte, sogar Brüder, gewesen sein, alle drei fast sicher Adelige: Lantfried, Waldram und Eiland. In genau dieser Reihenfolge wurden sie nacheinander Äbte ihres Klosters. Das Kloster hatte schon bei seiner Entstehung eine beachtliche Größe – ein Hinweis dafür, dass vermögende Stifter dahinter gestanden haben mussten.

Ursprünglich hatte man die Kirche dem Apostel Jacobus geweiht, wahrscheinlich dem sogenannten „Major", Schutzherr der Pilger. In den frühen Kirchen war es beliebt, den einen oder anderen Apostel als Schutzheiligen zu „beanspruchen". Da um 800 die Armreliquie des heiligen Benedikt als Geschenk Karls des Großen hierher kam, erweiterte man den früheren Ortsnamen von Buron in Benedictoburum; später fand er in Benediktbeuern seine endgültige Form. Und natürlich freute man sich, hier einen eigenen Hausheiligen samt wertvoller Reliquie verehren zu können! Unter dem ersten Abt Lantfried führte man im Kloster endgültig die Benediktsregel ein, während man bis dato keiner festen Ordensregel gefolgt war.

Benediktbeuern und Italien

Doch auch ohne die Reliquie des heiligen Benedikt zu bemühen, hatte das Kloster von Anfang an Bezüge zu Italien. Schon die drei Gründer hatten eine starke Verbindung nach Süden. Es ist so gut wie sicher, dass die Grün-

Benedetto, der aus Umbrien

Von Mönchen erfährt man erstmalig um 1500 v. Chr. in Indien, wo brahmanische Asketen die Selbstentfaltung suchten. Um 250 v. Chr. entstanden die heute noch existierenden buddhistischen Klöster, und Buddha hinterließ für zukünftige Nonnen und Mönche Anweisungen für ihr Leben in der Gemeinschaft.

Die Wiege des christlichen Mönchtums war Ägypten: Die ersten Mönche lebten lieber isoliert in Höhlen, und erst im 4. Jahrhundert zogen es manche vor, in Gemeinschaft Gleichgesinnter in einem Gebäude zu leben und eine Kirche dabei zu haben. Das somit geborene Konzept von Kloster mit Kirche, in dem entweder Mönche oder Nonnen leben, erreichte im 6. Jahrhundert Italien.

Benedetto alias Benedikt war um 480 in Nursia, auf Italienisch Norcia, in Umbrien geboren worden. Auch er wählte nach seiner Ausbildung in Rom ein Leben in der Askese. Er zog sich in die Sabiner Berge bei Rom zurück, danach in eine Höhle bei der Stadt Subiaco. Hier wurde er von einem Mönch drei Jahre lang mit Nahrung versorgt, bis ihn die Mönche des nahegelegenen Klosters Vicovaro zum neuen Abt wählten. Seine Freude dauerte nicht lange, da die Mönche nicht bereit waren, der Strenge des jungen Abts zu folgen, und sie versuchten ihn zu vergiften. Nach dem gescheiterten Versuch kehrte Benedikt in die sichere Höhle zurück, doch mehr und mehr Anhänger folgten ihm dorthin. So gründete er eine Klostergemeinde mit 12 Mönchen unter einem Abt.

529 ging er nach <u>Monte Cassino</u> nördlich von Neapel und gründete das berühmte Stammkloster des Benediktinerordens. Das Kloster auf dem Monte Cassino besteht noch heute, wenn auch der dort vorhandene Komplex nicht mehr der ursprüngliche ist. Die Regel des heiligen Benedikt, der Patron Europas ist und am 21. März gefeiert wird, wird seit Jahrhunderten befolgt und lebt weiter. Fast jeder kennt den Satz „ora et labora", „bete und arbeite", den Benedikt zur Basis des klösterlichen Lebens machte. Ein Benediktinerkloster musste folgende Räume enthalten: Dormitorium oder Schlafsaal, Refektorium oder Speisesaal, Kirche, Krankenzelle, Küche, Bibliothek mit Skriptorium, in dem Bücher abgeschrieben wurden, und weitere Räume wie Brauerei und Gästehaus. Um 1200 gab es europaweit rund 1500 Benediktinerklöster.

Die „Regula Benedicti", die Ordensregel von Benedikt, sieht in einem Kloster vor, dass ein Drittel des Tages der religiösen Andacht gewidmet wird, ein weiteres Drittel der Arbeit – entweder im Skriptorium oder auf den Feldern – und das übrige Drittel Mahlzeiten, Schlaf und Erholung. Die „Regula Benedicti" verbreitete sich auch dank Karl dem Großen und verdrängte bald andere Mönchsregeln.

45

der dem <u>Geschlecht der Huosi</u> angehörten. Die Familie hatte die Kontrolle über diesen Bereich des Voralpenlandes und gründete gern das eine oder andere Kloster. Über die Huosi werde ich ausführlich in Kloster Schlehdorf berichten, das auch auf ihre Initiative entstand. Die Huosi hatten ein großes Interesse an Tuszien, einer Region, die es so heute nicht mehr gibt und die sich im 8. Jahrhundert zwischen der Toskana und Umbrien erstreckte. Manche Familienmitglieder wohnten in der Toskana, wie man heute sagen würde, andere in Bayern, und natürlich kannten sie sich gegenseitig, pflegten

Lantfried, Waldram und Eliland gründeten der Überlieferung zufolge Benediktbeuern und waren wahrscheinlich Huosi. Das Gemälde von Hans Georg Asam hängt in der Klosterkirche über ihrem Sarkophag.

die Beziehungen und „pendelten" zwischen Nord und Süd.

Insofern ist es sicher kein Zufall, dass Kloster Benediktbeuern in der Nähe einer alten Römerstraße gegründet wurde, die Gebiete nördlich und südlich der Alpen verband. Sicher war das bequem für die Huosi, die auf Reisen eine Station mehr zur Verfügung hatten, und für Pilger, die zu den heiligen Stätten in Italien unterwegs waren und im Kloster Unterkunft finden konnten. Die Römerstraße wurde nicht nur zum Warentransport genutzt, sondern war im Mittelalter auch ein wichtiger Pilgerweg.

Steinmetze aus Italien

Bei Ausgrabungen 1988-89 und schon zuvor im frühen 20. Jahrhundert kamen Flechtornamente und Ornamentskulpturen ans Licht, die als lombardisch/langobardisch angesehen wurden. Die schöne Überraschung bei den Funden war also, dass ihre Vorbilder von der Südseite der Alpen stammten! Im Gegensatz zu anderen Regionen weiß man leider sehr wenig über die früheren Steinmetze im Südosten Deutschlands. Viele spezialisierte Steinmetze aus dem Gebiet um den Comer und Luganersee, „Magistri Comacini" genannt, arbeiteten europaweit im Kloster- und Burgenbau, zum Beispiel im 8. Jahrhundert auf den britischen Inseln und im 12. Jahrhundert in Mainz, sowie am Speyerer und am Freisinger Dom. Auch in Pavia, das unter den Langobarden italienische Hauptstadt war, kann man heute noch die Steinmetzarbeiten der Comasken bewundern. Es ist gut möglich, dass die transalpinen Familienbande von Adeligen auch diesen italienischen Spezialisten zugute kamen und sie über die Alpen hinweg hierher vermittelten. Bedarf war vorhanden, da man sich im südlichen Bayern zwar sehr gut mit der Holzverarbeitung auskannte, aber nicht mit der Bearbeitung von Steinen und der Errichtung von Steingebäuden. Bauten, die ein paar Jahrhunderte überdauern

Das Kirchenportal von San Fedele Intelvi stammt aus dem 12. Jahrhundert und zeigt die alte Steinmetzkunst der hier beheimateten Comasken

sollten, ließ man aber lieber mauern und holte sich sicher gerne ein paar Experten ins Land, um etwas von ihnen zu lernen oder die Gebäude gleich von ihnen selbst errichten zu lassen.

Für die ersten Bauphasen in Benediktbeuern wird vermutet, dass es eine eigene Bauhütte für die Verarbeitung des Baumaterials gegeben hat. Kostspielig war das sicher, aber die finanziellen Mittel waren durch die Klostergründer ja vorhanden! Archäologen stellten außerdem die Hypothese auf, dass die Bauhütte unter der Leitung eines Steinmetzes aus Italien gestanden haben soll, der die Steinverarbeitung den Leuten vor Ort beibrachte... Ich glaube etwas anderes: Die Spezialisten der Steinverarbeitung kamen aus Italien hierher und verarbeiteten das Material für den Klosterbau selbst. Wenn man schon das Geld hatte, warum hätte man sich dann die Mühe machen und viel Zeit investieren sollen, um Leute vor Ort in der Steinverarbeitung auszubilden, wenn man sich viel einfacher und schneller eine ganze Bautruppe herholen konnte?! Eine deutsche Ausbildungspolitik gab es damals noch nicht, und schließlich hat man auch wenige Jahrzehnte später ganze Bautrupps für den Bau der großen Kathedralen herkommen lassen.

Noch etwas: Ähnliche Ornamente wie in Benediktbeuern hat man auch bei Ausgrabungen im Kloster Tegernsee, das in der Mitte des 8. Jahrhunderts gegründet wurde, und im 772 gegründeten Benediktinerinnenkloster Frauenwörth auf der Fraueninsel im Chiemsee gefunden. Und bei letztgenanntem Kloster stellte sich heraus, dass einige Funde sogar aus Carrara-Marmor bestehen. Hier hat man nicht nur die Spezialisten eingeladen, hat man sie gleich auch das Material aus der Toskana mitbringen lassen!

Die drei Äbte Lantfried, Waldram und Eliland gründeten ungefähr in der Mitte des 8. Jahrhunderts noch das Kloster Sandau bei Landsberg am Lech,

47

circa 70 km nordwestlich von Benediktbeuern. Mitte des 10. Jahrhunderts verschwand dieses Kloster, und nur durch archäologische Ausgrabungen kamen einige Reste ans Licht. Es stellte sich heraus, dass der Grundriss der Kirche auf Vorbilder in Graubünden und Südtirol zurückgeht. Ob hier auch Spezialisten aus dem Süden im Spiel waren?

Aus Graubünden, Nachbarregion des Comer Sees, kamen in den folgenden Jahrhunderten viele bekannte Architekten, die in Bayern und europaweit bekannt wurden: In München und Altbayern kennt man zum Beispiel die Bauten von Enrico Zuccalli und Antonio Viscardi, die im 17. und 18. Jahrhundert nacheinander Hofbaumeister in München waren. Noch im 16. Jahrhundert ließ man Experten aus Graubünden zum Bau der Stadtbefestigung von Moskau kommen; ähnliches tat man zum Beispiel auch in Salzburg, Schweden und Dänemark, und die Liste ließe sich noch sehr, sehr weit fortsetzen.

Hier in Benediktbeuern waren aber, wie festgestellt, schon im 8. Jahrhundert Baumeister aus den italienischen Alpen unterwegs.

Bücher, Wein und Kardamom aus dem Süden

Wenn man kurz zu den Huosi-Gründern zurückkehrt, stellt man fest, dass es auch in einem anderen Punkt gute Kontakte zu Italien gegeben haben muss: Um 760 widmete der Mönch Ambrosius Autpertus aus dem Kloster San Vincenzo al Volturno seinen Traktat *Conflictus virtutum atque vitiorum* dem ersten Abt von Benediktbeuern, Lantfried. Ambrosius Autpertus hatte den Ruhm eines Gelehrten, stammte aus der Provence und wurde 777 Abt des Klosters San Vincenzo; Er starb leider schon ein Jahr nach seiner Ernennung. Das Kloster San Vincenzo existiert heute noch, und befindet sich auf dem Apennin circa 100 km nördlich von Neapel. Es wurde von drei Adeligen aus Benevento am Anfang des 8. Jahrhunderts gegründet, war also wie Benediktbeuern eine adelige Gründung. Und in Benevento regierte als Herzog von 731-32 und 742-51 der Langobarde Gisulf II., der mit den bayerischen Herzögen verwandt war.

Der Fondaco dei Tedeschi – in der Mitte – war das Haus der deutschen Händler in Venedig und war in bester Lage gleich bei der Rialtobrücke

Das Amt des Infirmarius, also des Krankenbruders, war schon in der Regel des heiligen Benedikt von Nursia den Klöstern vorgeschrieben worden, genauso wie das Vorhandensein einer Sonderzelle für die kranken Brüder. Untersucht man Medikamentenrezepte, fällt es auf, dass trotz der Bestrebungen, einheimische Kräuter, Pflanzen, Mineralien und sonstige vor Ort vorhanden Substanzen zu verwenden, doch eine lange Reihe exotischer Gewürze in den Rezepten vorkommen. Hier nur eine Auswahl an Zutaten aus einem Klosterrezept: *Nuces musca-*

te (Muskatnuss), *Flores muscate* (Muskatblüten), *Cardamoni* (Kardamom), *Flores Cinnamoni* (Zimtblüten), *Ligni aloes* (Aloeholz), *Sandali rubei* (Sandelholz), *Amomi*, (Nelkenpfeffer), *Metredati* (Mithridat), *Teriace optimum et antiquum*, zwei Arten von Theriak. Gewürze gehörten bis ins 19. Jahrhundert zum Standardrepertoire medizinischer Behandlungen, heute gehören sie in die Küche.

Lüftlmalerei in Mittenwald mit der Darstellung eines venezianischen Gewürzhändlers

Auch in Hinsicht auf die medizinische Versorgung war die nahegelegene Handelsstraße also wichtig; auf ihr wurden die wertvollen orientalischen Gewürze von Venedig importiert. In der Lagunenstadt wurden die Waren im „Fondaco dei Tedeschi", dem „Deutschherrenhaus", von deutschen Händlern erworben und weiter nach Mitteleuropa vertrieben. Jahrhundertelang war Venedig bestrebt, das Monopol für diese teuren Produkte aufrechtzuerhalten.

Die venezianischen Waren konnte man nördlich der Alpen vor allem in Nürnberg und Regensburg finden, den wichtigsten (heute) bayerischen Handelspartnern der Lagunenstadt. Später erhielt man sie auch in München bei den sogenannten Materialisten, spezialisierten Verkäufern für exotische Produkte, die oft Italiener waren. Im 16. Jahrhundert konnte man sie sogar von Hausierern aus Italien erwerben – mehr über Hausierer werde ich in Glentleiten erzählen.

Zwei der oben genannten Medizinzutaten waren Spezialanfertigungen venezianischer Apotheken: Mithridat und Theriak. Vor allem von Letzterem wurde das Rezept in Venedig strengstens behütet, unbedingt wollte man das Monopol erhalten. Damit erreichte man, dass die Nachfrage noch größer wurde, und dass für beide Produkte überall in Europa Fälschungen im Umlauf waren. Zu groß war die Versuchung, da besonders Theriak wahnwitzig teuer war: Vom Mittelalter bis zur Neuzeit war es das Allheilmittel schlechthin und vor allem bei Pestseuchen extrem gefragt. Man hat ganze Bücher darüber geschrieben, über die bis zu 100 verschiedenen Zutaten, die medizinische Anwendung und die öffentliche Zubereitung des Theriak auf dem Markusplatz in Venedig. Die wirkungsvollste Zutat war höchstwahrscheinlich das Opium, da es, wenn auch nicht heilsam, zumindest den Geist beruhigte. Das Volk half sich, wenn der Hausierer oder der Quacksalber auf dem Markt gerade keinen „günstigen" Theriak anzubieten hatte, mit dem sogenannten Volkstheriak, Knoblauch.

Bei den anderen Klöstern, egal ob Benediktiner oder nicht, den Apothekern und den Ärzten sah das medizinische Sortiment auch nicht anders aus und alle waren mehr oder weniger von den Importen aus Venedig abhängig.

Über Steinmetze, Bücher und Gewürze hinaus unterhielten die Äbte von

49

Statue des heiligen Korbinian im Weinmuseum Kaltern mit Weintrauben. In Südtirol ist er als Weinheiliger bekannt.

Benediktbeuern durch ihre Weinberge in Südtirol Beziehungen nach Süden. Jahrhundertelang und fast jedes Jahr fuhren die vom Kloster beauftragten Mönche im Herbst nach Süden, um die Weinlese in den eigenen Südtiroler Weinbergen zu überwachen.

Weinberge in Südtirol

Schon zur Römerzeit gab es Weinbau in Südtirol, und noch lange Zeit, nachdem die Römer abgezogen waren, blieben Weinberge und Weinbau in den Händen romanischsprachiger Völker: Neben einigen alten Dokumenten deutet der heute noch verwendete regionale Wein-Jargon darauf hin, da er viele Romanismen enthält. Romanismen lassen sich übrigens auch für die Bezeichnungen „vinitores" als Winzer und „vinea" als Weinberg in der Gegend von Regensburg in der Zeit um das 8. und 9. Jahrhundert bezeugen!

Im 8. Jahrhundert gerieten viele Südtiroler Weinberge in den Besitz von Bajuwaren, und von Anfang an teilten die bayerischen Herzöge, Adeligen und Klöster die Weinberge untereinander auf. In den Gebieten um Meran und Bozen gab es schon sehr früh eine starke Zersplitterung der Grundstücke. Und da immer mehr Interessenten immer mehr Weinberge besitzen wollten und keiner bereit war, eigene zu verkaufen, blieb die Parzellierung bestehen. Zu größeren zusammenhängenden Besitzen konnte es also nicht mehr kommen. Weiter südlich von Bozen konnten nur selten Weinberge erworben werden, da das Bistum von Trient ebenso großes Interesse am Weinbau hatte.

Schon in den ersten zwei Jahrhunderten seines Bestehens hatte das Kloster Benediktbeuern nach eigenen Überlieferungen beeindruckende Weinbergbesitztümer in Südtirol, ursprünglich in besten Lagen bei Bozen und ab dem 12. Jahrhundert auch bei Meran.

Doch die Weinberge reichten immer noch nicht aus: Zum Wein, der in den eigenen Weinbergen erzeugt wurde, kaufte das Kloster noch welchen hinzu; im Jahre 1492 zum Beispiel „importierte" das Kloster insgesamt 10.840 Liter Wein. Die Transportkosten waren sehr hoch und konnten locker 50% des Weinpreises betragen! Der Transport forderte eine wahrhaftig umfangreiche Logistik. Allerdings genossen die Klöster sehr großzügige Zollfreiheiten unter der Bedingung, dass der komplette Weintransport auf einmal erfolgte und vor dem 11. November stattfand.

Der 11. November ist der Tag des heiligen Martin, der heute nur noch im Zusammenhang mit selbstgebastelten Laternen bekannt ist, früher aber als Fest zum Ende der landwirtschaftlichen Tätigkeit gefeiert wurde. Bei der Ge-

50

Der Monat September in einem Gemälde im Festsaal des Klosters
mit der Darstellung der Weinlese

legenheit schlachtete man gerne ein paar Tiere, trank den neuen Wein und vor allem beschloss oder erneuerte man – fast ausschließlich zu diesem Termin – Pacht- und Mietverträge. Der 11. November war einer der wichtigsten Stichtage auf dem Lande.

Für die Klöster bedeutete die Bedingung, vor St. Martin allen Wein auf einen Schlag zu transportieren, dass sehr viele Pferde benötigt wurden und dass der Wein noch während der Gärung transportiert wurde. Zum Transport konnte man den Pferden Fässer auf den Rücken laden oder man ließ mehrere Pferde eine Karre mit Weinfässern ziehen: So oder so rechnete man pro Pferd mit 120 Liter Transportlast. Das Kloster Benediktbeuern benötigte also für den Transport seiner 10.840 Liter Wein im Jahre 1492 die sagenhafte Anzahl von 90 Pferden. Versuchen Sie einmal, sich diese Pferde- und Karrenkolonne von einem halben Kilometer Länge vorzustellen! Und zur selben Zeit waren auch die Weintransporte von Tegernsee, Schäftlarn und vielen anderen Klöstern unterwegs... schon damals gab es Stau am Brenner! Aber ein schöner Anblick muss das Ganze schon gewesen sein.

Wozu Wein?

Was machte ein Kloster mit diesen Unmengen von Wein? Wein ist und bleibt für Christen etwas besonders, vor allem für Katholiken. Noah wird als der erste Winzer angesehen, der sich, sobald er nach Ende der Sintflut Wein keltern konnte, betrank. Jesus hatte ein besonderes Verhältnis zum Wein: Schon bei der Hochzeit in Kana verwandelte er Wasser in – guten – Wein, und

Säumersattel zum Weintransport. Er wurde jahrhundertelang auf den Alpenpässen verwendet.

bei seinem letzten Abendmahl trank er Wein mit den Aposteln. Ohne Wein keine Messe! Und in den Jahrhunderten nach Christus war Wein ein Symbol für Leben, wie man vielen erhaltenen Abbildungen ansehen kann.

Wein war absolut notwendig für die Liturgie. Man ist zwar sicher, dass in Bayern seit der Römerzeit kontinuierlich Wein an Donau und Inn produziert wurde, doch die Menge reichte keinesfalls für alle Klöster. Auch jenseits der Liturgie konsumierte man ziemlich viel Wein, zumindest nach unserer heutigen Auffassung: Man rechnete mit einem täglichen Bedarf von etwas weniger als zwei Litern Wein pro Mönch und Bedienstetem im Kloster; Benedikt sah in seiner Regel allerdings viel weniger vor, eine „Hemina", circa 0,27 Liter am Tag. Nun hat vielleicht nicht jeder Einzelne ganze zwei Liter pro Tag getrunken: Wein war auch ein beliebtes Geschenk für Äbte und andere hoch angesehene Personen und wenn man noch Feierlichkeiten hinzurechnet, kommt ein Kloster schnell auf einem Bedarf von einigen tausend Litern Wein pro Jahr! Wein war nicht nur ein Alltagsgetränk, sondern fand auch in der Medizin oft Anwendung, zum Beispiel als Stärkungsmittel nach der Entbindung oder nach dem Aderlass und bei vielen Medikamenten empfahl man, sie mit Wein einzunehmen. In der Küche fand Wein und daraus hergestellter Essig Verwendung als Konservierungsmittel, zum Kochen und für vieles mehr. Damit kann man sich eine Vorstellung machen, welche Bedeutung die Weinberge in Südtirol für Klöster und weitere Bevölkerungskreise hatten.

Nicht zu unterschätzen ist, dass die Klöster einen wichtigen Beitrag zur Besserung der Weinqualität leisteten, einerseits weil sie als wichtige Kulturzentren technisches Wissen hatten und ausbauten, andererseits da sie für die Liturgie Bedarf an hochwertigen Weinen hatten. Und wahrscheinlich nicht nur dafür. „Welschwein", wie der Wein aus Südtirol genannt wurde, fand auch in München jenseits der vielen dort vorhandenen Klostermauern reichen Absatz. Bier spielte hier erst einmal eine Nebenrolle, bis zum Anfang des 16. Jahrhunderts vor allem als Ersatz für Jahre mit mageren Weinernten. Erst ab etwa 1500 setzte die große Bierproduktion ein, für die Bayern bekannt wurde und immer noch ist.

Immer wieder neue Kirchen

Die Nähe des Klosters zu einer wichtigen Verkehrsverbindung führte dazu, dass auch Soldaten schnell den Weg hierher fanden und ziemlich viel zerstören konnten. Und wenn keine Kriege in Sicht waren, konnten Brände Kirche, Kloster und Ökonomiegebäude verwüsten, was leider ziemlich häufig geschah.

Die ursprüngliche Kirche des 8. Jahrhunderts wurde im 10. Jahrhundert durch einen Überfall der Ungarn schwer beschädigt, danach wieder aufgebaut und geweiht. 1248 zerstörte ein Brand Kirche und Kloster, 1288 fiel die Kirchendecke herunter, 1317 und 1377 gab es wieder schwere Schäden durch einen Brand; 1490 ereignete sich ein Großbrand, 1632 plünderte schwedische Truppen das Kloster... Immer wieder baute man Kirche und Klostergebäude aufs neue! Die komplette Liste der Zerstörungen und Wiederbauten erspare ich Ihnen, nur eine bestimmte Phase interessiert mich besonders und zwar der Wiederaufbau im 17. Jahrhundert. Warum? Na ja, da haben ein paar Italiener mitgewirkt!

Station 1 – Klosterkirche
Der Barock zieht ein in Benediktbeuern... irgendwie

Nach dem Dreißigjährigen Krieg ließ man die Klosteranlage in Benediktbeuern 1669 um- und zum Teil sogar neu erbauen, 1681-86 dann die Klosterkirche. Anfang des 18. Jahrhunderts kamen weitere Bauten und der Westhof hinzu. Viele Dokumente über das Kloster sind verloren gegangen, sodass Spekulationen über den Baumeister jahrhundertelang freien Lauf hatten. Manchmal tendierte man mehr zu einem Italiener, manchmal weniger, manchmal klar dagegen, dann doch zu einem italienischen Baustil oder auch nicht... Sicher ist jedenfalls, dass, als 1681 die Bauarbeiten für eine neue Klosterkirche begannen, die Kirche Sankt Michael in München schon seit Jahrzehnten stand

53

Ein winterliches Bild der Klosterkirchenfassade mit dem Nordtrakt des Klosters

und die Theatinerkirche fast komplett fertiggestellt war. Mit diesen Bauten war der Renaissance- und Barockstil von Italien nach Bayern gekommen – ja, sie lesen richtig, der Barock kam aus Italien, inklusive Stuckdekoration! Noch etwas früher war der Dom in Salzburg entstanden, auch im Barockstil. Sich eine neuartige Kirche als Baumeister anzuschauen, bedeutet allerdings nicht unbedingt, sofort und komplett zu erfassen, auf was es dabei ankommt, wie in Benediktbeuern leider hier und da zu bemerken ist...

Wer der Baumeister war ist immer noch unklar; eine neuere Studie von Dr. Peter Heinrich Jahn finde ich aber sehr schlüssig und daher möchte ich seine Schlussfolgerungen hier vorstellen: Er kam zum Ergebnis, dass der Baumeister kein Wessobrunner namens Kaspar Feichtmayr hätte sein können, wie man lange Zeit glaubte oder glauben wollte, sondern der Klosterabt selbst,

Das Innere der Klosterkirche in Benediktbeuern

Placidus Mayr. Er war weder Baumeister noch Architekt, doch da er als Benediktiner lange Zeit in der Benediktineruniversität des Süddeutschen Raums in Salzburg verbracht und dort ständig den barocken Dom des Baumeisters Santino Solari aus der Lombardei vor Augen gehabt hatte, dachte er sich:

Benediktbeuern und Bichl – Italien für Leib und Seele

„Ich plane die neue Kirche". Mutig! Benediktbeuern zeigt einen Versuch, den Barock in Grenzen zu halten: Die Decke ist etwas zu niedrig, um ein wirkliches Raumgefühl verspüren zu lassen, und das Gewölbe wirkt, als hätte man es gedrückt halten wollen. Von oben kommt kein Licht durch Fenster herein, wie es sich sonst für diesen Kirchentypus gehört und für Helligkeit sorgt, die Fresken sind in kleinen Stuckrahmen „eingefangen" und die Stucke sind eindeutig zu groß für den Raum. Oder etwa nicht? Wenn Sie sich die Stucke in der Münchner Theatinerkirche anschauen, merken sie, dass man dort zwar insgesamt mit den Maßen etwas übertrieben hat und die Kirche insgesamt schon ein bisschen zu „bombastisch" wirkt, doch stehen die Stuckfiguren in Proportion zum Ganzen. In Benediktbeuern müssen sie sich den wenigen Platz da oben teilen. Und die Hälse der Engel sind zu lang, ...aber zumindest das kann man nicht dem Baumeister vorwerfen.

Es war eine Leistung, dass Placidus Mayr nach der Katastrophe des 30jährigen Krieges den Mut gefasst hat, die Kirche neu bauen zu lassen und damit ein Zeichen zu setzen. Leider hat er sich keinen Fachmann zur Seite geholt, sondern die Baupläne im großen und ganzen selbst geschmiedet und dann höchstwahrscheinlich von einem Baumeister die statischen Berechnungen durchführen lassen. Die Architektur ist also eher italienisch inspiriert als geprägt; die Fresken und Stucke zeugen stärker vom Süden.

Stuck aus Italien

Die Stuckfiguren von Engeln und Propheten in der Klosterkirche Benediktbeuern werden Niccolò Perti aus Como und Prospero Brenni aus dem Tessin zugeschrieben. Beide Künstler waren in Süddeutschland bereits bekannt, da sie unter anderem schon in der Theatinerkirche in München stuckiert hatten. Man könnte sagen, dass fast 1000 Jahre später wieder Spezialisten aus der Comer See-Region kamen, diesmal keine Steinmetze, sondern Stuckateure.

Während die Stuckateure aus Wessobrunn für ornamentale Stucke berühmt waren und lange Zeit blieben, galten die italienischen Stuckateure als Meister in der Modellierung von Figuren. In Chor und einigen Räumen des Klosters kann man sehr schöne Stuckornamente von Wessobrunner Meistern bewundern und vergeblich irgendeine Figur von ihnen suchen. Erst am Beginn des 18. Jahrhunderts begannen die Wessobrunner Stuckateure, die ersten Figuren zu fertigen. Den Anfang machte Joseph Anton Feuchtmayer, der dafür bei Giovanni Battista Carlone in die Lehre ging, der einer der berühmtesten Stuckateure aus dem Comer Gebiet und hier in Süddeutschland angesagt war.

Stuckengel, vermutlich von Niccolò Perti und Prospero Brenni

Die Stucke in der Klosterkirche Benediktbeuern zählen leider nicht zu den Glanzleistungen dieser Kunst: Bei der Anatomie – vor allem der Engel – passen die Proportionen nicht immer. Auch nicht bei den Propheten ganz oben unter der Decke, noch dazu in einem sehr schattigen Bereich der Kirche. Die Früchteornamente in Stuck sind sehr reich und pompös und passen nicht so

Prospero (Giovanni) Brenni

Prospero (Giovanni) Brenni oder Brenno kam 1638 in Salorino zur Welt, einer Ortschaft etwa 5 km südlich des Luganer Sees. Er war Sprössling einer Familie von Stuckateuren und wie viele andere zuvor und danach wanderte er kreuz und quer durch Europa, je nachdem wo es gerade etwas zu stuckieren gab. Er, sein Bruder Giovanni Battista und weitere fünf – vielleicht sogar 12 – Stuckateure aus der Gegend um Comer und Luganersee und aus dem Tessin gehörten zur Künstlertruppe von Carlo Brentano Moretti, die in der Münchner Theatinerkirche stuckierte. Es könnte allerdings auch sein, dass er erst mit Niccolò Perti 1680 nach München kam. Nach Angaben von Enrico Zuccalli arbeitete er 1680/81 in der Münchner Residenz.

Man schreibt ihm zu, dass er um 1683 in Benediktbeuern für Abt Placidus in der Klosterkirche und wahrscheinlich gemeinsam mit Niccolò Perti im Kapitelsaal stuckiert hatte. Das hatte einige Forscher zur Vermutung gebracht, Zuccalli müsse der Baumeister der Klosterkirche in Benediktbeuern gewesen sein, da hier „seine" Stuckateure arbeiteten. In den folgenden Jahren arbeitete Prospero Brenni in Würzburg und Hohenrechberg in der Wallfahrtskirche.

Er starb am 18. Januar 1696 in seinem Heimatdorf Salorino.

Niccolò Perti

Vom Leben des Stuckateurs Niccolò Perti weiß man wenig: Sein Vater war der Maurermeister Lorenzo Perti aus Como, der am Theatinerkloster in München mitgearbeitet hatte. Niccolò kam wahrscheinlich 1663 mit dem Vater nach München. Über Arbeiten von Niccolò Perti weiß man etwas mehr, wie zum Beispiel dass er um 1675 in der Theatinerkirche in München stuckiert hatte, 1691 in zwei Sälen des Klosters in Fürstenfeld und ein paar Jahre später in der Ursulinenkirche in Neuburg an der Donau. Zugeschrieben werden ihm auch Arbeiten in der Klosterkirche in Tegernsee, zu der er 1684 nach Beendigung der Arbeiten in Benediktbeuern gemeinsam mit dem Maler Hans Georg Asam weiter zog. Einen Teil der Stucke in der Benediktbeurer Klosterkirche schreibt man ihm allerdings auch erst seit kurzem zu. Weitere Stucke von ihm gibt es außerdem noch in der Münchner Residenz und im Augsburger Dom und von ihm gab es auch welche aus dem Jahre 1684 in der früheren Klosterkirche in Bad Tölz.

recht zum Gesamtbild des Raumes. Man hat bei der Gestaltung Dekorations-
elemente übernommen, die typisch für den Hochbarock waren, sich aber
leider wenig Gedanken über den Gesamteindruck gemacht.

Vergleicht man die Figuren mit früheren Arbeiten von Brenni und Perti
in München oder mit späteren in der Tegernseer Klosterkirche, kann man
allerdings nur schlussfolgern, dass sie in Benediktbeuern vorübergehend
den Sinn für Proportionen verloren haben! Mir kommt es eher so vor, als
wären sie nicht selbst am Werk gewesen, sondern andere Stuckateure, die
womöglich Stuckschablonen von Brenni und Perti gekauft hatten und hier
erste Experimente durchführten. Das würde sowohl gewisse Ähnlichkeiten
erklären als auch die schlechtere Qualität. Vielleicht waren hier einheimische
Lehrlinge am Werk?

Hans Georg Asam: Aus italienischer Perspektive!

An der Kirchendecke und in Stucke eingerahmt freskierte der Maler Hans
Georg Asam ab 1683. Sicher hatte der damals 34jährige schon andernorts
gemalt, aber diese Fresken hier sind seine ersten bekannten Werke.

Der Einfluss der venezianischen Malerei, der Asam in seinen Fresken zugeschrieben wird, muss nicht unbedingt einem Aufenthalt in Venedig entsprin-
gen, er könnte genausogut von einem Aufenthalt in Österreich kommen, wo
einige italienische Maler tätig waren.

Der Verdienst von Hans Georg Asam besteht nicht in diesen Fresken an
sich – sie werden im Allgemeinen nicht als großes Kunstwerk eingestuft –
sondern in der damit stattfindenden Einführung der Illusionsmalerei nördlich
der Alpen, die man in Italien schon lange zuvor kannte. Mit Illusionsmalerei
bezeichnet man Gemälde, die so realistisch sind, dass sie das Vorhandensein
architektonischer Elemente vortäuschen. In Italien entwickelten Maler der
Schulen in Bologna und Venedig unterschiedliche Ausprägungen. Beide fanden den Weg auf die Nordseite der Alpen, wobei Hans Georg Asam den Stil
aus Bologna offensichtlich nicht kannte. In der Renaissance hatte man die
Idee in Italien wieder aufgegriffen.

Hans Georg Asam schien mit dieser Technik nicht ganz zurechtgekommen
zu sein; sein Sohn Cosmas Damian hingegen sollte sie nach seiner Ausbildung in Rom meistern und eigenständig weiterentwickeln.

Neu war in der Barockzeit die Idee, solche Illusionen an der Decke zu
freskieren, statt auf Ölgemälden oder an der Wand. Sowohl bürgerliche
Auftraggeber als auch Äbte und Bischöfe fanden an der Technik Gefallen,
die die Möglichkeit eröffnete, die Decke durch entsprechende Darstellungen optisch zu erhöhen oder gar zu öffnen. Nicht immer stattete man die
Decke mit einer geschlossenen Scheinarchitektur aus, gerne ließ man auch
eine illusorische Szene unter dem scheinbar offenen Himmel darstellen. In
Deutschland wurden entsprechende Deckenfresken anfänglich meist in
Stuckrahmen eingefangen, und erst in späteren Zeiten ließ man Fresken sich
über die ganze Kirchendecke erstrecken. In Bad Tölz haben Sie ein Beispiel

Hans Georg Asam

Der Sohn des Kloster-bräuwirts Christoph Asam in Rott am Inn kam am 12. Oktober 1649 zur Welt. Er trat nicht in die Fußstapfen seines Vaters, sondern wur-de Maler von Fresken und Tafelbildern. Über seine Ausbildung weiß man we-nig, im Gegensatz zu seinen prominenten Söhnen Cos-mas Damian und Egid Qui-rin. Er war Geselle beim Ma-

Eines der Fresken von Hans Georg Asam an der Kirchendecke

ler Nikolaus Prugger, dessen Tochter Marie Therese er 1680 heiratete. Prugger hatte sich dank eines Stipendiums des Kurfürsten Maximilian I. eine Zeit lang in Italien ausgebildet.

Über die Zielorte einer eventuellen Italienreise Hans Georg Asams herrscht in seinen Biografien babylonische Vielfalt: Vielleicht ging er 1682 nach Venedig, vielleicht aber auch nach Rom. Andere vermuten wegen Einflüssen der flämischen Malerei in seinen Werken eine Reise ins heuti-ge Belgien. Bloß... wer soll die Reisen alle bezahlt haben? Bei allen Mut-maßungen sollte man nicht vergessen, dass es weit verbreitete Praxis war, von Vorbildern anderer Maler, z.B. anhand von Stichen, zu lernen. Sein Lehrer Nikolaus Prugger hatte sich nachweisbar solcher Vorbilder für seine Gemälde bedient und vielleicht kam der italienische Einfluss, den man bei Hans Georg feststellt, vorrangig von seinem Lehrmeister.

Ab 1681 wohnte Hans Georg Asam in der Jachenau östlich des Wal-chensees, also im Besitzbereich des Klosters Benediktbeuern, wo 1686 sein Sohn Cosmas Damian zur Welt kam.

Die ersten wichtigen Fresken Hans Georg Asams entstanden in den Jahren 1683-87 in der Kirche in Benediktbeuern, wo er vermutlich Be-kanntschaft mit den Stuckateuren Perti und Brenni machte. Mit ihnen zog er nach Beendigung ihrer Benediktbeurer Arbeiten nach Tegernsee weiter, sie arbeiteten 1689-94 in der Benediktiner Klosterkirche zusam-men (anderen Quellen zufolge schon ab 1684) und 1692 in Fürstenfeld. 1708 begann er mit den Fresken in der Wallfahrtskirche Maria Hilf in Freystadt, die nach seinem Tod 1711 durch seinen Sohn Cosmas Damian vollendet wurden.

Auch wenn in den Fresken von Hans Georg Asam Konzept und Re-geln der Illusionsmalerei aus Italien noch nicht komplett ausgereift sind, bleiben sie dennoch ein wichtiger Meilenstein in der Entwicklung dieser Freskotechnik in Süddeutschland.

in der Mühlfeldkirche gesehen, ein noch viel eindrucksvolleres werden Sie bald in Ettal erleben.

Hans Georg Asam malte im Rahmen der schweren Barockstucke Szenen aus dem Neuen Testament und der Apokalypse. Weiterhin bekam er von Abt Placidus Mayr den Auftrag für einen Zyklus von 58 Porträts der Benediktiner Äbte und acht Historienbilder; beide Zyklen in Benediktbeuern sind leider nicht mehr komplett erhalten.

Noch mehr „Italiener"?

Das war schon eine ganze Menge, nicht war? Nun denken Sie wahrscheinlich, dass mir nach Gründern, Buchwidmungen, Gewürzen, Wein, versuchter Barockarchitektur, Illusionsmalereien und Stucken die italienischen Bezüge allmählich ausgehen dürften. Ich kann Sie beruhigen, es geht noch weiter: Andere Künstler, die hier mitwirkten, waren nicht selbst Italiener, kannten sich aber ausgezeichnet mit dem Land südlich der Alpen aus, vor allem mit seiner Kunst.

Einer von ihnen war der Maler Martin Knoller, der 1788 das Hauptaltarbild *Der heilige Benedikt und die Taube der heiligen Scholastika unter der Madonna mit Kind und Engeln* malte und 1789 die Gemälde *Christus in Emmaus* für den Altar der Sakramentskapelle links des Hauptaltars und *Tod des heiligen Joseph* für die Josephskapelle rechts des Hauptaltars. Auch von Knoller ist das Gemälde *Heilige Anna* aus dem Jahre 1789 im ersten Seitenaltar rechts, während im ersten Seitenaltar links sein Gemälde mit der *Muttergottes* aus demselben Jahr hängt. Bei den beiden letzten Bildern sind sich noch nicht alle einig, dass sie von Martin Knoller stammen. Sehr wahrscheinlich malte er die Gemälde in Mailand, wo er seit langem wohnte, und lieferte sie nur nach Benediktbeuern.

Der Hauptaltar mit dem Gemälde des in Italien geschulten Malers Martin Knoller

Martin Knoller

wurde am 8. November 1725 in Steinach am Brenner geboren. Sein Vater war Maler, und so erhielt er von ihm die erste Ausbildung. Nach einer kurzen Lehrphase in Innsbruck ging er ab 1744 zum Maler Paul Troger, mit dem er in Wien und Salzburg arbeitete.

Paul Troger hatte vom Trentiner Graf Lattanzio Firmian ein Stipendium für eine Malerausbildung in Italien erhalten, wo er jahrelang in die Lehre ging, unter anderem bei den bekannten Malern Sebastiano Conca in Rom und Francesco Solimena in Neapel. 1745 wurde Troger Leiter der Kunstakademie in Wien und beeinflusste eine ganze Generation von Wiener Malern.

Martin Knoller besuchte die Akademie in Wien von 1752 bis 1753, was oft ein notwendiger Schritt war, um Aufträge zu erhalten. Ab 1755 lebte er in Rom, wo er unter anderem den deutschen Maler Raphael Mengs und den deutschen Altertumsexperten Johann Joachim Winckelmann kennenlernte. 1758 ging er weiter nach Neapel und begegnete dort Graf Carlo Gottardo Firmian, einem älteren Bruder des oben genannten Lattanzio, der sein Mäzen wurde. Von 1760 bis 1765 hielt sich Martin Knoller ein zweites Mal in Rom auf, und 1765 ernannte man ihn zum Professor an der Akademie der Künste in Mailand, wo er bis 1802 arbeitete. In Mailand blieb er für den Rest seines Lebens; 1767 heiratete er die Kaufmannstochter Annunciata Cardani. In Mailand wurde er Hofmaler seines Mäzens, Graf Firmian, der österreichischer Statthalter war; und von Firmian und Knoller wird es in Ettal noch mehr zu erfahren geben. Ab 1765 erhielt Knoller sehr viele Aufträge für Kirchen, vor allem in Deutschland, und fertigte für sie sowohl Fresken als auch Tafelgemälde an, zum Beispiel 1769 für Ettal und 1785-86 für Innsbruck. Er starb am 24. Juli 1804 in Mailand.

Sein Porträt sehen Sie auf Seite 192.

Carlotto, der venezianische Bayer

Carlotto war nicht sein echter Name… doch spielt das eine Rolle? Viele Sänger in Europa gaben sich im Lauf der Jahrhunderte italienische Namen, teilweise auch Maler, einfach nur um „in" zu sein! Auch Carl Loth hatte seine Gründe, sich beim italienischen Namen Carlotto nennen zu lassen, wobei die Idee wahrscheinlich nicht von ihm kam, sondern von seinen neuen Nachbarn in Venedig, in dem er lebte. Wie könnte ich hier also der Versuchung widerstehen, ihn den venezianischen Bayer zu nennen?! Von ihm findet man in der Katharinenkapelle, der zweiten links des Hauptaltars, das Bild mit dem *Martyrium der heiligen Katharina*. In Bad Tölz war die Rede von seinem Vater, Johann Ulrich Loth.

Johann Carl Loth alias Lotto alias Carlotto

wurde in München am 8. August 1632 als Sohn des Malers Johann Ulrich Loth (siehe Seite 18) und Libia Krumpper geboren. Carlotto wuchs also in einer Künstlerfamilie erster Güte auf, die in italienischer Tradition stand.

Die erste Lehre hatte er bei seinem Vater, dann ging er nach Rom und von dort nach Venedig, wo er in die Lehre des römischen Malers Francesco Ruschi und des aus Este bei Padua stammenden Malers Antonio Zanchi ging. Schon von 1663 ist Carlotto als Maler in Venedig überliefert, er malte für verschiedene Kirchen in der Lagunenstadt. Kontakte mit Bayern pflegte er weiter und so sind Altarbilder von seiner Hand auch in verschiedenen Kirchen des Landes zu finden: in Wasserburg, der Klosterkirche Tegernsee, der Münchner Theatinerkirche und anderswo; hier und da wird die Herkunft der Werke allerdings auch angezweifelt. Einfluss auf die Malerei hatte er nicht nur durch seine Werke, sondern auch durch die zahlreichen deutschen und österreichischen Maler, die bei ihm in Venedig in die Lehre gingen.

Er starb am 6. Oktober 1698 in Venedig und wurde in der dortigen Kirche San Luca bestattet.

Ein echter Venezianer in Benediktbeuern

Doch auch ein echter Venezianer malte für Benediktbeuern und andere süddeutsche Klöster: Jacopo Amigoni. In der Kirche finden sie gleich zwei Gemälde von ihm, die *Heilige Apollonia* in der Dreikönigskapelle, der dritten Kapelle links vom Hauptaltar, und die *Heilige Barbara* in der Sebastianskapelle an der gegenüberliegenden Seite der Kirche.

Jacopo Amigoni hatte noch mehr für Benediktbeuern gemalt, aber diese Werke werden Sie erst in der Nachbarkirche entdecken, die der heiligen Anastasia gewidmet wurde. Bevor Sie sie besuchen, möchte ich Ihnen noch etwas mehr über das Kloster erzählen.

Gehen Sie noch einmal kurz nach vorne und schauen Sie sich etwas rechts vom Hauptaltar das schöne Holzbild der Madonna mit dem Kind an: Es ist ein süditalienisches Werk aus dem 17. Jahrhundert. Leider ist das alles, was man darüber weiß.

Vornehme Klostergäste

Noch vor dem Neubau der Klosterkirche um 1680 ließ man Teile des Klosters erneuern oder vergrößern. 1669 begann man mit dem Umbau der Klostertrakte, die den schönen Hof vor der Klosterkirche umgeben. Die grüne Farbe nennt man übrigens „Benediktbeuerngrün", und Sie werden ihr in Schlehdorf wieder begegnen.

Während die Klosterräumlichkeiten für die Mönche in den Trakten südlich der Klosterkirche lagen, befanden sich im Klosternordtrakt die Gasträume und ein Theatersaal. Viele Gäste hat Benediktbeuern in seiner langen Geschichte gesehen, etliche sehr vornehme, wie zum Beispiel 1500 Kaiser Maximilian I. und 1541 Kaiser Karl V. und verschiedene Mitglieder des Hauses Wittelsbach. Theater wurde auch gespielt, doch leider weiß man nur noch wenig darüber, weil keine Aufzeichnungen mehr auffindbar sind. Hier wurden nicht nur erbauliche Stücke mit religiösen Themen aufgeführt, sondern unter anderem 1726 zwei Fastnachtsspiele und 1718 eine „Pulcinella", hier besser als „Hanswurstiade" bekannt. Auch in den folgenden Jahren feierte man Fasching und lud Gäste ein. Einige Äbte besuchten sogar das Theater in München: Am 16. Januar 1763 besuchte Abt Placidus das Operntheater und wohnte der Aufführung der Oper *Artaxerxes* nach dem Libretto des Römers Pietro Metastasio (sein Porträt auf Seite 71) und der Musik des lange in Italien lebenden Komponisten Johann Adolph Hasse bei. Ein Stück namens *Artaxerxes* ließ man in Benediktbeuern auch spielen, allerdings erst etwa 30 Jahre nach dem Besuch in München... na ja, vielleicht hatte es den Abt nicht besonders gefallen.

Die Klosterräumlichkeiten sind nicht frei zugänglich, einige kann man im Rahmen einer Führung besuchen. Es lohnt sich, die Gelegenheit wahrzunehmen.

Der Festsaal des Klosters: Stucke, allegorische Gemälde und Monatsbilder schmücken die Decke

Einen Anklang der vielen Feierlichkeiten kann man dem barocken
Festsaal ansehen: Er befindet sich
im zweiten Obergeschoss im west-
lichen Teil des Klosters, also dem für
die Mönche reservierten Teil. Der
Festsaal wurde vom Wessobrunner
Kaspar Feichtmayr 1670-75 gebaut
und – wahrscheinlich von seinem
Trupp – im Stil des späten Barock
stuckiert. Mir persönlich kommen
diese Stucke allerdings italienisch
vor! Zwischen den schweren Stuckrahmen hat man verschiedene Bil-

Figuren der Commedia dell'Arte sind die
Hauptdarsteller im Monatsbild Februar

der angebracht. Anders als in der Klosterkirche hat der Künstler sie nicht
freskiert, sondern erst in der Werkstatt als Ölgemälde angefertigt und dann
an der Decke befestigt. Die ausführende Werkstatt war die des deutschen
Malers Stephan Kessler. Die Werkstatt von Kessler und Söhnen befand sich
seinerzeit in Brixen, in das der Maler von Donauwörth aus umgezogen war.
Insgesamt ließ man 29 Ölbilder anbringen, deren Symbole von Abt Placidus
Mayr nach einem ikonologischen Programm bestimmt wurden: Auf einen
Hauptzyklus mit vier Darstellungen der vier Elemente folgt ein Nebenzyklus
mit acht Medaillons, die Laster und Tugenden darstellen und ein zweiter
Nebenzyklus mit den 12 Monaten. Unter den Monaten kann man leicht den
Februar erkennen, da er mit Figuren der italienischen Commedia dell'Arte
dargestellt wird, dann den März, für den sich eine Szene in einem italienisch
anmutenden Garten abspielt, und auch den September erkennt man leicht,
da für ihn ein Mann in der üppigen Gestalt eines Bacchus und eine Weinlese-
szene abgebildet wurden; das Bild sehen Sie auf Seite 49.

Im Kapitelsaal finden sich Fresken vom Münchner Maler Andreas Wolf zwischen schönen und üppigen barocken Stucken.

Für Benediktinerklöster spielte die Bibliothek eine zentrale Rolle, so auch
in Benediktbeuern. Sie enthielt viele Manuskripte und wertvolle Bände, auch
aus Italien; einen hatte ich am Anfang schon erwähnt. Hier wie in anderen
bayerischen Klosterbibliotheken ist die Vergangenheitsform angebracht, da
ihre Werke nach der Säkularisation 1803 nach München, vor allem in die Bayerische Staatsbibliothek oder ins Staatsarchiv, gebracht oder an Privatper-
sonen versteigert wurden.

An dieser Stelle darf ich natürlich nicht versäumen, das als *Carmina Burana*
bekannte Manuskript zu erwähnen. Es wurde in Latein, Mittelhochdeutsch
und anderen Sprachen verfasst und besteht aus Liedern mit moralischem
und satirischem Inhalt. Um 1230 bis 1250 hatte es der unbekannte Autor –
oder die Autoren – für den Bischof von Seckau in der Steiermark verfasst.
Wie es nach Benediktbeuern gelangt war, ist nicht bekannt, dafür aber, wie
es 1803 in die Bayerische Staatsbibliothek in München kam.

63

Wenn Sie die Kirche verlassen oder die Führung beenden, kommen Sie wieder in den schönen grünen Hof. Gehen Sie nach rechts und nach der Kirche sehen Sie gleich den Friedhofseingang. Auf dem Friedhof kommen Sie rechts, an der Nordseite der Kirche, zur Kapelle der heiligen Anastasia.

Station 2 – Anastasiakapelle
Noch mehr Reliquien aus Italien

Insgesamt besaß das Kloster in den vergangenen Jahrhunderten 232 Reliquien, unter ihnen die schon erwähnte des heiligen Benedikt. Nicht nur aus Verehrung sondern auch aus Prestigegründen schätzte man in Klöstern, Kirchen und andernorts den Reliquienbesitz, und man ließ sich solche Kostbarkeiten einiges kosten. Meistens! Denn nicht alle Reliquien wurden rechtmäßig erworben oder geschenkt...

Mit den Benediktinern in Verona pflegte das Kloster Benediktbeuern eine gute Beziehung: Im Frühjahr 1053, als hier in Altbayern seit einigen Jahren eine Hungersnot die Bevölkerung um Benediktbeuern plagte, schickte Abt Gotahelm seinen Mönch Gottschalk nach Verona zum Kloster von Santa Maria in Organo, um nach Lebensmitteln zu fragen. Das fiel sicher etwas leichter durch die Tatsache, dass der Abt des Veroneser Klosters, Engilbero, früher Mönch in Benediktbeuern gewesen war. Kurz vor der Reise war ein guter Freund Gotahelms gestorben: Walter oder Valterio aus Ulm, der von 1036/1037 bis zu seinem Tod 1052 Bischof von Verona gewesen war. Die Reise brachte nicht nur die erhoffte Hilfe nach Benediktbeuern, sondern noch dazu die Kopfschale der heiligen Anastasia. Der Mönch Gottschalk hatte sie in der Krypta der Kirche in Santa Maria in Organo „entdeckt", und sie, da sie seiner Meinung nach in keinem würdigen Zustand aufbewahrt wurde, kurzerhand mitgenommen, um ihr in Benediktbeuern einen angemesseneren Platz zu geben... Vom Veroneser Mönch Floriano bei der zweifelhaften „Rettung" ertappt, rettete sich Gottschalk vor einer sicher blamablen Situation vor dem Abt in Verona einfach mit einer „finanziellen Zuwendung" an Floriano! Und kam glücklich mit den wertvollen Reliquien nach Hause zurück.

Santa Maria in Organo in Verona, aus der die Kopfreliquie der hl. Anastasia stammt

Interessant ist es, aus dem Bericht auch zu erfahren, dass Gottschalk auf der Rückreise die Pferde gestohlen wurden – wie heißt so schön: Wie man in den Wald hinein ruft, so schallt es wieder heraus!

Deutsche Einwanderer in Italien

Schon vor der Reise des Mönchs Gottschalk 1053 bot der Veroneser Bischof Walter der hungernden Bevölkerung an, in die Gegend um Verona umzusiedeln. Viele Einwohner von Benediktbeuern, Bichl, Söchering, Traubing und Emmering zogen damals endgültig auf die Südseite der Alpen und konnten dadurch dem Hungertod entgehen.

Wohin genau? Nordöstlich von Verona und südlich der Lessinischen Berge gibt es seit Jahrhunderten eine deutschsprachige Bevölkerung: die Zimbern. Ihre Sprache ist, um genau zu sein, bairisch-alemannisch und be-

Tafel in Badia Calavena aus dem Jahr 1040, einzig erhaltenes Zeichen des Schlosses des Ulmer Bischofs Valterio

ruht auf alt- und frühmittelhochdeutschen Mundarten des 12. Jahrhunderts. Das Gebiet heißt auf Italienisch „Tredici Comuni", zu Deutsch „Dreizehn Gemeinden". Diese Orte waren jahrhundertelang nur schwer zu erreichen, daher hat sich dort in einigen Ecken die alte bairische Sprache mit nur wenigen Veränderungen bis heute erhalten. Sogar die Namen der Auswanderer sind überliefert: Aus Benediktbeuern Perolf mit Frau und sieben Kindern, Adalpero mit Frau und Kindern, Reginheri mit Frau und vier Kindern, Reginpraht mit seinem Sohn und so weiter. Die komplette Liste findet sich in der Klosterchronik und nennt insgesamt mindestens 138 Personen – nicht bei jeder aufgeführten Familie wird die genaue Anzahl der Kinder angegeben. Es waren mindestens 29 Familien zuzüglich alleinstehender Jugendlicher.

Im folgenden Jahrhundert scheinen sich ihnen andere deutsche Bevölkerungsgruppen angeschlossen zu haben, wieder durch Vermittlung bayerischer Benediktiner: Außer zu den Benediktinern in Verona gab es auch gute Kontakte mit Mitbrüdern bei Bassano in der Provinz Vicenza. Sicher ist es kein Zufall, dass auch in den Bergen von Asiago, unweit von Bassano, seit Jahrhunderten eine Bevölkerung in den „Sieben Gemeinden" – „Sette Comuni sull'Altopiano di Asiago" – lebt, die ebenfalls eine alte bairisch-alemannische Sprache spricht...

Die Hauptgemeinde der Dreizehn Gemeinden bei Verona heißt Badia Calavena, auf Deutsch Kalwein, und zählt heute etwas mehr als 2.500 Einwohner. Funde aus der Vorgeschichte belegen eine sehr alte Siedlung; auffallend ist, dass das erste Schriftdokument aus dem Jahre 1040 stammt und über die Gründung eines Schlosses durch den Veroneser Bischof Walter aus Ulm berichtet. Das Schloss nutzten Veroneser Bischöfe als Urlaubsresidenz. Nach der Zerstörung des Schlosses ließ man im 12. Jahrhundert ein Kloster auf dessen Resten bauen, das mit deutschen Benediktinermönchen besetzt wurde.

65

Eine neue Kapelle für Anastasia

Anastasias Reliquien erfreuten sich schon im Mittelalter so großer Beliebtheit in der Bevölkerung, dass allmählich eine Wallfahrt entstand. Vor allem im Fall von Kopfschmerzen war sie sehr beliebt. Meine Landsfrau Enrichetta Adelaide, Ehefrau des Kurfürsten Ferdinand Maria, ließ sich die wertvolle Kopfschale 1676 nach München bringen, in der Hoffnung, Linderung von ihren Kopfschmerzen zu erlangen. Leider erfolglos. Schon 1630 waren die Reliquien nach München auf Reise gegangen, um die Kopfschmerzen von Adelaides Schwiegermutter zu lindern.

Die Kopie des Reliquiars der heiligen Anastasia in der nach ihr benannten Kapelle

Woher Anastasia stammte ist nicht bekannt, nur dass sie eine Märtyrerin der ersten Stunde war und 304 hingerichtet wurde. Die Küstenstadt Zadar in Kroatien hat sie zur Schutzpatronin erkoren und feiert sie jeden 15. Januar. In Verona gibt es eine schöne große Kirche Sant'Anastasia, in der die Reliquien allerdings nie aufbewahrt worden waren... Eigentlich heißt die Kirche aus dem 13.-14. Jahrhundert San Pietro Martire, aber da sie an der Stelle einer vorherigen Kirche gebaut wurde, die der heiligen Anastasia geweiht war, muss sie weiterhin mit dem Namen ihrer Vorgängerin leben. Etwas ähnliches kennen die Münchner vom Stachus, der eigentlich Karlsplatz heißt... oder umgekehrt?

Egal wie wirkungsvoll Anastasias Reliquien bei Kopfschmerzen tatsächlich waren, wird doch von einem besonderen Wunder berichtet: Als sich während des spanischen Erbfolgekrieges österreichische Truppen am 28. Januar 1704 zum Sturm auf das Kloster vorbereiteten und dank des zugefrorenen Kochelsees leichtes Spiel hatten, betete man um Hilfe. Aus den Alpen wehte just am entscheidenden Tag ein warmer Föhnwind, ließ den gefrorenen Kochelsee bei Benediktbeuern tauen und vereitelte den Angriff. Und wie Sie wissen, kommt der warme Wind aus... Italien! Da es am Vortag des Festes der Heiligen war, musste natürlich Anastasia ein Wunder vollbracht haben und der Vorfall fand unter dem Namen „Kochelseewunder" Einzug in die Geschichte. Leicht lässt sich nachvollziehen, dass sich nach einem solchen Wunder Gläubige und Mönche für eine eigene Anastasiakapelle einsetzten. Schon 1143 hatte man ihr einen Altar in der Kirche gewidmet und 1606 eine Kapelle errichten lassen, doch nach dem Wunder von 1704 war eine neue, extragroße Version fällig.

Man musste allerdings bis 1751 darauf warten, dass die neue Kapelle erbaut wurde, die die alte von 1606 ersetzte. 1725 ließ man die schöne und berühmte Silberbüste der Anastasia in München anfertigen; sie wird heute sicher verwahrt und in der Kapelle steht ein weniger anmutiges Modell.

Das Innere der Anastasiakapelle mit dem Hauptaltargemälde von Jacopo Amigoni

Als Architekten beauftragte man Johann Michael Fischer mit der Kapelle. Auch er hatte in seiner Kunst längst nach Italien „geschaut“. Hätten Sie das gedacht?

Johann Michael Fischer

erblickte am 18. Februar 1692 in Burglengenfeld in der Oberpfalz das Licht der Welt. Sehr wahrscheinlich erhielt er seine erste Ausbildung in der Heimat, bevor er sich ab 1715 auf Wanderschaft nach Böhmen und Brünn begab. Dort konnte er die Werke der zahlreichen vor Ort tätigen italienischen Baumeister studieren, die in ihm einen nachhaltigen Eindruck hinterließen.

Schon im 16. Jahrhundert hatte man italienische Baumeister nach Brünn eingeladen, um die Stadt im Renaissancestil umzugestalten: Bürgerhäuser und das Schloss wurden erneuert oder neu gebaut, und noch bei der Ankunft des jungen Fischer arbeitete dort Domenico Martinelli, ein italienischer Baumeister aus Lucca, der das Renaissanceschloss in Slavkov bei Brünn barockisierte. Wie schon mehrmals erklärt, brauchte man nicht nach Italien zu gehen, um italienische Stilrichtungen kennenzulernen. Es gilt auch als sicher, dass Johann Michael Fischer die Wallfahrtskirche Maria Hilf in Freystadt kannte, die ab 1701 vom Graubündner Baumeister Antonio Viscardi gebaut worden war. Sie war ein ganz frühes und hervorragendes Beispiel für einen Zentralbau, wie man ihn in Italien schon lange kannte und wie er hier langsam Fuß fasste. Dieses Baukonzept gefiel Fischer so sehr, dass er es übernahm und es für ihn typisch wurde, wie in der Anastasiakapelle in Benediktbeuern, der Kirche St. Michael am Laim in München und in der Kirche Sankt Georg im benachbarten Bichl – später mehr dazu.

Johann Michael Fischer starb am 6. Mai 1766 und ließ auf seinen Grabstein, der noch an der Außenwand der Frauenkirche in München zu sehen ist, schreiben, dass er 32 Kirchen, 23 Klöster und viele andere Gebäude erbaut hatte.

Der Zentralbau von Johann Michael Fischers Anastasiakapelle ist beeindruckend, besonders im Vergleich zur nicht ganz gelungenen Klosterkirche: Die Deckenfresken und die Stucke des Wessobrunners Johann Michael Feuchtmayer harmonisieren hier viel stärker als dort.

Das Deckenfresko malte ab 1752 Johann Jakob Zeiller. Es stellt die Dreifaltigkeit, Maria und die Märtyrerpalme als Symbol der heiligen Anastasia dar. Nach Italien „schaute“ nicht nur der Architekt Fischer, sondern auch der Maler Johann Jakob Zeiller, der – anders als Fischer – seine italienische Ausbildung südlich der Alpen genießen konnte.

Das Deckenfresko von Johann Jakob Zeiller in der Anastasiakapelle

Johann Jakob Zeiller

war Sohn des Malers Paul Zeiller und wurde am 8. Juli 1708 in Reutte in Tirol geboren. Er war einer der jüngsten Söhne aus der zweiten Ehe Paul Zeillers mit Anna Kurzin und der einzige, der als Maler ausgebildet wurde; alle anderen schlugen die kirchliche Laufbahn ein. Als Johann Jakob 15 war, schickte ihn sein Vater zum Maler Sebastiano Conca nach Rom. Auch der Vater war als junger Mann nach Italien gegangen, um sich als Maler weiterzubilden, und 25 Jahre später konnte er immer noch auf alte Kontakte – die wahrscheinlich nie abgebrochen waren – zurückgreifen und sie seinem Sohn zugute kommen lassen.

Bei Sebastiano Conca lernte Johann Jakob von 1723 bis 1728, und er nutzte die Zeit auch, um die berühmte Kunstakademie San Luca in Rom zu besuchen. Bei Conca lernte Johann Jakob vor allem die Freskomalerei. Über Conca sollte der junge Maler auch Jahre später noch in den höchsten Tönen sprechen. Nach der römischen Phase setzte sich die Ausbildung in Neapel bei Francesco Solimena fort. Solimena war einer der großen Vertreter der Barockkunst, und wenn er auch kaum jemals Neapel verließ, beeinflusste er durch seinen Schüler einige bekannte österreichische Maler (am Rande sei bemerkt, dass Neapel damals unter österreichischer Herrschaft stand).

Benediktbeuern und Bichl – Italien für Leib und Seele

Bildnis des Malers Johann Jakob Zeiller

Bis 1732 lernte Johann Jakob bei Solimena, wo er unter anderem dem jungen österreichischen Maler Paul Troger wieder begegnete. Paul Troger hatte er höchstwahrscheinlich schon bei Conca in Rom kennengelernt, da sie bei ihm fast gleichzeitig ausgebildet worden waren. Beim neapolitanischen Maler lernte der junge Zeiller vor allem die Bewältigung der monumentalen Freskomalerei, in der sein Lehrer ein Meister war.

Ende 1732 ging Johann Jakob nicht nach Reutte zurück, sondern direkt nach Wien, da er auf Unterstützung durch Paul Troger hoffte, der schon seit 1728 in der Stadt arbeitete. Tatsächlich traf er Troger und begann sofort, mit ihm als Freskant zu arbeiten; die Zusammenarbeit in Österreich erstreckte sich von 1733 bis 1744. Bei Großfresken spezialisierten sich die Maler: Zeiller malte die Architekturelemente, während ein anderer die Figuren malte; die Arbeitsteilung in der Malerei war keinesfalls ein Sonderfall, sondern fand in fast allen Malwerkstätten Anwendung! Seinerzeit beauftragte man in Österreich fast nur italienische Maler mit der Ausführung der architektonischen Elemente und überließ das Abbilden von Figuren österreichischen Malern. Bis 1744 hielt sich Johann Jakob in Wien auf, dann verlagerte er allmählich seinen Sitz wieder in Richtung seiner Heimatstadt Reutte, von der aus er Auftragsorte in Süddeutschland viel besser erreichen konnte.

Nicht nur im Kloster Benediktbeuern, sondern zum Beispiel auch in den Pfarrkirchen Bichl und Iffeldorf und den Klöstern Ettal, Ottobeuren und Fürstenzell finden Sie große Deckenfresken von Johann Jakob Zeiller. Sein Verdienst liegt weniger in der Originalität der Figuren, denn fast jede Gestalt kann man einer Vorlage von Francesco Solimena, Sebastiano Conca, Peter Candid oder einem anderen Maler zuordnen. Was ihn auszeichnete, war die Fähigkeit, monumentale Deckenfresken zu gestalten und sowohl architektonische Elemente als auch Figuren künstlerisch hochwertig darzustellen.

Johann Jakob Zeiller starb am seinem Geburtstag am 8. Juli 1783.

Um 1720 bestellte der damalige Abt Magnus Pachinger drei Altargemälde bei dem venezianischen Maler Jacopo Amigoni. Zwei davon sind noch in der Anastasiakapelle: Das Hauptaltargemälde mit der Fürbitte der Heiligen und das Mariengemälde am linken Altar. Das Gemälde mit der Taufe Christi, das früher zum rechten Altar gehörte, kam 1804 nach München und wird in der Neuen Pinakothek aufbewahrt. Heute ist am rechten Altar ein Gemälde von Martin Knoller zu sehen; von ihm war schon in der Klosterkirche die Rede.

Jacopo Amigoni

wurde wahrscheinlich im Jahre 1682 in Venedig geboren und man weiß praktisch nichts über seine Ausbildung in jungen Jahren. Seine Nähe zum Stil der neapoletanischen Maler Luca Giordano und Francesco Solimena, dem Lehrmeister Johann Jakob Zeillers, geben Raum für Spekulationen über eine neapolitanische Herkunft. Weitere Inspirationsquellen waren allerdings auch die venezianischen Maler Sebastiano Ricci und Rosalba Carriera. Ende 1715 oder Anfang 1716 arbeitete er schon in München, und der bayerische Kurfürst Max Emanuel lernte den Maler so sehr schätzen, dass er ihm immer wieder Aufträge gab. Große Wertschätzung erfuhr er auch von Abt Rupert von Ottobeuren, der ihn über mehrere Jahre hinweg mit einer konsistenten Reihe von Fresken und Ölgemälden beauftragte. In Benediktbeuern malte er nicht nur die drei Altargemälde für die Anastasiakapelle, sondern auch ein Porträt des Abts Magnus Pachinger. Ab 1729 arbeitete er in London, kurz danach in Paris und 1739 kehrte er nach Venedig zurück. 1747 ging er nach Madrid und wurde spanischer Hofmaler und erster Direktor der neu gegründeten Kunstakademie. Er starb in Madrid 1752.

Jacopo Amigoni genoss lange Zeit keine besondere Anerkennung, und bis heute (2010) ist immer noch keine komplette Monographie über ihn erschienen. Nichtsdestotrotz sprach man in Deutschland von einem „Amigoni-Stil", der oft als gefällig beurteilt wurde: Seine Gemälde sind heiter, leuchtend und elegant, rational klar und empfindsam – er war eben ein Vertreter des Rokoko!

Gemälde von Amigoni. Von links nach rechts: Pietro Metastasio, Teresa Castellini, Farinelli und Amigoni selbst

Ende und Neuanfang

1803 wurde Kloster Benediktbeuern wie viele andere bayerische Klöster aufgelöst. Die Klosteranlage wurde 1805 vom Hofrat und Unternehmer Josef Utzschneider erworben und blieb bis 1818 in seinem Privatbesitz .

Im Bereich des früheren Waschhauses des Klosters ließ er Schmelzöfen für optisches Glas errichten, in denen jahrelang der später berühmt gewordene Joseph Fraunhofer arbeitete. Die Stelle erreichen Sie leicht: Wenn Sie vor der Klosterkirche stehen und in ihre Richtung schauen, gehen Sie nach rechts, durch den Bogen hindurch, und nach weniger als zweihundert Metern erreichen Sie links das ehemalige Labor, das heute als Museum dient.

Bevor Sie die Reise fortsetzen, möchte ich Ihnen noch ein wenig über die Salesianer Don Boscos erzählen, die seit 1930 in Benediktbeuern sind, vor allem weil die Geschichte des Ordens sehr viel mit Italien zu tun hat.

Giovanni Bosco

Giovanni Bosco in einem Gemälde im Kloster Benediktbeuern

Geboren wurde er am 16. August 1815 in einer armen Bauernfamilie, die in einer kleinen Ortschaft in der Nähe von Castelnuovo d'Asti im Piemont wohnte. Als er nur zwei Jahre alt war, starb der Vater, und die Mutter schaffte es nur mit Mühe und Not, die drei Söhne zu ernähren. Die erlebte Armut prägte das Leben Giovanni Boscos und beeinflusste seine spätere Tätigkeit als Priester dauerhaft. Um sich die Priesterausbildung finanzieren zu können, musste er jobben und lernte damit verschiedene Handwerksberufe näher kennen. 1841 wird er mit 26 Jahren zum Priester geweiht. Zu dieser Zeit sind in Turin schon die Schattenseiten der Industrialisierung zu spüren: Da die Familien arbeiten mussten, verbrachten viele Kinder den Tag auf der Straße, verwahrlosten und landeten teilweise im Gefängnis. Don Bosco, der aus armen Verhältnissen kam und die Bedürfnisse der armen Bevölkerungsschichten aus eigener Erfahrung kannte, kümmerte sich um Erziehung und berufliche Ausbildung der Kinder und Jugendlichen. Er gründete erst Schulen, dann Lehrwerkstätten, damit sie einen Beruf lernen konnten, und kümmerte sich um Ausbildungsverträge für seine Schützlinge. Sein pädagogischer Ansatz, der auf Prävention beruht, fand immer mehr Anhänger: Bald gründete er die Ordensgemeinschaft der „Salesianer Don Boscos", benannt nach dem heiligen Franz von Sales und nicht zu verwechseln mit dem anderen Orden, der einfach nur „Salesianer" genannt wird. Don Bosco starb am 31. Januar 1888 und wurde 1934 heilig gesprochen.

Die Salesianer: Ein langer Weg von Italien nach Deutschland

Die Geschichte seines Ordens, die sich Ende des 19. und Anfang des 20. Jahrhunderts zwischen Italien und Deutschland abspielte, begann in den Industriestädten beider Länder. Die Schattenseiten der Industrialisierung, in der lange Arbeitszeiten der Eltern dazu führten, dass es ihren Kindern an Erziehung und daraus folgend an Arbeitsperspektive mangelte, kannte man im 19. Jahrhundert in Turin genauso gut wie in vielen deutschen Städten. Nur gab es in Deutschland noch keine Institution, die eine Präventionspädagogik umsetzte wie Don Bosco in Italien. Daher fanden seine Ideen noch zu seinen Lebzeiten, in den 1880er Jahren, schon Nachhall nördlich der Alpen. Man erkannte zwar, auf diese Art auch hier Gutes bewirken zu können, doch führte das noch nicht dazu, dass schnell etwas Konkretes unternommen werden konnte. Sie wissen schon: Etwas zu befürworten ist eine Sache, es in die Tat umzusetzen eine andere: Wir Italiener sagen „tra il dire e il fare c'è di mezzo il mare". Es gab mehrere Hindernisse, die zum Teil bei den Entscheidungsträgern der katholischen Kirche in Deutschland lagen.

Bis 1886 musste man warten, bis in München in der Morassistraße ein Lehrlingsheim gegründet werden konnte – lustigerweise in einer Strasse mit italienischem Namen. Es wurde nicht vom Mutterhaus der Salesianer Don Boscos in Turin geleitet, doch orientierten sich die Ideen an denen des italienischen Ordens. Fast noch schwieriger als die Gründung von Heimen stellte sich die Herausgabe einer deutschen Version des Bulletins der Salesianer Don Boscos dar, die man schon 1885 anstrebte. In Italien beharrte der Orden darauf, dass alle Interessierten Italienisch lernen müssten. Die Denkweise in Turin war wohl, dass die Ideen der Salesianer für alle gelten müssten, und daher keine „besondere" Ausgabe in einer anderen Sprache notwendig wäre. Jahre später gab man endlich nach und akzeptierte deutsche Beiträge.

Das Werk der Salesianer Don Boscos schätzte man in Deutschland 1902 schon so sehr, dass sie in Sierck ein Haus übernehmen konnten. Der lothringische Ort war zu dieser Zeit deutsch; heute gehört er zu Frankreich und wird Sierck-les-Bains genannt. Damals arbeiteten in der Umgebung sehr viele Ausländer, zur Hälfte Italiener – immerhin circa 25.000, vor allem junge, Männer, die die Regierung nicht gerne als Anhänger der Sozialisten sehen wollte! Da ließ man doch lieber einen italienischen Priester der Salesianer in den Ort: Don Luigi Valetto, der später durch Priester Don Giovanni Branda ersetzt wurde. Beide kümmerten sich nicht nur um die geistlichen Belange der Arbeiter, sondern auch um ganz konkrete Probleme mit Arbeitgebern oder Behörden.

1916 gründeten die Salesianer in Würzburg eine Niederlassung, die Bestand hatte, 1919 auch in München, Freyung/Ndb., Passau und Bamberg.

Und 1930 erwarben die Salesianer Don Boscos die Klosteranlage in Benediktbeuern, die seit 1818 dem Bayerischen Staat gehört hatte. Heute findet man dort eine staatlich anerkannte philosophisch-theologische Hochschule und eine nicht staatlich anerkannte Stiftungsfachhochschule, ein Umweltzentrum und weitere Institutionen.

Nun auf zum Dorf Benediktbeuern; Sie finden den Weg dorthin, indem Sie der Bahnhofstraße östlich der Klosteranlage folgen. An der großen Ampelkreuzung mit der B 11 sehen Sie gegenüber das Haus zum Clostercramer und links den „Gasthof zur Post"; an der Ecke gibt es auch eine italienische Eisdiele.

Station 3 – Dorf Benediktbeuern
Von Dichtern und Krämern

Östlich des Klosters wuchs mit den Jahrhunderten das Dorf Benediktbeuern, früher Laingruben genannt. Wichtig für seine Entwicklung war nicht nur das Kloster, sondern auch die Verbindung von München nach Italien über den Walchensee, die ab 1492 als richtige Straße ausgebaut wurde. Das brachte Warenverkehr, die Poststation und natürlich Reisegäste. An einen Gast erinnert man sich besonders, nicht etwa, weil sein Aufenthalt in irgendeiner Form interessant oder gar spektakulär gewesen wäre, sondern wegen der Beliebtheit des Reisenden: Johann Wolfgang von Goethe. In seiner *Italienischen Reise* kann man zwar nur in zwei kurzen Sätzen nachlesen, dass er am 7. September 1786 hier vorbei kam, doch da hier ein Posthalt fällig war, musste er wohl auch Benediktbeurer Boden betreten haben. Der Ort schien sich über den hohen Besuch beeindruckter zu sein als Goethe über den Ort, so sehr, dass ihm auf der Straßenseite des Gasthofs zur Post eine große, vom Münchner Maler Lorenz Kilian angefertigte, Lüftlmalerei gewidmet wurde, die die Ankunft des hohen Gastes und die respektvolle Begrüßung durch die Einheimischen darstellt.

Wenn Sie sich an der Lüftlmalerei satt gesehen haben, werfen Sie vielleicht einen Blick auf das südlich gegenüberliegende Haus, den Clostercramer: Das Gebäude wurde im italienischen Renaissancestil gebaut und erstmalig im Jahre 1500 erwähnt.

Auf die wichtige Walchenseeroute nach Italien komme ich ein paar Seiten später wieder zurück, doch erst möchte ich mit Ihnen einen Ausflug nach Bichl, ins Kloster Schlehdorf und ins Freilichtmuseum Glentleiten machen.

Nicht einmal 2 km von Benediktbeuern entfernt liegt das kleine Dorf Bichl, von der Kreuzung in Benediktbeuern aus können Sie die Straßenschilder sehen. Auf dem Weg von München oder Bad Tölz nach Benediktbeuern sind sie hier schon vorbei gekommen; in dem Fall müssen Sie also ein Stück zurück, doch lässt sich die Geschichte besser anders herum erzählen. Gleich verstehen Sie auch warum; versprochen! Auf dem Weg nach Bichl können Sie bald den

Eine Lüftlmalerei erinnert an Goethes Rast in Benediktbeuern

Glockenturm der Kirche St. Georg erkennen, die auf einem kleinen Hügel gebaut wurde.

Station 4 – Kirche Sankt Georg in Bichl
Klein aber fein

Über die 2.100 Einwohner starke Gemeinde Bichl erhebt sich auf einem Hügel die Kirche Sankt Georg, in deren Innerem sich ein wertvolles Deckenfresko befindet. Das Territorium, auf dem sich die 1048 erstmals erwähnte Siedlung Bichl befindet, war von Anfang an Besitz von Benediktbeuern und blieb es bis zur Säkularisation 1803.

Seit wann genau die Kirche dem heiligen Georg geweiht ist, ist nicht klar; zum ersten Mal ist sie 1147 unter diesem Namen bezeugt. Man vermutet außerdem, dass die frühere Kirche, die es hier gegeben haben muss, wie die Klosterkirche in Benediktbeuern dem Apostel Jakob geweiht gewesen sein muss. Meiner Meinung nach zu unrecht, da der heilige Georg ein sehr „alter" Heiliger ist, der schon mit den Römern die christianisierte Gebiete nördlich der Alpen erreicht hatte.

Die Kirche St. Georg in Bichl im winterlichen Mantel

Der romanische Bau entstand wohl später und 1672 ließ das Kloster vom Wessobrunner Kaspar Feichtmayr den neuen Kirchturm errichten, den Sie noch heute sehen können. Wenig später entschied man sich wegen der Baufälligkeit des Gebäudes für einen Neubau: Der 1751 dafür berufene Architekt war Johann Michael Fischer, der schon die Anastasiakapelle in Benediktbeuern errichtet hatte. Hier wie dort handelt es sich um einen Zentralbau, mehr über Fischer und sein Baukonzept haben Sie schon in der Beschreibung der Anastasiakapelle lesen können.

Wenn man das hübsche, aber relativ schlichte äußere Erscheinungsbild der Kirche hinter sich lässt und sie betritt, ist man doch ziemlich erstaunt. Das Innere wurde vom Johann Jakob Zeiller ab etwa 1753 freskiert, Auf der Decke malte er vor allem Bilder des Martyriums des heiligen Georgs, natürlich im Stil der Illusionsmalerei, den man bereits von ihm aus der Anastasiakapelle kennt.

Von Bichl fahren Sie wieder nach Benediktbeuern und von dort nach Süden auf der Bundesstraße 11 in Richtung Kochel. In Kochel folgen Sie den Straßenschildern nach Schlehdorf, das sich am Ufer des Kochelsees befindet. Dort sehen Sie, schon bevor Sie ins kleine Dorf hineinfahren, an der rechten Seite und auf einem kleinen Hügel ein Gebäude des Klosters Schlehdorf im selben Grünton wie in Benediktbeuern.

75

Das Innere der Kirche St. Georg in Bichl mit dem hervorragenden Deckenfresko Zeillers

Schlehdorf

Der Heilige aus Rom

Benediktbeuern

A 95

Großweil

B 11

Glentleiten

Schlehdorf

Kochel

Kochelsee

Kesselbergstraße

Kloster Schlehdorf

Es ist nur ein Katzensprung vom Kloster Benediktbeuern zum Kloster Schlehdorf. Ursprünglich war auch Schlehdorf ein Benediktinerkloster und

lag nicht auf dem Hügel, wo Sie die heutigen neueren Gebäude antreffen, sondern am Seeufer. Damit befand es sich direkt an der wichtigsten Nahrungsquelle der Region, dem fischreichen Kochelsee. Wichtig war das, da die ersten Mönche, die sich in Schlehdorf niederließen, in dieser Hinsicht schon ganz schlechte Erfahrungen gemacht hatten:

Der erste Versuch: Kloster Scharnitz in Klais

Nach den schlechten Erfahrungen in Klais wurde Kloster Schlehdorf am fischreichen Kochelsee gegründet. Hier brauchten die Mönche nicht zu hungern!

Ihr vorheriges Kloster hieß Kloster Scharnitz und lag in der „Einöde Scharnitz" alias Scharnitzwald, einem großen Waldgebiet um den Scharnitzpass. Das Kloster wurde an einer alten, seinerzeit noch immer wichtigen Römerstraße angesiedelt und lag im Gebiet der heutigen Ortschaft Klais unweit von Mittenwald. Den Ort Klais werde ich Ihnen noch zeigen, doch die Geschichte muss ich jetzt schon erzählen. Am 29. Juni 763, dem Tag der römischen Schutzheiligen Petrus und Paulus, war das Kloster von Mitgliedern der frühmittelalterlichen Adelsfamilie der Huosi und in Anwesenheit des Erzpriesters Arbeo feierlich gegründet worden. Von Anfang an war es durch die Huosi und den Agilolfinger Tassilo III. sehr gut dotiert und hatte strategisch gesehen eine wichtige Lage am Fernweg und in Grenznähe. Eigentlich blendende Aussichten, doch... die Mönche hungerten! Denn das Kloster lag in einer ziemlich unwirtlichen Gegend, die keine ausreichenden Versorgungsmöglichkeiten bot. So verließen die Mönche schon sehr bald die Region. 769 – manche sagen 772 – übersiedelte ein Teil der Mönche auf Wunsch von Herzog Tassilo III. nach Innichen im Pustertal und der Rest in das neue Kloster Schlehdorf.

Schon bevor Kloster Scharnitz gegründet worden war, stand an der Stelle die Eigenkirche der Familie Huosi, die dem ersten Apostel Petrus geweiht war und wertvolle Reliquien von ihm beherbergte. In der Region war sie eine der ganz wenigen aus Stein gebauten Kirchen jener Zeit, denn das übliche Baumaterial war Holz. Bei der Klostergründung übertrugen die Huosi ihre Kirche dem Kloster. Erzpriester Arbeo wurde erster Abt des Klosters, doch schon 764 oder 765 zog er nach Freising, da er zum Bischof ernannt worden war.

Als 769/772 das Kloster aufgegeben wurde, übernahmen die Bewohner der Gegend das Kirchengebäude dankbar. Jahrhundertelang wurde die Kirche von einem Priester aus Mittenwald betreut und die Einwohner der umliegenden Ortschaften ließen sich im Friedhof um die Kirche herum begraben.

Im 11. Jahrhundert fiel das Gebäude einem Brand zum Opfer und wurde nicht wiederaufgebaut. Seine Reste lagen jahrhundertelang unter der Erde versteckt und niemand wusste mehr etwas von Kloster und Kirche an dieser Stelle.

Es gab weder Landkarten noch genaue Lagebeschreibungen des Klosters. Wie konnte man es dann wiederfinden und zuordnen? Erinnerungen blieben im Flurnamen „Kirchfeld" bestehen und in der von den Einheimischen benutzten Bezeichnung „Kloster" für das Areal; als Beweis ist das allein natürlich ein bisschen dürftig. So hatte man lange nach dem Standort des Klosters Scharnitz gesucht und stieß im 20. Jahrhundert bei Ausgrabungen in Klais auf eine interessante Gebäudegruppe.

Nach vielen Überlegungen, Argumenten und Gegenargumenten ist man zum Schluss gekommen, dass die Funde von steinernen und hölzernen Gebäuden Reste von Kirche und Kloster der Huosi sind!

Lüftlmalerei in Klais: Idealisierte Darstellung des Klosterbaus

Tertulin: Der Heilige aus Rom

Zurück nach Schlehdorf: Auch hier stand schon vor der Klostergründung eine Kirche; sie war dem heiligen Dionysius von Paris geweiht. Keiner weiß, wie alt sie war, aber wenn die Vermutungen über einen Bau im 7. Jahrhundert stimmen, wäre sie eine sehr alte Gründung gewesen. Jedenfalls dauerte das Patrozinium des Heiligen aus Paris hier nicht lange, da ihm bei der Gründung des Klosters im Jahr 769 oder 772 ein anderer den Ehrenplatz „wegnahm": ein Heiliger aus Rom namens Tertulin. Sollte Ihnen der Name Tertulin ein wenig seltsam vorkommen... dann liegen Sie richtig. Die Kirche hier in Schlehdorf ist die einzige weltweit, die man Tertulin gewidmet hatte. Eine andere habe ich beim besten Willen nicht finden können – noch nicht einmal in Rom! Die Reliquien Tertulins hatten Atto und Reginpert 772 in Rom von Papst Hadrian I. bekommen und hierher gebracht. Atto wurde später Bischof von Freising und Reginpert war Huosi und einer der Gründer des Klosters in Klais.

Tertulin – alias Tertulian oder auch Tertullinus – war ein Märtyrer, der im 3. Jahrhundert in Rom getötet worden war. Sein Grab befand sich in Rom in einer Basilika an der Via Latina. Angaben über Leben und Martyrium von Tertulin gibt es nur spärlich, und darüber hinaus ist auch nicht klar, ob alle Reliquien des Märtyrers nach Bayern kamen oder nur ein Teil davon (und wer weiß noch, wo der eventuell vorhandene Rest aufbewahrt wird). Seine Lebens- und Märtyrergeschichte „schmückt" die Decke des heutigen Kirchenbaus und wird von mir gleich genauer untersucht.

Die Huosi: Machtspiele zwischen Toskana und Bayern

Nachdem ich Arbeo und die Huosi jetzt schon mehrmals erwähnt habe, ist es erst einmal an der Zeit, ein wenig mehr über sie zu erklären: Nach dem *Lex Baiuvariorum* – der wichtigsten frühbayerischen Geschichtsquelle – waren die ältesten Sippen Bayerns die der Hahilinga, der Huosi, der Drozza, der Fagana und die der Anniona; über allen standen aber die Agilolfinger.

Die Huosi besaßen weit gestreute Besitztümer in Bayern und dem Alpenraum, vom Inntal bis zum Pustertal, vom Alpenvorland bis zum Landkreis Pfaffenhofen (nördlich des heutigen Münchens) und weiter darüber hinaus im alten Reich der Franken: Selbst in Burgund wurde ein Kloster mit Beteiligung der Huosi gegründet. Reginpert, einer der Gründer des Klosters in Klais, gehörte zum engen Kreis der Familie, genauso wie die drei Gründer von Benediktbeuern und – wahrscheinlich – Arbeo. Man kennt diesen Teil der Geschichte Bayerns leider nicht wirklich gut! Da es schon die ganze Zeit um Klöster geht, muss ich noch erklären, dass Klostergründungen im 8. Jahrhundert ein beliebtes Mittel darstellten, Grundbesitz und Grenzen zu sichern. Und die Liste der Bischöfe Freisings, die entweder Huosi waren oder der Sippe sehr nahe standen, ist keinesfalls eine Laune des Zufalls: Zuerst Arbeo, der von 764/65 bis 783 Bischof war, dann Atto von 783 bis 811 (ehemals Abt von Schlehdorf) und schließlich Hitto von 811 bis 835.

Nach Italien führen die Spuren der Huosi nicht nur in Gestalt von Arbeo - siehe rechts - sondern auch durch andere Familienmitglieder oder zumindest Verwandte. Der Huosi Nibulunc taucht erstmalig 791 bei einem Streit um eine Huosi-Kirche in Haushausen bei Wolnzach auf und 812 in der Toskana in einem Streitfall mit den Benediktinermönchen des Klosters San Bartolomeo in Pistoia.

Das Kloster San Bartolomeo war eine langobardische Gründung des Jahres 726. In Pistoia litten die Mönche unter Nibulunc, der dem Kloster von 802 bis 812 erhebliche finanzielle Mittel entzogen hatte. Möglich war ihm das, da er von der fränkischen Regierung des Königs Pippin zu einer Art Klostervorsteher ernannt worden war. Und die Huosi standen den Franken sehr nahe. Die Mittel hatte sich Nibulunc entweder angeeignet, um kriegerische Auseinandersetzungen oder die Kosten eines Stadtpalastes zu finanzieren. Auf jeden Fall befand er sich seit Jahren in Pistoia, nachdem er zuvor in Altbayern gelebt hatte. Das Gebiet in der Toskana muss die Huosi interessiert haben, genauso wie es ihnen wichtig war, Einfluss auf die Verkehrsverbindungen nach Italien zu haben: Die Klöster Klais, Benediktbeuern und Schlehdorf haben sie alle unweit von alten Verbindungswegen über die Alpen angelegt!

Darüber hinaus kann man in italienischen Studien nachlesen, dass sich Arbeo gut in der Region Tuszien auskannte; er beschrieb manche Gegenden des Landes so genau, als wäre er selbst dort gewesen.

Viele Fäden führten im 8. Jahrhundert von Bayern nach Italien: Die Römerstraßen, die Huosi, Arbeo, Tassilo III., die vielen Reliquien, die aus dem Süden nach Bayern kamen und noch vieles mehr... aber ich möchte Sie nicht mit noch mehr Details strapazieren.

Schlehdorf – Der Heilige aus Rom

Seltsam finde ich allerdings, dass ich die meisten Informationen über die Beziehungen bayerischer Familien nach Italien vor allem italienischen Aufsätzen entnehmen konnte!

Arbeo: Fast ein Italiener!

Arbeo war als Erzpriester Zeuge der Klostergründung in Klais und kam sehr wahrscheinlich von der Südseite der Alpen. Wirklich viel weiß man nicht über ihn, und jegliche Kenntnis entstammt seinen eigenen Angaben, sodass Vorsicht geboten ist.

Er soll um 723 in Mais bei Meran zur Welt gekommen sein, und in Italien, womöglich zwischen Verona und Pavia, eine gute Ausbildung erhalten haben. Ein großer Verdienst Arbeos war die Übertragung der Reliquien des heiligen Korbinian, eines in Oberbayern schon lange verehrten Heiligen, von Mais nach Freising, wo sie heute noch ruhen. Von ihm stammt die *Vita Corbiniani*, die Lebensgeschichte des Heiligen, die seine eigene Biographie gleich mitenthält. In Freising ließ Arbeo die Schreibschule und die Domschule aufwerten und die Dombibliothek systematisch ausbauen.

Südlich der Alpen herrschten damals die Langobarden, und Belege einer langobardisch-lateinischen Prägung Arbeos finden sich im *Abrogans*, dem ältesten erhaltenen Buch in „deutscher" Sprache. Das Original befindet sich nicht mehr in Freising sondern in Sankt Gallen und wurde im Deutsch des 8. Jahrhunderts verfasst, also lateinisch-althochdeutsch. Studiert wurde der Text oft und intensiv und man ist fast sicher, dass sich der Autor des Glossars mit den Gebieten südlich der Alpen kulturell gut ausgekannt haben musste. Auch die *Vita Haimhrammi*, die Biografie des heiligen Emmeram, stammt von ihm oder seiner Schreibschule. Nach Verona führen außerdem Spuren in Handschriften aus dem 8./9. Jahrhundert, die vermutlich durch Arbeo und die nachfolgenden Bischöfe nach Freising gelangt sind.

Ob Arbeo ein Angehöriger der Adelssippe der Huosi war, wird noch nicht von allen Historikern bestätigt, doch wenn nicht, stand er ihnen zumindest sehr sehr nahe! So war er auch der erste Abt des Klosters Scharnitz, das die Huosi gegründet hatten. Er starb am 4. Mai 783.

Arbeos Spuren führen
unter anderem nach Verona

Weitere Spuren nach Italien

Auch über die vielen intensiven Verbindungen hinaus, die Arbeo und die Huosi nach Italien hatten, finden sich Bezüge zu dem Land: Wie schon beschrieben, stand hier in Schlehdorf schon im 7. Jahrhundert ein Kirchenbau; beim Einzug der Mönche aus Klais musste zumindest ein Kloster hinzugefügt worden sein, in dem die Mönche ihr Klosterleben nach der Regel des heiligen Benedikt leben konnten.

In Folge der Zerstörungen durch die ungarischen Überfälle gaben die Benediktiner Kloster Schlehdorf auf, so dass hier ab 1140 Augustiner-Chorherren einziehen konnten. 1446 wurde das Kloster und eine Kirche mit vier Altären geweiht, die in der Nähe des heutigen Klosterbräus standen, also auf der gegenüberliegenden Straßenseite. Die frühere Kapelle zu Ehren der heiligen drei Jungfrauen auf dem Hügel ließ Propst Wolfgang 1580 abbrechen und an ihrem Ort eine Kirche errichten. 1715 dachte man schon wieder darüber nach, die Kirche neu errichten zu lassen und machte erste Entwürfe, denen man den Einfluss von Benediktbeuern und Italien anmerkt. Doch ab 1718 wurde erst einmal das aktuelle Kloster auf dem Hügel gebaut – dort oben war man der Feuchtigkeit des Sees spürbar weniger ausgesetzt und die alten Klosterbauten waren eh in keinem guten Zustand mehr. Der Kirchenbau selbst verzögerte sich aus Geldmangel; das Gebäude war erst 1758 einigermaßen nutzbar und musste bis 1780 auf seine Vollendung warten. 1715 hatte sich Johann Georg Ettenhofer an der Planung beteiligt, in der Endphase um 1770 wahrscheinlich Balthasar Trischberger oder Matthias Krinner.

Ettenhofer war Assistent von Giovanni Antonio Viscardi, einem berühmten Graubündner Architekten, der den größten Teil seines Lebens in Bayern arbeitete, unter anderem als Münchner Hofbaumeister. Da sich die Bauarbeiten so lange hinzogen, wurde sein Plan nicht komplett ausgeführt, sondern später modifiziert. Kunsthistoriker Dr. Jahn erkennt in der Kirchenstruktur eine starke Ähnlichkeit mit der Klosterkirche Benediktbeuern, also auch eine gewisse Annäherung an Italien. Hier in Schlehdorf ist die Innenarchitektur allerdings „ruhiger", um es etwas vereinfacht auszudrücken, denn in der Endphase der Bauarbeiten war der Hochbarock schon vorüber: Die Stucke, die Wände und Decken schmücken, sind nicht voluminös und schwer, sondern schlichte ornamentale Goldstucke. Trotz der Vorbilder in Italien, in denen die Fresken zum Teil die gesamte Deckenfläche einnehmen, hat man sich hier weiterhin darauf beschränkt, Fresken in einem Stuckrahmen zu platzieren, wie es schon in Benediktbeuern zu sehen war.

Wirkliche Nähe mit dem Süden spürt man eher in den Motiven der Fresken von Johann Baptist Baader, die Leben und Martyrium des Schutzheiligen Tertulin in Rom darstellen. Zugegeben, beim Betrachten der Fresken zweifelte ich, ob Baader tatsächlich in Rom war – die Gebäude im Hintergrund der Schlehdorfer Fresken erinnern nicht wirklich an die Stadt am Tiber. Doch Baader kannte Rom sehr gut, da er dort einige Jahre verbracht hatte.

Das Innere der Klosterkirche Schlehdorf

Vielleicht stellte er sich vor, dass Rom zu Tertulins Zeiten so ausgesehen hätte. Sehr gut zu erkennen ist die Anlehnung an das Innere des Pantheons in Rom auf dem Fresko, in dem Tertulin von Papst Stephanus I. zum Priester geweiht wird – hier unten.

Ein Deckenfresko Johann Baptist Baaders in der Klosterkirche Schlehdorf (oben) ist eindeutig durch das Pantheon in Rom (unten) inspiriert

Schlehdorf – Der Heilige aus Rom

Auch für das Martyrium Tertulins in Rom an der Decke der Klosterkirche Schlehdorf
verwendete Baader römische Motive

Johann Baptist Baader

Am 23. Januar 1717 wurde Johann Baptist Baader in Lechmühlen getauft (heute Gemeinde Fuchstal im Landkreis Landsberg am Lech) und sehr wahrscheinlich war er am Vortag als erstes Kind eines Müllerehepaars zur Welt gekommen. Sein Spitzname war „Lechhansl". Die erste Ausbildung zum Maler hatte er im Alter von 18 Jahren unter anderem bei Johann Georg Bergmüller in Augsburg, dem katholischen Direktor – der andere musste Protestant sein – der dortigen Malerakademie. Mit ihm blieb er anscheinend jahrelang verbunden, weit über die Zeit der Lehre hinaus, und von seinem Stil löste er sich erst nach seinen Erfahrungen in Italien. Fünf Jahre nachdem er sich als Maler selbständig gemacht hatte ohne in die Zunft einzutreten, reiste er als 35jähriger 1752 oder im Folgejahr nach Rom. In Italien blieb er bis 1758 und lernte nicht nur in Rom, denn seinem Stil merkt man an, dass er Malereien von Neapel und Venedig aus eigener Erfahrung kannte. Auf der Italienreise wurden der Maler Francesco Solimena aus Neapel und die Maler Luca Giordano und Giovanni Lanfranco, deren Werke er in Rom sehen konnte, zu seinen Vorbildern. Ihren Einfluss kann man in den Fresken Baaders in Wessobrunn, Polling, Weilheim, Türkenfeld und Pähl erkennen. Die Deckenfresken in Schlehdorf waren seine letzten, da er am 25. August 1780 hier starb und bestattet wurde. Die Fresken wurden daher 1781 von Ignaz Baldauf zu Ende geführt.

Die ersten Bewohner des Klosters waren Benediktiner, später folgten Augustiner-Chorherren und heute leben Missionsdominikanerinnen hier in Kloster Schlehdorf. Und die Kirche ist nicht mehr nur Klosterkirche sondern auch Pfarrkirche.

Von Schlehdorf aus schlage ich Ihnen einen kleinen Ausflug zum Freilichtmuseum Glentleiten vor, das nur circa 2 km von hier entfernt ist. Dazu fahren Sie von der Kirche aus nach Norden weiter bis Großweil, und dort können Sie den Schildern zum Freilichtmuseum Glentleiten folgen; ab Großweil ist es nur noch ein Kilometer.

Allein der Panoramablick ist schon einen kleinen Ausflug wert, und im Museum wird die besondere Geschichte eines Italieners erzählt.

86

Glentleiten
Der bayerische Italiener

Leben in den Bergen

Hier im Freilichtmuseum, das von März bis November geöffnet ist, kann man rund 60 alte Gebäude besuchen und einen Eindruck von früheren Lebensweisen gewinnen: Leben, Arbeit, Bräuche und mehr rund um die bäuerlich geprägte Vergangenheit Oberbayerns.

Ein Gebäude interessiert mich besonders: der Mörnerhof, der im ersten Obergeschoss die frühere Arbeitswerkstatt von Pietro Zannantonio beherbergt. Seine Geschichte begann unweit von hier am Starnberger See, doch da seine Werkstatt hierher gebracht und damit hier (be)greifbar wurde, möchte ich seine Geschichte an diesem Ort vorstellen.

Sie haben sicher die Aussicht hier oben bemerkt. Vom Freilichtmuseum aus kann man ein schönes Alpenpanorama genießen – heute zum Glück, ohne an Hunger denken zu müssen! Jahrhundertelang hat man in den Alpen, egal ob südlich oder nördlich der Alpenkette, egal ob in Schwaben, Bayern, Österreich, Tirol oder im Friaul ein armes Leben geführt, das von Entbehrungen geprägt war. Die Ressourcen auf den Bergen waren begrenzt: Da der Ackerbau aus Klimagründen nicht viel hergab, lebte man von der Viehwirtschaft und ihren Produkten. Und vor allem im Winter, als es auf der Alm und im Stall wenig zu tun gab, nutzte man Gelegenheiten für Zusatzverdienste, indem man zu Hause nützliche oder schöne Dinge herstellte, wie zum Beispiel Hinterglasmalereien oder kleine Holzgegenstände. Die Produkte wurden dann von Haus zu Haus oder auf Märkten angeboten.

Waren frei Haus

Bekannt waren Hausierer aus der Pfalz und aus dem Schwarzwald. Einige boten statt Waren von Haus zu Haus Dienstleistungen an, wie Pfannen zu flicken, neue Fensterscheiben anzubringen oder alte zu reparieren, Zinngegenstände zu reparieren oder neu zu gießen, später auch Regenschirme oder Besen zu reparieren. Heute tut das in Bayern kein Mensch mehr und die Hausierer sind von den Straßen verschwunden. Achten Sie in den oberbay-

Ein Hausierer in einer zeitgenössischen Darstellung

erischen Dörfern einmal auf die schönen Lüftlmalereien, um Sie werden einige Abbildungen von bayerischen Hausierern entdecken. Zum Beispiel die Bewohner von Oberammergau, die ihre Schnitzereien im Hausiersystem anboten und manche Geigenbauer aus Mittenwald. Typisch war für sie die Kraxn, eine Art Rucksack aus Holz. Aus Mittenwald sind die Namen einiger Kraxnträger überliefert: Veit Seitz kratzte sein Kapital zusammen, erwarb 1644 Waren in einer Warenniederlage und ging damit hausieren. Und der Mittenwalder Joseph Dafertshofer besuchte von 1782 bis 1799 mehrmals die Jahrmärkte Bayerns mit Galanteriewaren, also Spitzen, Spazierstöcken, Handschuhen und so weiter. In vielen bayerischen Alpenorten finden Sie ähnliche Beispiele.

Die ersten gedruckten Bücher im 15. Jahrhundert kamen vor allem durch Hausierer an den Mann, nicht nur durch den Verkauf in der Druckerei oder auf den ersten Buchmessen: Die fahrenden Händler trugen nicht nur gedruckte Buchstaben mit sich, sondern auch Karten oder Bilder, die sich besonders auf dem Lande gut verkauften, wo die wenigsten lesen und schreiben konnten. Berühmt waren im 15. und 16. Jahrhundert die Nürnberger Schriftsteller, aber auch Gelehrte scheuten nicht diesen Weg, um die auf eigene Kosten gedruckten Werke zu vertreiben.

Das Schicksal der Menschen nördlich und südlich der Alpen hat auch heute noch viel mehr Gemeinsamkeiten als man auf den ersten Blick vielleicht annimmt, unabhängig davon, welche Sprache man spricht. Denn in Italien tat man dasselbe und vertrieb seine Produkte mit Hausierern bis über die Alpen.

Lüftlmalerei in Oberammergau: Die Schnitzer vertrieben ihre Produkte im Hausierverfahren

Fremd ist der Fremde nur in der Fremde

Sicherlich war man in Oberbayern von fremden Gestalten auf der Straße mehr „befremdet" als von einheimischen. „Fremd" waren allerdings alle, die nicht aus dem gleichen Ort kamen. Ganz fremd, manchmal unheimlich, waren Fremde, deren Sprache aber auch gar keine Ähnlichkeit mit der eigenen hatte.

In einer sehr bekannten Enzyklopädie des 18. Jahrhunderts, genannt *Oekonomische Encyklopädie oder allgemeines System der Staats- Stadt- Haus- und Landwirtschaft* von Johann Georg Krünitz, findet man eine interessante Beschreibung für Hausierer: „Es ist allbekannt, daß in- und ausländische Juden, herumstreichende Welsche, Savoyarden, Tyroler, Schweizer u.s.w. das ganze Jahr hindurch mit allen nur erdenklichen Waaren, z. B. mit Wolle, Seidenzeugen, feinem und großem Tuche, Strümpfen, Bändern, Spizen, Leinwand u.s.w. auf dem umliegenden Lande und in der Stadt selbst, Schleichhandel treiben".

„Welsche" ist das wenig schmeichelhafte Wort für Italiener, Savoyarden stammten vor allem aus dem Gebiet des heutigen Piemonts und waren vor allem für Murmeltiervorführungen auf Jahrmärkten bekannt. Besonders Tiroler – auch sehr viele Tirolerinnen – waren bis zum Anfang des 20. Jahrhunderts bekannt für den Hausierhandel, aber Schweizer... die überraschen

Lüftlmalerei in Mittenwald: Kraxnträger, Tirolerinnen und Rottfuhrleuten suchten Wege, ihren Lebensunterhalt zu bestreiten

schon mehr! Und sie zeigen einmal mehr, wie sich die Lebensweisen in den Alpen früher ähnelten. In Meran können Sie in Schloss Trauttmansdorff das *Touriseum* mit einer Dauerausstellung über Tourismus in Südtirol besuchen, um etwas mehr über die wirtschaftlichen Probleme in den Alpen und die Wanderhändler aus Tirol zu erfahren – aus der südlichen Perspektive natürlich!

Erst seit es Massentourismus und unsere heutige Mobilität gibt, hat die Bevölkerung hier einigermaßen konstante Einnahmen, von denen sie leben kann und nicht mehr auszuwandern braucht. Das Alpenpanorama von Glentleiten und anderen Alpenorten ist also erst seit einigen Jahrzehnten ein einigermaßen ungetrübter Genuss und die Massenauswanderung aus den Alpendörfern ist durch den Tourismus zum Teil gestoppt worden. Aber im 19. Jahrhundert war es noch nicht so weit.

In dieser Zeit vagabundierten in Bayern etliche Italiener, und nicht alle trieben nur in der Saison Handel, von April bis September oder November. Einige wurden sesshaft, wie der Hauptdarsteller meiner nächsten Geschichte, Pietro Zannantonio aus dem Dorf Casamazzagno aus dem Cadore-Gebiet in der Provinz Belluno.

Der bayerische Italiener

Die Familie Zannantonio ist schon im 15. Jahrhundert im kleinen Dorf Casamazzagno als Grundbesitzer belegt. Grund zu besitzen reichte allerdings nicht unbedingt aus, um die Familie zu ernähren, und schon seit dem 15. Jahrhundert verließen in den Alpen viele Menschen notgedrungen die Heimatorte. Manche zogen über den Sommer in die Poebene, um auf den großen Bauernhöfen ihre Arbeitskraft für Landarbeiten zu verkaufen. Frauen arbeiteten im 19. und 20. Jahrhundert als Putzfrauen in reicheren Familien in Mailand und Turin, was vor allem unter Tirolerinnen verbreitet war. Heute beschäftigen die reichen Familien der Poebene meistens Frauen aus

Moldawien, bis vor wenigen Jahren zog man Frauen von den Philippinen vor, besonders wegen ihres exotischen Aussehens.

Viele Italiener gingen als Hausierer über die Alpen, nach Österreich, Böhmen, Bayern und noch viel weiter, sogar bis nach Hamburg. Ein großer Teil arbeitete saisonal, und die üblichen Stichtage waren der 29. September, Tag des heiligen Michael, für die Abreise und der 23. April, Tag des heiligen Georg, für die Rückkehr nach Hause. In den Alpen bezeichnete der Septembertermin üblicherweise das Ende der landwirtschaftlichen Saison und der Apriltag den Anfang. Mit dieser Zeiteinteilung konnten Bauern in der Saison zu Hause arbeiteten und außerhalb im Norden hausieren. Manche ließen sich auch Zeit bis kurz vor Weihnachten und nahmen in Kauf, über die Alpenpässe einen viel beschwerlicheren Weg zu haben, der leider nicht immer glimpflich ablief. Ab den 1850er Jahren und bis zum Beginn des 1. Weltkriegs kamen vor allem aus dem Friaul Ziegelarbeiter nach Bayern, die berufsbedingt aber über den Sommer arbeiteten und im Winter nach Hause gingen.

Mitglieder der Familie Zannantonio scheinen sich fast ausschließlich als Kesselflicker betätigt zu haben: Genauso wie in Bayern hatten die Dörfer in den italienischen Alpen bestimmte Spezialisierungen. Die ersten Hinweise auf Zannantonios in Bayern fand ich für das Jahr 1867: *„Zannantonio, Luigi, Kesselflicker aus Casamazzagno Bezirks Auronzo bei Belluno im Venezianischen wegen unbefugten Betriebs eines Wandersgewerbs mit eintägigem Arreste bestraft, durch Beschluß des k. Bezirksamts Miesbach vom 12. April 1867 angewiesen, das bayerische Staatsgebiet auf die Dauer von sechs Jahren zu verlassen"*. So ist es in einem Bericht des Jahres 1867 über ausgewiesene Ausländer festgehalten worden.

Hausierhandel war lange Zeit verboten, und die Hausierer wurden konsequent verfolgt und ausgewiesen. Wenn sie jedoch immer wieder hierher kamen und davon leben konnten, heißt das aber auch, dass die lokale Bevölkerung ihnen nicht restlos abgeneigt war. Die meisten Hausierer hielten sich von den Städten fern, besonders den Kesselflickern war das Anbieten ihrer Fertigkeiten in den Städten oft gesetzlich verboten. Darüber eine weitere Bemerkung aus der Enzyklopädie von Krünitz, dem Absatz *Kesselflicker* entnommen: *„Die rechten und zünftigen Kupfer=Schmiede aber halten sie [die Kesselflicker] für Störer und Pfuscher. Die Schmiedezunft hielt sie für eine Konkurrenz und wandte sich mit Beschwerden an der Obrigkeit"*.

Zurück zu den Zannantonios: Der Kesselflicker Antonio Martin Zannantonio, der am 12. Mai 1867, also einen Monat nach Luigi „erwischt" wurde, wurde auf Lebenszeit aus Bayern ausgewiesen. Aber egal, die Familie hatte noch eine Reihe weitere Mitglieder, die ihr Glück in Bayern versuchen konnten, wie Valentino Zannantonio. Valentino war 1845 geboren worden, und sehr wahrscheinlich war er entweder Bruder oder Cousin der beiden oben genannten Zannantonios. Dass auch er Pfannenflicker war, versteht sich von

91

selbst. Von ihm lernte sein Sohn Pietro schon sehr jung den Beruf und zog mit dem Vater über die Straßen Bayerns. Um 1900 kam der 22jährige Pietro Zannantonio erstmalig an den Starnberger See und dann immer wieder: Damals gab es dort nicht nur Millionäre und Milliardäre, sondern tatsächlich noch Leute, die einen Pfannenflicker gebrauchen konnten und seine Dienste mit Freude in Anspruch nahmen! Darüber hinaus lernte er das Verzinnen von Kupfergeschirr und bot den Dienst auch Hotels und Gaststätten an, die an den Ufern des Sees allmählich immer mehr florierten. 1909 wagte er den endgültigen Sprung nach Bayern und ließ sich in Starnberg nieder. Er war in Deutschland nicht der erste wandernde Italiener, der diesen Schritt vollzog!

Schon im 18. Jahrhundert fingen die ersten Hausierer an, sich an das Leben nördlich der Alpen zu gewöhnen, erwarben Häuser und Läden und wurden Bürger. Einige machten Karriere, schickten die Söhne zur Universität, andere wurden Bürgermeister oder erfolgreiche Kaufleute. Und manche Namen sind hier so vertraut geworden, dass niemand mehr daran denkt, dass die Familien einst aus Italien kamen.

Die stolze Familie Zannantonio in Starnberg. Vorne von links nach rechts: Maria Italia, Angelo, Florindo, Peter und Onorino, hinten die Mutter Pierina und der Vater Pietro Zannantonio

Pietro Zannantonio hatte 1905 in seinem Heimatdorf Casamazzagno Pierina Festini geheiratet, und dort waren 1907 Onorino und 1908 Pietro zur Welt gekommen. Hier in Bayern kamen 1910 Florindo, dann 1911 Angelo Luigi und 1914 Maria Italia zur Welt; der Name deutet noch auf eine gewisse Heimatverbundenheit hin...

Die besten Referenzen

Beruflich ging es Pietro gut, doch war es dazu nötig, den Wirkungskreis seiner Tätigkeit weit über die Grenzen der Starnberger Region hinaus auszuweiten, bis nach Wolfratshausen, Bad Tölz, Weilheim, Murnau, Garmisch und Partenkirchen. Um sich bei neuen Kunden empfehlen zu können, waren Referenzen wichtig: Pietro hatte welche von Kloster Schäftlarn, Kloster Ettal, Hotel Bayerischer Hof in Starnberg, Kurheim Bad Wiessee und Herzoglichem Schloss Possenhofen, um nur einige zu nennen. Bis 1914 ging alles bestens und erstaunlicherweise auch während des ersten Weltkrieges, obwohl Pietro und die ganze Familie nur italienische Pässe hatten. Nachdem Italien 1915 gegen Deutschland in den Krieg trat, musste er sich täglich bei der Polizei melden. Doch bald war das nicht mehr nötig, da ihn alle kannten und – vor allem – ihn schätzten und ihm trauten; als Feind wurde er in Starnberg nie angesehen. Und dass er während des ersten Weltkriegs als Italiener in Ruhe leben durfte, war kein Einzelfall!

Nach dem Krieg

Der Krieg war 1918 beendet, dann kam die Räterepublik, und erst damit bekamen Pietro und seine Familie Probleme. Am 29. April 1919 erschossen „Weißgardisten" – die gegen die Räterepublik waren – 30 Männer der „Roten" in Starnberg; vor den Augen der Bevölkerung, unter der sich auch die Kinder von Pietro und Pierina Zannantonio befanden. Pierina brachte sie voller Panik nach Hause; die Kinder sollten ihr ganzes Leben lang die Szene der Erschießung nicht vergessen! Und Pierina fühlte sich in Starnberg und Bayern nicht mehr sicher. Tatsächlich verschärften sich ab Mai 1919 die Aufenthaltsbedingungen für Ausländer. Während des Krieges gegen Italien hatte die Familie hier in Bayern respektiert und ungestört gelebt und gearbeitet, jetzt nach dem Krieg war das nicht mehr möglich. So zog die Familie nach Casamazzagno um… Pietro deponierte allerdings die Arbeitsgeräte bei seinem alten Freund und früheren Vermieter Fink. Man weiß ja nie, wie die Zeiten sich noch ändern. Tja, und zurück in der alten Heimat hatten sie wenig Freude: Pietro mochte die Arbeit im Wald nicht. Die Kinder konnten nicht schnell genug das Hochitalienisch in der Schule lernen und bekamen schlechte Noten – zu Hause sprachen sie entweder den italienischen Dialekt der Eltern oder Bairisch. So kam es, dass die Familie 1920 wieder nach Starnberg zurückkam und, von Einwohnern und Behörden mit wohlwollenden Ratschlägen empfangen, im Mai 1921 ein Haus in der Hauptstraße erwarb.

Zwischen Äpfeln, Kartoffeln und Pfannen

Pietro richtete sich im neuen Eigenheim eine Werkstatt zum Verzinnen und Kesselflicken ein, in der er die Kunden empfangen konnte, statt sie zu besuchen. Pierina versuchte sich im anderen Teil des Erdgeschosses mit einem italienischen Obst- und Gemüseladen. Die Produkte erwarb sie auf dem Münchner Großmarkt von einem italienischen Bekannten. Da das Geschäft aber nicht gut lief, wechselte sie zwei Jahre später das Warensortiment komplett und bot nur noch Haushaltswaren an: Damit hatte sie eine Marktlücke gefunden und der Laden florierte.

Die Söhne Onorino und Florindo lernten den Beruf des Vaters, während Peter – nicht mehr Pietro genannt – nach Garmisch-Partenkirchen ging und mit seiner Frau ein Haushaltswarengeschäft eröffnete. Zusätzlich betrieb Peter die Messer- und Schlittschuhschleiferei „Zannantonio", die noch bis 1966 am Markt existierte. Antonio lernte Fotografie und betrieb ein Fotoatelier in Starnberg; im Handel finden sich noch seine alten Ansichten von Starnberg. Die Tochter Maria lernte Handelsgehilfin, unterstützte das Familienunternehmen und lehrte später Italienisch an der Starnberger Volkshochschule. Die Eltern, vor allem Pietro, pflegten weiterhin Kontakte mit dem Ursprungsdorf. Von Heimatdorf kann man an diesem Punkt der

93

Die Freiluftwerkstatt Zannantonios

Geschichte nicht mehr sprechen, da sie mittlerweile in Starnberg zu Hause waren. In Casamazzagno besaß Pietro noch ein Haus vom Vater, das von einer schönen Madonna, die von einem Starnberger angefertigt worden war, geschmückt wurde. Verwandte und Freunde hatte er noch im Ort. Weder hier noch da war er wirklich fremd, in Italien vielleicht aber auch nicht mehr wirklich heimisch, wie ich aus eigener, persönlicher Erfahrung vermute. Die Kinder wuchsen in Starnberg auf und hier waren und blieben sie zu Hause.

Und dann?

Pietro starb 1942, Pierina 1949. Ihre Nachkommen leben weiterhin in Bayern, und 1997 fragte ein Familienmitglied, ob das Museum Glentleiten nicht Interesse hätte, eine alte Werkstatt zu übernehmen... Da fing diese Geschichte an.

Die nächste Station betrifft die Kesselbergstraße und den Walchensee. Falls Sie dort an einem Sommerwochenende nach elf Uhr unterwegs sind, werden Sie nur mit Glück einen Parkplatz finden. Dann können Sie die folgenden Zeilen ruhig schon hier lesen.

Von Glentleiten aus fahren Sie über Schlehdorf wieder zurück nach Kochel. Dort nehmen Sie die B 11 – Ausschilderung „Innsbruck". Auf dem Anstieg zum Walchensee befahren Sie eine neu angelegte Trasse der Kesselbergstraße. Der alte Weg kann erwandert werden. Im Dorf Walchensee können Sie direkt an der Straße die Kirche St. Jakob anschauen.

Glentleiten – Der bayerische Italiener

Kesselbergstraße & Walchensee

Am Weg nach Venedig

Glentleiten

Schlehdorf

Kochel

Kochelsee

Kesselbergstraße

Urfeld

B 11

Walchensee

Walchensee

Wege aus dem Hunger

In Glentleiten habe ich über das karge Leben sinniert, das die Menschen hier früher führen mussten. Gab es vor dem Tourismus gar keine Alternative? Tölz zum Beispiel hatte eigentlich auch keine besseren Startbedingungen, aber Salzhändler, an denen man verdienen konnte und die Flößer, die am Transport verdienten. Ein Handelsweg sorgte immer dafür, dass ein wenig Geld abfiel für die Menschen, die an ihm lebten; Anwohner konnten den Durchreisenden Waren und Dienstleistungen verkaufen und Herrscher konnten Zoll kassieren. Auch hier am Kesselberg gab es einen uralten Handelsweg, wie Funde an Kochel- und Walchensee nahelegen, doch lag die Region lange Zeit am Rand der Welt: In Römerzeit und Mittelalter war Augsburg das regionale Macht-, Wirtschafts- und Verkehrszentrum und die lukrativen Handelsgüter kamen aus bzw. durch Norditalien über alte Römerstraßen nach Augsburg. Der Kochelsee lag ein Stück abseits.

Für Pilger nach Rom scheint der Weg über den Walchensee allerdings schon früh interessant gewesen zu sein, da das Kloster Benediktbeuern im Dorf Walchensee 1291 eine Jakobskapelle für Pilger errichten ließ. An der Stelle der ursprünglichen Kapelle steht heute die 1603 gebaute und 1712-14 umgestaltete Jakobskirche. Damals wie heute lag das Gotteshaus direkt an der Straße nach Süden.

Die Jakobskirche im Dorf Walchensee, direkt an der Straße,
ist eine alte Pilgerstation auf dem Weg nach Rom

Handel en gros

In späteren Jahrhunderten, als Venedig das große Handelszentrum Europas wurde, wuchs die Bedeutung Augsburgs erneut, da es ein wichtiger Handelspartner der Lagunenstadt und Handelszentrum für die Waren aus dem Süden war. Ähnlich ging es Nürnberg und Regensburg. München allerdings lag abseits und hatte noch eine geringe wirtschaftliche Bedeutung.

Das große deutsche Handelszentrum in Venedig war das „Deutschherrenhaus" am Canal Grande und hieß auf Italienisch „Fondaco dei Tedeschi". Wären Sie seinerzeit dort hingereist, hätten Sie eine große Zahl von Händlern aus oberdeutschen Städten angetroffen. Aber Münchner? Ein paar wenige gab es zwar... doch hätten Sie einem Venezianer gesagt, dass Sie aus München kommen, hätte er mit dem Namen wenig anfangen können und wohl keine Idee gehabt wo das denn liege. Dem Oktoberfest verdanken Sie, dass jetzt kein Italiener mehr eine Erklärung braucht!

In München gab es am heutigen Salvatorplatz ein „Venediger Haus", das erstmals 1371 erwähnt wurde und bis 1405 existierte. In vielen Städten gab es solche Häuser, die als Unterbringung für Venedigfahrer dienten. Irgendwie fanden die Händler aus dem Süden also schon den Weg nach München, doch ein bedeutender Handel entwickelte sich hier nicht; darauf musste man bis zum 19. Jahrhundert warten. Schon Herzog Albrecht IV. musste also feststellen, dass die Stadt an Isar ein wenig Wirtschaftsförderung nötig hatte. Die untergeordnete Stellung Münchens im Handel hatte mehrere Gründe, unter anderem im Verkehrssystem. Die alten Römerstraßen waren für die Verbindung nach Augsburg und Regensburg „optimiert", nach München musste man einen Umweg in Kauf nehmen; irgendwie logisch, da es die Stadt zur Römerzeit noch nicht gab. So war es naheliegend, dass man sich früher oder später in München Gedanken über einen direkten Weg vom Süden zur Stadt machte und sich an den alten Saumweg erinnerte, der Mittenwald über den Walchensee mit Kochel am gleichnamigen See verband.

1492: Weltweit ein bedeutendes Jahr

Mein Landsmann Christoph Kolumbus krönte 1492 seine Suche nach Indien mit einem Misserfolg, da er es gar nicht fand, sondern „nur" den amerikanischen Kontinent. In München hingegen schlug der Patrizier Heinrich Barth dem damaligen Herzog Albrecht IV., genannt der Weise, eine Unternehmung vor, die ein voller Erfolg wurde: Der aufwändige Ausbau des alten Saumpfades Mittenwald-Kochel zu einer richtigen Straße, der Kesselbergstraße.

Barth investierte viel Kapital, stellte Know-how zur Verfügung und überwand nicht wenige Schwierigkeiten beim Ausbau des Kesselbergweges. Nach einem starken Regen, wie er hier öfter auftritt, entwickeln sich schöne Wasserfälle an der Nordseite des Kesselberges, und diese plötzlichen Wassermengen stellten sicher eines der größten Probleme dar, gegen die Barth Mauern und Brücken bauen ließ. Reste davon sind noch zu sehen.

Albrecht IV.

Er wurde „der Weise" genannt, und war Herzog von Bayern und Pfalzgraf bei Rhein. Er kam am 15. Dezember 1447 zur Welt, als drittältester Sohn von Albrecht III. Da für ihn keine politische Karriere vorgesehen war, sondern „nur" eine geistliche, schickte man ihn zum Studium nach Italien: nach Rom, Siena und Pavia. Bis zu seiner Zeit war für einen Herzog die Kenntnis von Waffen wichtig und nicht von Büchern! Das Schicksal bescherte ihm aber doch eine Karriere in der Politik, und er wurde 1460, nach dem Tod seines ältesten Bruders Johann, neben seinem älteren Bruder Sigismund Mitregent des Landes Bayern und schaffte es zwei Jahre später sogar, alleiniger Herrscher zu werden.

Albrecht IV. heiratete 1487 Herzogin Kunigunde von Österreich. Er starb in München am 18. März 1508.

Heinrich Barth

Der Patrizier Heinrich Barth wurde um 1446 geboren, und seine Familie war eine der 20 wirtschaftlich und politisch wichtigsten der Stadt; andere waren zum Beispiel die Ligsalz und die Schrenck. Seit circa 1480 gehörte er mehrmals zum Inneren Rat, dem wichtigsten Gremium der Stadt. Die Familie Barth war zwischen 1560 und 1720 die im Inneren Rat am häufigsten vertretene. 1585 wurden die Barth geadelt.

Von 1507 bis zu seinem Tod versuchte er sich in der Erzgewinnung in der Gegend um den Walchensee; die Versuche wurden von seinen Söhnen nicht fortgeführt.

Bemerkenswert ist die historische Gedenktafel über die Einweihung der Trasse Kochel-Walchensee, auf der außer dem Wappen Albrechts IV. auch das von Barth zu sehen ist.

Heinrich Barth starb vor 1519.

Eigentlich schade, dass man mit dem Auto heute nichts mehr von einstigen Taten mitbekommt. Wenn Sie die Route heute befahren, befinden Sie sich auf einer neu ausgebauten Strecke.

Warum so?

Doch Moment mal: Verbindet die Kesselbergstraße nicht München mit Mittenwald? Und wenn beide Orte an der Isar liegen, warum baut man nicht einfach am Fluss entlang, sondern quält sich über den Kesselberg? Während Sie heute mit dem Auto die maximale Steigung der Strecke von circa 10% mit

Ehemals war die Alte Kesselbergstraße eine Handelsstraße von und nach Italien, heute dient sie als Forstweg und Herausforderung für Wanderer und Mountainbiker. Links oben im Bild sieht man die Tafel, die an den Ausbau 1492 erinnert.

links überwinden, überwand man früher eine maximale Steigung von circa 25% mit einem Pferdewagen und viel Mühe. Die Baustelle einer Bergstraße macht natürlich auch viel mehr Arbeit als in einem Tal.

Nun, es existierte schon eine Straße entlang der Isar, doch wurde sie kaum genutzt und irgendwann wieder aufgegeben: Schon 1491 klagte man über das geringe Verkehrsaufkommen. Bislang gibt es keine endgültige Erklärung für die Bevorzugung der Kesselbergstraße gegenüber dem Isarweg, nur einige plausible Vermutungen. Ein Grund könnte gewesen sein, dass die Isar und ihre Nebenflüsse in der Gegend von Wallgau unberechenbar und zerstörerisch waren. Egal wie steil die Route von Kochel nach Walchensee war und ist, scheint dieser Weg eine Zeitersparnis bedeutet und eine größere Transportsicherheit gewährleistet zu haben.

Ganz sicher ist es immer noch nicht, dass Barth derjenige gewesen war, der „die" Idee des Ausbaus dieses Weges hatte; auch Albrecht IV. hätte der Initiator sein können oder – und das ist eine interessante und bis jetzt wenig beachtete Vermutung – der Abt von Benediktbeuern.

Nach dem Ausbau profitierten Kloster Benediktbeuern und sein Dorf enorm von der neuen Situation. Reisende auf dieser Strecke übernachteten

Kesselbergstraße & Walchensee – Am Weg nach Venedig

Die Kopie der Gedenktafel an der Alten Kesselbergstraße. Das Original ist im Bayerischen Nationalmuseum in München

am liebsten in der „Taferne" in Benediktbeuern, oder in der 1492 in Walchensee entstandenen: Der tüchtige Bauer Hanns Ludl hatte sich dafür gleich 1492 die Genehmigung beim Kloster eingeholt. Kochel ging bei dem Geschäft erst einmal leer aus!

Ist Ihnen übrigens aufgefallen, dass „Taferne" und „Taverne" an das italienische „Taverna" erinnern? Es kommt vom lateinischen Wort „taberna" und hat auch in alten deutschen Ortsnamen Spuren hinterlassen wie Tawern oder Zabern.

Ein zusätzlicher Grund für den Ausbau der Strecke lag womöglich auch im Bergbau. An Walchensee und Kochelsee wurden Spuren von Metallen gefunden, aber vor allem von sehr weit zurückreichenden Bergbautätigkeiten. Schon vor 3200 Jahren lässt sich Metallverarbeitung auf der Birg nachweisen, einem heute nicht mehr zugänglichen Hügel am Südufer des Kochelsees und schon damals schienen hier Menschen gesiedelt zu haben, an einer Stelle, die einst wie heute am Beginn des Anstiegs zum Walchensee steht. Es ist sehr stark anzunehmen, dass Menschen seit Jahrtausenden diesen Weg kennen, und dass er schon damals eine Nord-Süd-Verbindung in die Alpen und sogar darüber hinaus darstellte. Die Ähnlichkeit von Funden im Karwendelgebirge, an der Birg und in Freising lassen solche Vermutungen zu.

Nach dem Ausbau intensivierte sich die Bergbautätigkeit im 16. Jahrhundert. Abgesehen von Flurnamen findet man davon im Gelände nur noch mit Schwierigkeit Spuren. Auch Johann Wolfgang von Goethe nahm auf seiner Reise nach Italien den Weg über die Kesselbergstraße und beschäftigte sich hier wie überall sonst mit der Geologie der Gegend. Das Dorf Walchensee erreichte er am 7. September 1786. Sein Abbild kurz vor dem schönen See schaut nicht unbedingt fröhlich drein; vielleicht weil schon so müde war... Mehr können Sie in seiner weltberühmten *Italienischen Reise* lesen, vor allem über die Begegnung mit dem Mädchen und dem Harfenspieler.

Jenseits aller Vermutungen ist es klar, dass mit dem Ausbau des Pfades von 1492-93 mehr Waren- und Personenverkehr zwischen München und Italien auf diese Strecke geleitet werden konnte.

Von Zoll und Grenze

In Kochel entrichtete man von 1493 bis 1557 den Zoll; eine genaue Zollordnung hatte Albrecht IV. am 20. August 1493 erlassen. Nur die Ausfuhren wurden verzollt, was den Weg für den Warenimport sicher attraktiver

machte als die meisten Alternativrouten. Die typischen bayerischen Export-
produkte waren Leintücher, Hanfseile, Wachs, Zinn, Häute, Bettfedern, Ei-
sen und Stahl, Blechfässer, Flachs, Hanf, Heringe, Stockfische, Schmalz und
mehr. Sicherlich kam der größte Teil davon nicht aus München, sondern aus
Nürnberg, Augsburg und Regensburg und war für den Markt in Venedig bestimmt.

In Bayern importiert wurden Gewürze, Seife, Olivenöl, Zitrusfrüchte, Seide
und vieles mehr, also vor allem Luxusgüter. Die exportierten Stockfische waren damals allerdings auch sehr teuer...

1557 löste Bayern die Zollstelle in Kochel auf und ließ sich dafür vom
Kloster Benediktbeuern die „Taferne" in Menzing geben. 1768 führte man
wieder eine Zollstelle an der Strecke ein, nicht mehr in Kochel sondern in
Walchensee. Die Station wurde 1808 wieder aufgelöst, nachdem das ausländische Gebiet südlich des Walchensees an das Herzogtum Bayern gegangen
war – es hatte zuvor dem Bistum Freising gehört.

Und dann?

Trotz des ganzen beim Ausbau angewendeten Know-hows blieb die Strecke eine „Sommerstrecke", wie Max Emanuel sagte. Das stimmte nicht
ganz, aber der Kurfürst wollte sie für den Fernverkehr sperren lassen – wie
es 1722 auch geschah –, um den Weg über Aibling und Kufstein als Post-
und Handelstraße zu begünstigen und ließ nur noch die Extrapost auf der

Tafel zur Erinnerung an die Fertigstellung der neuen
Trasse der Kesselbergstraße im 19. Jahrhundert

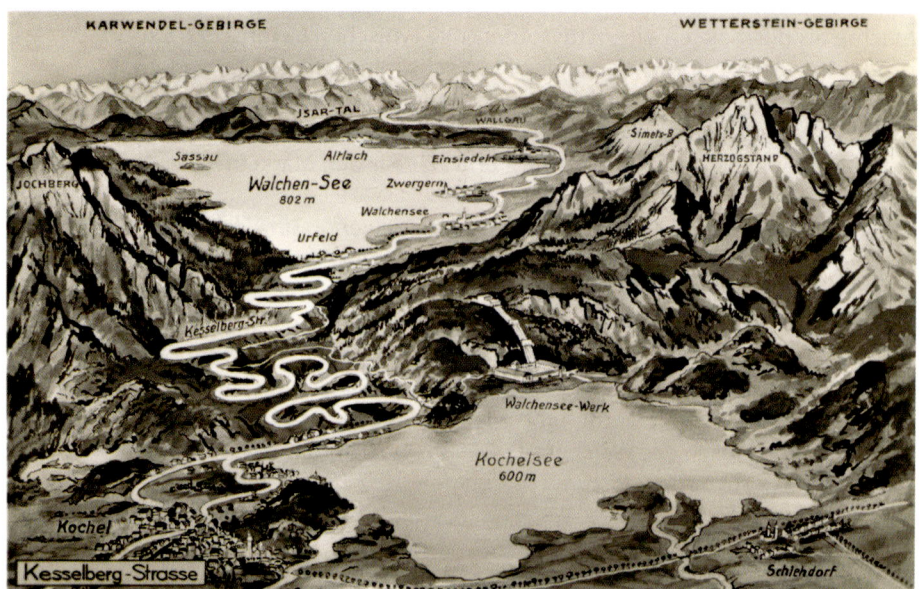

Die neue Kesselbergstraße auf einer Postkarte vom Anfang des 20. Jahrhunderts

Kesselbergstraße fahren. Nach vielen Protesten reaktivierte man 1784 den Weg wieder als reguläre Poststrecke im Wechsel mit der Postkutsche über Aibling: Die Post von Italien oder Innsbruck nach München und umgekehrt erreichte ihr Ziel auf diesem Weg ein bis zwei Tage schneller. Leider kamen auf ihr auch feindliche Soldaten viel schneller in Richtung München voran... 1809 drangen Tiroler hier vor und wurden von den bayerischen Soldaten des Grafen Arco abgewehrt – schon wieder ein italienischer Name!

1897 wurde die Strecke noch weiter ausgebaut; der Berganstieg war nun doppelt so lang wie der alte, aber viel bequemer.

Römer, Kelten und Walchen

Die Geschichtsschreibung lehrt uns, dass um 476 n. Chr. die Römer aus den Gebieten nördlich der Alpen abzogen, um wieder „nach Hause", sprich nach Italien, zurückzukehren. Abgesehen davon, ob es ein gigantischer oder eher kleiner Umzug war, ist zwischen den Zeilen der Geschichte doch etwas in Vergessenheit geraten: Die hiesige Bevölkerung fühlte sich römisch, sprach Latein und war christianisiert, es waren sogenannte Keltoromanen.

Nicht alle „Römer" gingen also „nach Hause", und die längst romanisierten Landbewohner behielten ihre schon seit Jahrhunderten gewohnten römischen Lebensgewohnheiten, sprachen eine einigermaßen lateinische Sprache und hatten lange vor der Ankunft des Bonifatius aus Schottland die christliche Lehre angenommen.

Ortsnamen sind eines von mehreren Indizien, die eine dauerhafte Präsenz von Keltoromanen auch nach dem fatalen Jahr 476 belegen. „Walch" oder

„Walchen" als Bestandteil von Orts-, See- oder Gebietsnamen zeugt von romanischsprachigen Einwohnern. „Welsch(land)" nannte man bis vor einigen Jahrzehnten Italien, Welsche oder Wahlen seine Einwohner, und mit den Zusatznamen „Walch(en)" bezeichneten die eingewanderten Bajuwaren im 5. und 6. Jahrhundert die hier lebenden Keltoromanen und ihre Dörfer.

Der Walchensee war also ein See, an dem Walchen gewohnt hatten und dass schon vor dem Straßenausbau 1492 hier einiges los war, habe ich Ihnen bereits erzählt. Auf der Weiterfahrt kommen Sie durch einen Ort und eine Region, die Wallgau heißen und in der Nähe führt ein Walchental zum Sylvensteinsee.

Ich denke, das hier ist die ideale Region, um eine weitere Personengruppe von der Südseite der Alpen vorzustellen. Diesmal geht es nicht um Römer, sondern um Venezianer, oder besser um die hier seit Jahrhunderten bekannten Venediger.

Die sagenumwobenen Goldsucher aus Venedig...

In der Dichte eines schwer zu durchdringenden Waldes konnte man aus Geräuschen, Schatten und flüchtigen Begegnungen, wenn man sie mit einer guten Portion Aberglauben und einer Prise Angst vor dem Unbekannten würzte, gaaanz große Geschichten entwickeln. Fremde waren ja viele in der Region unterwegs, seitdem es Wege über die Alpen gab. Sie waren seltsam gekleidet und sagten nur seltsame unverständliche Worte – ein Kauderwelsch. Die meisten waren verdächtig, gar unheimlich. Sie trieben sich oft an den Flüssen herum, oder schlimmer noch: in der Unterwelt, wo sonst nur die Toten verkehrten.

Viele deutsche Sagen und Märchen, auch im Werdenfelser und Tölzer Land, handeln von diesen geheimnisvollen Männern, die fast immer kleinwüchsig waren, eine unverständliche Sprache von sich gaben und als Hausierer oder arme Menschen gekleidet auf der Suche nach Silber oder Gold durch die Wälder streiften. Sie wurden „Venediger Männle" oder „Venediger Mandln" genannt, manchmal auch „Wahlen", „Walen", „Welsche" oder „Wallischen". Auch der Begriff „Kauderwelsch" für eine unverständliche Sprache entstammt dem Wort „Welsch" und wurde oft als Synonym für „Gaunersprache" verwendet.

Ein einheitliches Bild der Venediger

Ich fasse sie jetzt zusammen und nenne sie einfach, der bayerischen Überlieferung entsprechend, Venediger. Die Sagen bilden ein überraschend einheitliches Bild dieser Gestalten, egal ob sie aus dem Harz, aus Freiburg, der Steiermark oder Oberbayern stammen! Die Venediger trafen oft zum Frühlingsbeginn ein, blieben den ganzen Sommer lang und gingen im Herbst wieder. Wenn sie hier unterwegs waren, trafen sie teilweise auf Bergbewohner, Schäfer oder Bauern. War man nett zu ihnen und gewährte Unterkunft oder half beim Transport von Säcken voller Steine und Flusssand, erhielt man am Ende der Saison Silber oder Gold als Dankeschön. Teilweise verrieten sie

Lüftlmalerei eines märchenhaft dargestellten Venedigers in Bad Kohlgrub.
Der geflügelte Markuslöwe auf dem Mantel kennzeichnet ihn als Venezianer.

sogar den Fundort der Schätze, der dem auserwählten Bauern Wohlstand brachte. Nur leider schaffte der es auf dem Sterbebett nie, den Söhnen vor seinem letzten Atemzug den Fundort mitzuteilen... Manchmal passierte es, dass die Venediger einen Helfer nach Venedig einluden, und die Reise geschah im Flug; ihr Mantel spielt in jeder Sage eine wichtige Rolle, da brauchte man sich nur an einem Zipfel festzuhalten, und im Nu war man in Venedig. Nur ganz selten waren Venediger böse; doch üblich war es, dass sie es einem

Kesselbergstraße & Walchensee – Am Weg nach Venedig

gehörig heimzahlten, wenn man sie ärgerte. In der Regel wurden sie von den Einheimischen auf den Bergen aber in Ruhe gelassen und revanchierten sich großzügig für jede Unterstützung. Manche übernahmen eine Art Schutzengelfunktion und standen Bergleuten in den Stollen zur Seite, indem sie mit Signalen vor Lebensgefahr warnten. Und dann verschwanden sie gut gelaunt und summend in den tiefsten Gängen des Berges.

In den Sagen war Venedig eine magische Stadt, die auf dem Wasser gebaut war und statt Straßen Kanälen hatte. Dort wohnten die Mandln in prächtigen Palästen, die so reich an Gold, Silber und sonstigen Reichtümern waren und mit so bequemen und kostbaren Betten ausgestattet, dass sie eines Kaisers würdig waren. Und woher kam der ganze Reichtum an Silber und Gold? Genau, aus den hiesigen Bergen, deren Bewohner keine Ahnung von den Schätzen unter ihren Füßen hatten. Oft ist zu lesen, dass die Bauern Steine nach den Kühen warfen und die „Venediger Mandln" ihnen erklärten, die Steine seien wertvoller als die Tiere...

Märchen als Erklärung

Ich kann mir vorstellen, wie Erzählungen über die Stadt Venedig von einem Bergbewohner oder einen Bauern aufgenommen wurden. Selbst wenn man ihm wahrheitsgemäß von Venedig erzählt hätte, musste er glauben, dass man ihn an der Nase herumführen will: Seit wann kann man eine Stadt auf dem Wasser bauen? Selbst wenn man Holzhütten kannte, die auf Pfählen in den See gebaut waren, so war das doch niemals mit Palästen möglich! Und wie könnte eine solche Stadt jemals reich werden und Gold besitzen? Auf dem Wasser kann man nichts anbauen und genauso wenig Kühe oder Schafe hüten. Man kann darin nicht nach Bodenschätzen graben. Andere Einnahmequellen wie Handel, Bankgeschäfte, Produktion von Kristall oder anderen Luxuswaren waren Bauern und Schäfern nicht geläufig. Die logische Erklärung war, dass Gold und Reichtum aus den Bergen in Deutschland, Österreich und Böhmen kamen. Die Bauern kannten Vorkommen und Wert der Schätze unter ihrer Erde nicht, aber die Venediger, die mit ihrem Zauberspiegel oder der Rute die Stellen fanden. So ähnlich kann ich mir die Entstehung dieser Sagen über Venedig und seine Einwohner vorstellen.

106

Pracht und Reichtum Venedigs waren legendär und wurden gerne in Gemälden verewigt, wie hier eine Regatta vom Haus Foscari aus gesehen von Canaletto

Harz

Hessen

Oberlausitz

Thüringer
Wald

Sächsische
Schweiz

Riesengebirge

Vogtland

Fichtel-
gebirge

Erzgebirge

Bayerischer
Wald

Schwäbische
Alb

Schwarz-
wald

Allgäuer
Alpen

Tölzer &
Werdenfelser
Land

Salzburg

Steiermark

Schweiz

Tirol

Wallis

Vinschgau

Kärnten

Aus ganz Mitteleuropa sind Venedigersagen überliefert –
seltsamerweise nur aus Bergregionen mit Mineralienvorkommen...

Eine andere Erklärungsmöglichkeit für den Reichtum Venedigs war die Idee, durch Alchemie Gold aus anderen Stoffen zu erzeugen; Geschichten von Venezianern, die Gold machen können, waren auch beliebt, könnten ihre Entstehung den Venedigersagen verdanken und wurden durchaus bis in hohe Kreise geglaubt. So hat das Scheitern am Topf, in dem kein Gold brodelte, sondern nach wie vor eine stinkende farbige Masse, dem Venezianer Marco Bragadino im März 1591 am Marienplatz in München im wahrsten Sinne des Wortes den Kopf gekostet.

Kesselbergstraße & Walchensee – Am Weg nach Venedig

Indizien für ein Körnchen Wahrheit

Zurück zu den Venedigermännchen und was wir über sie feststellen können: Sie pflegten oft ganz schwarz angezogen zu sein, und darüber trugen sie einen schwarzen Kapuzenmantel oder auch einen schwarzen Hut; andere Farben kamen seltener vor. Diese Kleidungsweise kannte man in den letzten Jahrhunderten von den Knappen, also Bergleuten: Man hat oft „Zwerge" unter Tage geschickt, und damit meine ich leider Kinder, die sich ihrer Größe wegen am besten für die niedrig und schmal gehaltenen Stollen eigneten. Kapuzen werden heute noch von manchen Mönchen getragen, und in den Grimmschen Märchen ist von einem „Bergmönch im Harz" die Rede.

Die Sagen sind in verschiedensten Regionen sehr weit verbreitet, sowohl in Deutschland, als auch Österreich, Schweiz, Böhmen, Südtirol und Trentino. Südlich der Alpen wurden die kleinen Männer teilweise für deutsche Zwergmänner gehalten, teilweise für „Veneziani", Bewohner Venedigs. Bayern und Böhmer arbeiteten übrigens schon vor 700 Jahren in den Bergwerken in Südtirol. Auf der Landkarte sehen Sie die Verbreitung der Venediger, und die Übersicht erhebt keinen Anspruch auf Vollständigkeit. In all diesen Regionen gab es auch Metallvorkommen.

Der bayerische Historiker Aventinus, eigentlich Johannes Turmair, meinte im 16. Jahrhundert, die „Walen" seien bessere Bergleute als die Deutschen. In Trient bevorzugte man Bergleute aus Deutschland und lobte ihre Bergbaukenntnisse... Na ja, jedem seine Meinung. Manche Venediger ritzten Zeichen in die Steine als Signale, die nur sie verstanden. Manche haben sich im Lausitzer Gebirge und in Böhmen erhalten, besser gesagt deutete man die Symbole als Venedigerzeichen. Ab und zu stieß man auf hinterlassene „Walenbüchlein", in denen Fundstellen von Silber oder Gold beschrieben wurden. Das älteste bekannte Walenbüchlein stammt aus der Zeit um 1470 und wurde in Schlesien gefunden, und darin sind Fundstellen des Italieners Antonius Wale enthalten: Schon der Name ist Programm!

In der Österreichischen Nationalbibliothek wird ein interessantes Manuskript aus der Zeit um 1665 aufbewahrt, das Notizbuch eines Mannes, dessen Name nicht überliefert wurde. Er schrieb allerdings von sich selbst „.... *ein Venetianer bin [ich]*". Darin werden Fundstellen für Silber und Gold in Salzburg, Kärnten, Steiermark, Oberösterreich

108

Ein Stich von Georgius Agricola mit Erzsuchern des 16. Jahrhunderts. Die Darstellung der Wünschelrutengänger und Gräber passt ebensogut zu den Venedigern

und Schlesien aufgelistet und Silber- und Goldbergwerke, die schon Paracelsus kannte. Ergänzt wird das Werk mit alchemistischen Rezepten.

Venediger im Werdenfelser Land

Auch im Werdenfelser Land munkelte man teilweise und fragte sich, woher die Reichtümer hier vor Ort kamen, zum Beispiel die goldene Monstranz in der Klosterkirche von Schlehdorf und der große Klosterbau, und man vermutete die Hilfe von Venedigern. Denn waren die Mönche nicht arm?! So erzählte ein Bauer im Tölzer Oberkerschbräu die Geschichte von einem Venediger, der an der Benediktenwand eine Menge Gold gefunden hatte.

In den Volkssagen zwischen Garmisch-Partenkirchen und Tölz lebt der Mythos der Venediger seit mindestens 500 Jahren, anderswo ist er ebenso alt und ebenfalls in Vergessenheit geraten. In allen diesen Sagen und Legenden ging es um Metalle, Mineralien oder Flusssand. Es ist bekannt, dass an Kochel- und Walchensee Metall gefunden wurde. Es ist auch nicht auszuschließen, dass Venezianer oder andere Fremde dort nach Metallen oder Mineralien suchten. Egal ob es Venezianer, Mailänder, Modeneser, Brabanter, Flandern oder andere waren, die Frage ist: Seit wann kursieren Sagen über diese Männlein? In einem Sagenbuch wurde die Vermutung geäußert, dass es sich um Veneter handelte, einen indoeuropäischen Volksstamm, der der gleichnamigen Region den Namen gegeben hat. Im Museum des italienischen Este wird ein sehr reicher Fund der Veneter aus der Zeit um 900 v. Chr. ausgestellt. In dieser Zeit scheinen sich die unternehmungslustigen Veneter auf die Suche nach Erz bis hierher gemacht zu haben. Danach kamen die Kelten und hinterließen Spuren in den Flussnamen, zum Beispiel der Isar, aus dem Namen der Göttin „Isa": Im Friaul gibt es ein Gegenstück, den Fluss „Isonzo". Aus der Zeit um das 6. bis 5. Jahrhundert vor Christus, also der Zeit der Kelten-Ausflüge ins Werdenfelser Land, stammt der Brandopferplatz bei Farchant, ein paar Kilometer nördlich von Garmisch-Partenkichen, der Bronzegießern, Eisenschmieden und Handwerkern als Opferstätte gedient haben soll. Mein Bezug zum Friaul war gewollt, da weiterhin vermutet wird, dass diese Völker aus jener Region stammten, die seit Jahrhunderten rege Kontakte mit den Gebieten nördlich der Alpen unterhält. All diese Gestalten könnten ihre Spuren in den Sagen und Legenden hinterlassen haben. Also waren die Zwerge doch keine Venezianer?

Es wird noch spannender: Es heißt, Venezianer suchten seit der Mitte des 15. Jahrhunderts in den Alpen nach Mineralien, vor allem nach Pyrolusit, das zum Entfärben von Glas notwendig ist. Und damit würde sich einiges erklären: Das Kristall aus Venedig, hauchdünn, durchsichtig und kostbar wie Gold, war sehr lange Zeit ein absolutes Highlight unter den venezianischen Exportgütern und das technische Wissen wurde unter Todesstrafe geheimgehalten. Nicht nur Herzöge und Kaiser begehrten dieses Gut, vermögende Händler wetteiferten ab der Neuzeit darum, sich möglichst viele dieser Gläser auf den Tisch zu stellen. Das war ein Statussymbol, so wie heute

109

Glas „à la façon de Venise" war eine beliebte Kostbarkeit. Dieses außergewöhnliche Glasobjekt der Mitte des 16. Jarhunderts stammt aus der Glashütte in Hall in Tirol

bestimmte Mode- und Automarken, nicht mehr und nicht weniger. Außerdem suchten die Venezianer hier nach Quarz, Bergkristall, Markasit, Granat, Schwefel und Kobalt – und, warum nicht, auch Golderzen. Die Mineralien dienten unter anderem zur Färbung der Gläser. Wer kennt nicht die farbigen Gläser aus Murano? Damit erklärt sich die Anwesenheit von Venedigern in Alpen, Harz, Fichtelgebirge und anderswo.

Da Glas „à la façon de Venise" ein so kostbares und damit lukratives Produkt war, hatten natürlich auch Landesherren nördlich der Alpen Interesse, Glas zu produzieren, warben Venezianer aus Murano oder Italiener aus der Gegend um Genua ab und richteten auf der Nordseite der Alpen Glashütten ein. Die erste Glashütte entstand schon 1534 unter der Mitwirkung eines Italieners und stand in Hall in Tirol. Später wurden auch Hessen, Thüringen und der Schwarzwald zu Zentren der Glasproduktion, also die Gegenden, in denen man zahlreiche „Venediger" antraf; waren es wirklich welche?! Nach einiger Zeit war der Know-How-Transfer vollendet und mehr deutsche Gestalten waren in den Wäldern unterwegs als Venezianer. Unheimlich blieben sie als Fremde im Wald natürlich immer noch und die deutschen Glasproduzenten hatten natürlich auch kein Interesse an Aufklärungskampagnen. Unter uns kann man wohl feststellen, dass zumindest in den letzen Jahrhunderten die Bodenschätze im Lande blieben und nicht nach Venedig gingen!

Theater um Venediger

Dass in den Legenden und Sagen Motive von Zwergen, Kobolden, Venezianern und Welschen etwas durcheinander geraten sind, ist typisch für Volksüberlieferungen. Die Wesen haben nicht nur in unzähligen Volkssagen eine große Rolle gespielt, sondern auch im Theater: Kasperl-Graf Franz von Pocci, dessen Vater Fabrizio von Viterbo bei Rom nach München gezogen war, schrieb 1861 das Stück in vier Akten *Der wahre Hort, oder die Venediger Goldsucher.* Man kennt auch kleine neuere Geschichten zum Thema, wie die mit dem passenden Namen *Venediger* aus dem Buch *Bairische Geschichten aus Dorf und Stadt* von Herman von Schmid aus dem Jahre 1864.

Darüber hinaus haben sich die Venediger in Ortsnamen etabliert, denken Sie an den Großvenediger, den höchsten Gipfel der Venedigergruppe, die sich zwischen Italien und Österreich erstreckt. Ein Venedigerloch gibt es auf der Schwäbischen Alb.

25 Millionen Venezianer in Deutschland

Dass die Venediger schwarze Kapuzen oder Spitzhüte trugen, habe ich schon erwähnt. Andere zogen rote Kapuzen vor, und egal in welcher Farbe waren es entweder Spitzhüte oder Spitzkapuzen; Sie erinnern mich sehr an den deutschen Gartenzwerg...

„Zufälligerweise" waren die Regionen, in denen die Venediger unterwegs waren, auch die, in denen zur Barockzeit Gartenzwerge zur Dekoration Einzug in die Gärten fanden: Deutschland, Österreich, Slowenien, Nordostitalien und Tschechien. Damals trugen sie allerdings noch keine rote Zipfelmütze.

Die modernen Gartenzwerge werden seit 1980 von der „Internationalen Vereinigung zum Schutz der Gartenzwerge (IVZSG)" mit Sitz in Basel in ihrer Erscheinungsform geschützt: Größe maximal 69 Zentimeter, Zipfelmütze, Bart und männlich. So gesehen könnte ich die geschätzten 25 Millionen Gartenzwerge in Deutschland auch Venediger nennen...

Zwerg an der
Villa Valmarana ai Nani bei Vicenza.
„Nani" bedeutet „Zwerge" auf Italienisch

Zu guter Letzt

Unabhängig davon, wer die geheimnisvollen Gestalten nun wirklich waren, zeigt ihre Zuordnung zu Venedig, dass die Lagunenstadt weit über alle Handelskontakte hinaus in ganz Mitteleuropa als sagenhafter und reicher

Ort berühmt war und jahrhundertelang die Phantasie des Volkes beflügelt hatte! Heute scheint das in Vergessenheit geraten zu sein, denn wer liest noch alte Sagen?

Egal ob der Ursprung der Legenden vor 3000 Jahren oder „nur" 500 Jahren zu suchen ist, sind sie ein weiterer Hinweis auf weit in der Zeit zurückreichende Kontakte zwischen den Gebieten nördlich und südlich der Alpen.

Stammt der deutsche Gartenzwerg vom goldsuchenden Venediger ab? Etwa 25 Millionen von ihnen bevölkern die heimischen Gärten

Vom Walchensee aus können Sie der Straße weiter nach Süden in Richtung Mittenwald folgen. Sie fahren durch die schönen Orte Krün und Wallgau mit ihren Lüftlmalereien bevor Sie Mittenwald erreichen, unsere nächste Etappe. Von Kochel bis Mittenwald sind es circa 32 km

Mittenwald

Das Tor nach Italien

Geigenbau-museum 6

Ballenhausgasse

Ballenhausgasse

Partenkirchner Str

Karalpleweg

Pfarrkirche
St. Peter und Paul

Matthias-Klotz-Straße

4

5

Matthias-Klotz-Denkmal

Untermarkt

1 Hochstraße

Malerweg

Pilgerhaus
Goethehaus 2

Bachergasse

Karwendelstraße

Malerweg

Stainergasse

Obermarkt

...delstraße

Zum Bahnhof

Bahnhofstraße

3

In der Region von Mittenwald endet der Verbindungsweg zur Kesselbergstraße, denn er hat seinen Zweck erfüllt: Die Anbindung Münchens an
die uralte Straße, die Verona mit Augsburg verband und durch Mittenwald
führte. Schon zur Römerzeit war sie als richtige Straße ausgebaut, die Route
selbst ist wahrscheinlich noch viel älter. Wenn in der Fachwelt über die alten
Ortsbezeichnungen auch keine Einigkeit besteht, so ist doch wenigstens die
römische Station „Scarbia" ziemlich sicher in der Gegend von Mittenwald zu
lokalisieren. Aus dem Namen „Scarbia" ist übrigens „Scharnitz" geworden
und bezeichnete früher nicht nur das gleichnamige Dorf, sondern die ganze
Region als Scharnitzwald.

Hier in Mittenwald sind Sie also weiterhin auf historischen Pfaden unterwegs und sollten nicht allzu überrascht sein, italienischen Spuren zu begegnen. Die Geschichte Mittenwalds ist von Anfang an verbunden mit dem
Handel mit Italien, später vor allem Venedig, und den Reisenden zwischen
Oberdeutschland und Italien. Die Verbindung nach Süden war ein wesentli-
cher Faktor der örtlichen Wirtschaft.

Station 1 – Hochstraße
Der sagenumwobene Bozener Markt

Die erste Erwähnung Mittenwalds stammt aus dem Jahr 1080 unter dem
Namen „Media silva", Lateinisch für „Mitten im Wald". Eine erste Nennung
bedeutet allerdings nur, dass ein Ort zum erstmal in einem überlieferten
Dokument genannt wird, nicht das er zu diesem Zeitpunkt entsteht. Also
schauen wir mal weiter, was sich finden lässt: In der Geschichte des Klosters
Schlehdorf, das ich schon vorgestellt hatte, wird ein Priester aus Mittenwald
im 8. und 9. Jahrhundert erwähnt, der die Kirche in Klais betreute; die Ursprünge des Ortes müssten also deutlich vor 1080 liegen, falls sich nicht jemand in der Überlieferung mit den Ortsnamen geirrt hat. Von einer Kirche ist
in Mittenwald allerdings nicht vor 1315 die Rede. Es gibt plausible Spekulationen, dass schon die Station Scarbia der Tabula Peutingeriana die Keimzelle
von Mittenwald war, doch gibt es keinen Beweis.

Gesichert ist, dass der Ort seit 1294 zusammen mit Garmisch und Partenkirchen zur Grafschaft Werdenfels gehörte und damit Besitz des Hochstifts
Freising war. Den Namen Werdenfels bekam die Grafschaft von Burg Werdenfels bei Garmisch-Partenkirchen, die um 1219 errichtet wurde und heute
nur noch eine Ruine ist. 1401 erhob Kaiser Karl IV. Mittenwald zum Markt.
1803 ging das Gebiet des Hochstifts Freising im Zuge der Säkularisation unter König Max I. Joseph an Bayern. Zwischen diesen Eckdaten sind natürlich
ein paar Dinge geschehen, über die ich mehr erzählen möchte.

Falls Sie vor dem Lesen dieser Zeilen schon einen kleinen Spaziergang
in der Stadt unternommen haben, konnten Sie sicher die schöne Lage am
Fuß des Karwendels und einige Lüftlmalereien bewundern. Dabei haben Sie
wahrscheinlich auch eine von vielen schön bebilderten Szenen des „Bozener
Markts" gesehen, der hier... nie stattfand!

Eine von vielen Darstellungen des „Bozener Markts", der in Mittenwald... nie stattfand!
Diese hier befindet sich in der Hochstraße

Doch eins nach dem anderen. Es wird erzählt, dass in Mittenwald von 1487 bis 1679, also fast zweihundert Jahre lang, ein legendärer Markt stattgefunden haben soll: Hier trafen sich die Venezianer regelmäßig auf dem Bozener Markt, um Waren von Nord und Süd zu handeln. Wie der Name sagt, war eigentlich Bozen als Marktort vorgesehen, doch infolge von Streitigkeiten soll er für die besagte Zeit nach Mittenwald verlegt worden und erst 1679 wieder nach Bozen zurückgekehrt sein. Während dieser Zeitspanne entwickelte sich Mittenwald prächtig, nicht nur wegen des Fuhrwesens an der Handelsstraße, das mit bischöflichem Monopol betrieben wurde, sondern auch wegen der vielen Geschäfte, die der Markt anbahnte. In verschiedenen alten und neuen Publikationen wird der Markt gepriesen und seit einigen Jahren feiert Mittenwald ihn mit einem alle fünf Jahre wiederkehrenden Fest.

Nach Beweisen, dass der sagenumwobene Markt in Mittenwald tatsächlich stattfand, suchte ich an etlichen Orten, doch überall vergeblich. Es findet sich kein Bild vom Markt; eines der ältesten Bilder von Mittenwald stammt von ungefähr 1700, also danach. Nie wurde hier ein Wechsel ausgestellt, was für einen Marktort sehr ungewöhnlich ist, da Wechsel in Mittelalter und Neuzeit eine sehr verbreitete Zahlungsweise für Händler waren. Auch in Berichten über die Messen in Bozen wird Mittenwald nie erwähnt, außer als Durchgangsstation auf dem Weg nach Augsburg. In den mit zahlreichen Urkunden bestückten Büchern von Henry Simonsfeld über den „Fondaco dei Tedeschi", das „Deutschherrenhaus" am Canal Grande in Venedig, gibt es kaum ein Wort über einen Streit im Jahre 1487 geschweige denn über eine Verlegung des Markts. Und seltsam fand ich auch, dass sich nach einer so langen Zeit intensiven Handelsverkehrs vor Ort überhaupt keine eigene Handelstätigkeit entwickelt haben soll, die den Abgang des Markts überlebt hätte. Es sieht so aus, als wäre der Ort danach schlagartig in eine Art Dornröschenschlaf gefallen. Auch in den Archiven finden sich keine Spuren von diesem Markt, und keiner der „vielen fremden" Händler ist hier jemals durch einen Unfall oder an einer Seuche gestorben und auf einem Friedhof begraben oder in ein Kirchenregister eingetragen worden: Die müssten außergewöhnlich gesund gewesen sein und sehr viel Glück gehabt haben. All das erschien mir sehr sehr seltsam... Bis Professor Dr. Markus Denzel aus Leipzig mir klärte, dass ein Bozener Markt niemals in Mittenwald stattgefunden hatte! Na so was!

Ich finde allerdings, Sie brauchen es den Mittenwaldern gar nicht übel zu nehmen, dass der Bozener Markt eine Erfindung ist: Er ist eine schöne Geschichte und Urlaubsziele leben von Erzählungen und Legenden. Schauen Sie einmal mehr nach Italien herüber: Auch Verona, Ziel der alten Römerstraße durch Mittenwald, hat seinen Mythos: Die Liebesgeschichte von Romeo und Julia. Die ist frei erfunden, aber da unzählige Touristen nach Haus und Grab der armen Julia gefragt hatten, hat Verona nach langen Widerstreben ein Gebäude gefunden, das zu der Geschichte passt und es „umetikettiert". Millionen von Menschen haben in den letzten Jahrhunderten Julias Haus in Verona besucht, darin geseufzt und vielleicht sogar geweint... auch wenn es diese Julia nie gegeben hatte. Wen interessiert das wirklich? Die Liebenden und die Touristen sicher nicht. Und die Stadt lebt prächtig mit und von dieser Geschichte.

Also bitteschön, warum sollten wir Mittenwald keinen Bozener Markt gönnen? Und auch ohne den Markt, den sich ein Historiker im 19. Jahrhundert ausdachte, gab es hier tatsächlich einen regen Transit von und nach Italien. Es gibt sogar noch konkrete Spuren!

Station 2 – Pilgerhaus am Obermarkt
Auf dem Weg nach Rom

Am Obermarkt 4 kann man leicht das Pilgerhaus von Mittenwald erkennen. Wie der Name sagt, konnten Pilger darin Unterkunft finden.

Ab dem 11./12. Jahrhundert entwickelten sich rege Pilgerströme durch Europa mit den Hauptzielen Jerusalem, Santiago de Compostela und Rom. Jerusalem erreichten die Pilger mit einem Schiff aus Ancona oder – vorzugsweise – Venedig. In der Lagunenstadt musste man oft monatelang auf sein Schiff warten, sehr zur Freude der dort lebenden deutschen Gaststättenbetreiber. Rom konnte man zu Fuß erreichen, und die Stadt wurde vor allem ab 1300, dem ersten Jubeljahr der Geschichte, ein ganz beliebtes Pilgerziel.

Pellegrino o ramingo?

Schon früh in der Geschichte weiß man von Pilgern zu den bekannten Orten Santiago de Compostela, Jerusalem und Rom. Die Rompilger nannte man in Italien „Romei". Ab dem Jahr 1300, das als erstes Jubeljahr der Geschichte ausgerufen wurde, stieg die Anzahl der Pilger nach Rom. 1450 scheint Rom einen riesigen Zulauf erlebt zu haben, und leider kam es auch zu tragischen Unfällen. Versorgt wurden die deutschen Pilger von Landsleuten, die sich vor allem in der Nähe der Peters-

Bild von Jacobus Major mit der typischen Pilgerausstattung an einer Fassade des Mittenwalder Obermarkts

kirche dauerhaft mit eigenen Gaststätten niedergelassen hatten. Und auch sonst konnte man sich wie zu Hause fühlen, da deutsche Bäcker fast ein Monopol am Tiber innehatten.

In der Neuzeit genossen Pilger in Italien und vor allem in Rom kein gutes Ansehen, ganz im Gegenteil! Immer wieder schienen Pilger an ihre körperlichen und finanziellen Grenzen zu stoßen und einen recht verwahrlosten Eindruck zu hinterlassen, wenn sie durch das Land zogen. Oft verlangte man von ihnen, dass sie sich ausweisen konnten, auch aus Angst vor Vagabunden, die sich als Pilger tarnten.

So stand in Wörterbüchern der italienischen Sprache aus der ersten Hälfte des 20. Jahrhunderts das Wort „pellegrino", zu Deutsch Pilger, sowohl für einen frommen Menschen, der eine Wallfahrt macht, als auch für Ausländer und Herumtreiber. Noch heute hört man auf dem Lande in Norditalien manchmal das Wort pellegrino als Bezeichnung für einen Landstreicher. „Ramingo" war ein weiteres Synonym für pellegrino, ein Mensch der ziellos herumzieht. Dem Wort begegnet man auch im 3. Akt von Mozarts Oper *Idomeneo*: „*Andrò ramingo e solo*".

Ganz anders waren Pilger in Deutschland angesehen, vor allem im Mittelalter: Ein Mensch, der als Pilger durch unzählige Gefahren gegangen war und viele Erfahrungen in fremden Ländern gemacht hatte, wurde bei der Heimkehr in allen Ehren empfangen. Er konnte sicher sein, für den Rest seines Lebens als frommer und erfahrener Mensch behandelt zu werden.

Andere Länder, andere Sitten!

117

Das Pilgerhaus betreute Rompilger,
die den Weg über Mittenwald nahmen

Alle 50 Jahre wiederholte man in der ewigen Stadt das Heilige Jahr, in dessen Verlauf Pilger auf großzügige Ablässe zählen durften. Eine Zahl als Maßstab: Im Jubeljahr 1750 wanderten allein durch Mittenwald rund 1000 Pilger.

Auf der Pilgerfahrt kümmerten sich meistens Klöster um die Pilger, wie das schon erwähnte Benediktbeuern. Auch Private sorgten sich um sie, wie der Mittenwalder Johannes Andre genannt Swalb, der mit einem vom Notar beglaubigten Dokument am 1. September 1485 und in Anwesenheit der Stadträte und des Freisinger Bischofs Sixt erklärte, ein Pilgerhaus in Mittenwald stiften zu wollen. Und es tat.

Johannes Andre Swalb (Schwalb)

Von Johannes Andre Swalb – auch Schwalb geschrieben – weiß man nicht viel: Er stammte wahrscheinlich aus der Mittenwalder Familie Andre und mütterlicherseits aus der Tölzer Familie Swalb. Um 1425 geboren studierte er Theologie, verbrachte 20 Jahre in Rom als Jurist bei der Rota, dem zweithöchsten Gericht der katholischen Kirche.

Dort sprach er wahrscheinlich viel öfter Bairisch als Latein, da zu seiner Zeit neben zahlreichen Handwerkern und Gaststättenbetreibern auch eine große Anzahl an Juristen und Notaren aus Deutschland in Rom lebte und arbeitete.

Johannes Andre Swalb arbeitete 20 Jahre lang für die hier dargestellte Rota in Rom

Nach dem Lebensabschnitt in Rom kehrte er nach Bayern zurück und trat in den Dienst von Herzog Georg dem Reichen von Bayern-Ingolstadt. Ende des 15. Jahrhunderts wurde er Pfarrer zu Mittenwald und Garmisch. Er starb nach 1492.

1491 erhielt das Pilgerhaus das Privileg eines eigenen Kaplans für die darin vorhandene Kapelle. Im Haus wurden Pilger kostenfrei empfangen und versorgt, ganz im Sinne der christlichen Nächstenliebe. Tausende machten hier Station und stärkten sich vor dem Alpenübergang. Vielleicht machte sogar Martin Luther auf seiner Reise nach Rom hier 1510 Rast.

Das Haus wurde 1838 Opfer eines Stadtbrandes und danach wieder aufgebaut; die Fassade ließ man nach dem Zeitgeschmack des 18. Jahrhunderts erneuern, aber der Kern aus dem 15. Jahrhundert ist erhalten geblieben, mit der Kapelle auf dem zweiten Stock. Zwei der Figuren auf der Fassade stellen die heiligen Petrus und Paulus dar, denen die benachbarte Pfarrkirche geweiht ist. Heute steht das Haus Pilgern allerdings nicht mehr zur Verfügung.

Gedenken an Goethe

Das Nachbarhaus ist Ihnen vielleicht schon aufgefallen, es ist das sogenannte Goethehaus. Auf der Fassade berichtet ein Schild, dass Goethe hier auf dem Weg nach Italien übernachtete; um 6 Uhr früh des 8. Septembers 1786 verließ er Mittenwald – genauer kann man kaum sein! Selbstverständlich gibt es im Ort auch eine Goethestraße mit Lüftlmalerei des Besuchs.

119

Links das sogenannte Goethehaus, zur Zeit von Goethes Italienreise eine Poststation. An Goethes Aufenthalt erinnert es mit einer Tafel.

Station 3 – Obermarkt
Wohlstand in Bewegung

Wenn man das Erscheinungsbild des Ortes untersucht, fallen zwei Straßen besonders auf. Beide werden von Häuserreihen gesäumt, die sicher nicht zufällig mit großen Eingangstoren versehen worden waren.

Eine dieser Straßen ist der Obermarkt. Er ist langgestreckt, und die Verlängerung rechts des Kirchturms im Norden heißt Ballenhausgasse, weil dort ab 1470 das gemeinschaftliche Ballenhaus für die Unterbringung der Waren stand. Parallel zur Verlängerung der Ballenhausgasse, die Karalpleweg genannt wird, verläuft eine ähnliche Straße namens Untermarkt. Entlang beider Straßen wohnten sicher die Fuhrleute und lagerten die Waren zu Hause, bevor das gemeinschaftliche Ballenhaus für die Warenlagerung erbaut wurde. Basis des Geschäfts war eine bischöfliche Vorschrift: Händler, die auf diesem Weg Waren transportierten, hatten die Pflicht, diese hier „nieder zu lagern", bevor sie die Weiterreise antraten; für den Transport nach Partenkirchen oder Zirl hatten die Mittenwalder das bischöfliche Monopol und kassierten dafür kräftig.

So ging es entlang der ganzen Strecke von Venedig bis Augsburg weiter und darüber hinaus; es war ein kontinuierliches Laden, Lagern und erneutes Laden zur Weiterfahrt. Und jetzt verstehe ich, warum so viele empfindliche Keramikwaren aus Venedig ihren Empfänger in Oberdeutschland... in tausend Stücken erreichten!

Als Alternative zum Karren war von Mittenwald aus auch der Warentransport mit Flößen auf der Isar beliebt: Schon 1407 schlossen Münchner Händ-

Der Obermarkt mit dem schönen
Kirchturm der Pfarrkirche

ler mit Mittenwaldern eine Vereinbarung, das „Venedische Gut" auf der Isar nach München zu transportieren. Als die Nürnberger dasselbe versuchten, schossen die Preise so stark in die Höhe, dass sich der bayerische Herzog einschalten musste, um wieder Ordnung zu schaffen.

Ein Bilderbuch in Mittenwald

Bevor Sie in die Kirche gehen, lohnt es sich, einen Spaziergang entlang der schönen Kulisse der Häuser am Obermarkt zu unternehmen. Im Kern stammen viele Häuser an dieser Straße aus dem 17. und 18. Jahrhundert und wurden später mit schönen Lüftlmalereien ausgeschmückt. Sie brachten Goethe dazu, Mittenwald ein „lebendiges Bilderbuch" zu nennen. Man findet eine Vielzahl an Motiven, vom sagenumwobenen Bozener Markt, über Postboten und -kutschen vergangener Jahrhunderte bis zum heiligen Korbinian mit dem Bär. Letztgenanntes ist ein sehr beliebtes Motiv im Werdenfelser Land, dessen Schutzpatron der Heilige ist.

Von der Kirche kommend können Sie links die Bozener Weinstube sehen, auf der Tirolerinnen abgebildet sind und natürlich dazu passende Weintrauben. Die Tirolerinnen und den Hausierhandel in der Alpenregion habe ich schon im Freilichtmuseum Glentleiten besprochen, und dort diese Lüftlmalerei gezeigt – siehe Seite 90. Nicht nur wegen des vermeintlichen Markts passt eine Bozener Stube ausgezeichnet nach Mittenwald, sondern auch wegen der jahrhundertelangen Importe von Wein aus den Südtiroler Weinbergen zu den bayerischen Klöstern und Gaststätten, siehe Seite 50.

121

Von hier aus ist es überflüssig, dass ich Ihnen beschreibe, wie Sie zur Kirche St. Peter und Paulus kommen. Sicher haben Sie schon den schönen Glockenturm angeschaut und fotografiert, der mit seinen Farben die ganze Straße entlang zu sehen ist. Die Mittenwalder sind zu Recht stolz auf ihren Glockenturm. Also auf in die Kirche!

Station 4 – Pfarrkirche
Die Kirche aus Klais?

Erstmalig erfährt man im Jahr 1315 von einer Kirche in Mittenwald, allerdings ist anzunehmen, dass es schon früher eine gab, wenn der Ort 1080 zum ersten Mal erwähnt wurde. Dass nach dem Brand der Kirche Klais im 11. Jahrhundert das Patrozinium des Apostels Petrus hierher kam, wäre eine weitere denkbare Hypothese. Warum ließ man sonst die Klaiser Klostergründung auf der Kirchendecke über der Orgel abbilden? Über die Klostergründung in Klais siehe Seite 78.

Fresko über der Orgel in der Pfarrkirche, mit der Darstellung der Klostergründung in Klais

Der heutige Mittenwalder Kirchenbau stammt nicht von 1315, sondern aus den Jahren nach 1732. Entworfen hatte ihn der Wessobrunner Architekt Joseph Schmuzer. Peter und Paulus sind nicht nur die Heiligen, denen diese Kirche geweiht wurde, sie sind auch die Schutzpatrone Roms, dem Zentrum der Christenheit, und die ewige Stadt kann man nicht so einfach vergessen! Das ist auch nicht geschehen: Entdecken Sie Rom in der Kirche? Falls nicht – ein Tip: Schauen Sie einmal nach oben!

Deckenfresko von Matthäus Günther mit dem Martyrium der Schutzheiligen Petrus und Paulus in einer römischen Kulisse

Der Maler des 14 Meter breiten und 12,80 Meter langen Deckenfreskos war Matthäus Günther, der anscheinend nie in Italien war und Rom nur aus Zeichnungen kannte. Vielleicht hatte er für die römischen Bilder Hilfe durch Cosmas Damian Asam erhalten, der sich in Rom gut auskannte und bei dem Günther fünf Jahre lang als Geselle gearbeitet hatte.

Auf der Decke hat Günther verschiedene Szenen dargestellt, das Martyrium Peters und Pauls in Rom, die Bekehrung des Paulus und die Schlüssel-übergabe Gottes an Petrus. Während man die Figuren und die Aktionen gut erkennen kann, spielt die Architektur der Stadt im Fresko eine untergeord-nete Rolle, sie wirkt nur angedeutet. Doch man erkennt im Westen das Pantheon und eine Säule, die gut die Trajanssäule sein konnte, sowie weitere Bauten der Stadt am Tiber. Mit ihnen stellte Günther das alte heidnische Rom absichtlich im Westen dar. Gegenüber sieht man im Osten die christlichen Bauten der Stadt, ganz klar ist die Kuppel des Petersdoms zu sehen als

Links die Darstellung des Petersdoms in Günthers Fresko, rechts das Original in Rom

Symbol für die christliche Lehre. Kirchen hat man jahrhundertelang fast immer mit dem Hauptaltar nach Osten ausgerichtet, und so platzierte Günther auch die Lehre des Christentums in dieser Himmelsrichtung. Wenn Sie mehr über Günther, seine Kunst und vor allem seine Vorbilder aus Italien lesen möchten, können Sie seine Biografie auf Seite 33 nachschlagen.

Provino – Ein Italiener aus Augsburg

Leider war Mittenwald für manche Durchreisende das Letzte, das sie im Leben sahen. Nichts gegen Mittenwald, verstehen Sie mich nicht falsch! Doch Gräber sind oft die wenigen Zeitzeugen, die heute noch von einem Ereignis berichten:

Der 61jährige italienische Kaufmann J. P. A. Provino starb auf einer Reise von Bozen nach Augsburg am 20. Dezember 1783 ausgerechnet in Mittenwald und wurde rechts des Hauptaltars begraben – also an sehr exklusiver Stelle. Sein Vater Joseph kümmerte sich um das Epitaph.

Die Familie Provino aus dem schweizerischen Mesox hatte eine Tabakfabrik in der Stadt Augsburg gegründet, in der es heute sogar eine Provinostraße gibt. Die Ehre der Nennung gilt allerdings Maria Anna Provino, wahrscheinlich Schwägerin des Verstorbenen, die als große Stifterin in die Stadtgeschichte Augsburgs eingegangen ist. Maria Anna war eine geborene De Crignis aus dem Dorf Monajo im Friaul, und auch die Crignis besaßen eine Tabakfabrik in Augsburg. Von den Provino weiß man, das sie Leopold Mozart kannten, der bekanntlich aus Augsburg stammte. Von der Tabakfabrik aber weiß heute kaum noch jemand!

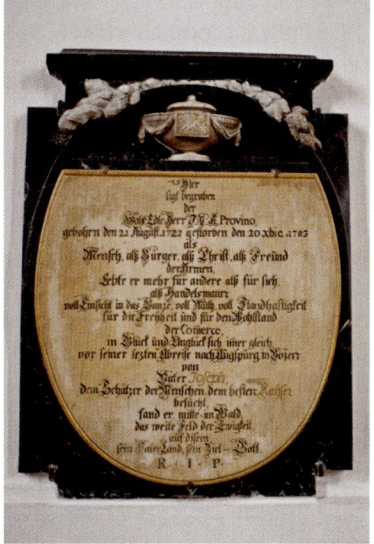

Epitaph von J. P. A. Provino, der hier 1783 auf der Durchreise starb

Die nächste Etappe hat mit dem Geigenbau in Mittenwald zu tun, und am Monument für Matthias Klotz lässt sich das Thema am besten beginnen. Und wie es sich gehört, hat man Klotz beim Anfertigen einer Geige abgebildet.

Station 5 – Klotzdenkmal
Der welsche Lauten- und Geigenmacher

Die große Geigenbautradition, für die Mittenwald berühmt ist, hat einen Namen: Matthias Klotz. Es ist zwar unumstritten, dass er dieses Handwerk in Mittenwald begründete, doch über seine Lebensgeschichte ist man sich weniger sicher, vor allem was seine Lehrzeit angeht.

Das Denkmal für Matthias Klotz vor dem farbenfrohen Kirchturm

Der 1653 geborene Matthias Klotz scheint das erste Familienmitglied gewesen zu sein, das sich mit Musik und Instrumentenbau beschäftigte. Und das gleich mit vollem Erfolg! Manchen Biografen zufolge hatte er die ersten Schritte auf dem Weg zum Geigenbauer beim berühmten Lautenmacher Jacob Stainer in Absam bei Hall in Tirol gemacht. Stainer, von dem man vermutet, dass er entweder in Cremona bei Amati oder in Venedig gelernt hatte, starb leider, als Matthias gerade 10 Jahre alt war. Anderen Biografen zufolge lernte der kleine Matthias bei Lautenmachern in Füssen, wo die Tradition schon seit Jahrhunderten gepflegt wurde. Weiterhin ist auch nicht klar, ob Matthias gleich nach seiner eventuell kurzen Lehre bei wem auch immer nach Cremona zum berühmten Geigenbauer Nicolò Amati in die Lehre ging oder nicht.

Einigermaßen sicher sind immerhin die Angaben über seine Lehrjahre ab 1672, also erst ab dem 19. Lebensjahr. Ab 1672 lernte er im italienischen Padua beim Allgäuer Lautenmacher Pietro Railich. Railich hatte seinen Namen von „Peter" in „Pietro" italianisiert, wie es praktisch alle nach dem Umzug taten, und arbeitete in der Nähe der bekannten Basilika des heiligen Antonius. Man nannte seine Werkstatt die „Bottega di Lautaro al Santo", auf Deutsch „Die Werkstatt des Lautenmachers beim Heiligen". Im Schatten der Basilika lernte und arbeitete Matthias Klotz bis 1678, danach reiste er bis ungefähr 1685 durch Italien. Er besuchte weitere Lautenmacherwerkstätten, die von Deutschen geführt wurden, und von denen gab es etliche in ganz Italien! Klotz wurde später sogar ein „welscher Lauten- und Geigenmacher" genannt. Die Lehre bei Pietro Railich betrachten manche italienische Historiker mit Skepsis, da das Beweisdokument nicht von Pietro Railich selbst, sondern von seinem Sohn Giovanni Railich 1702 vor einem Notar in Padua unterschrieben wurde und nicht 1678. Aber prüfen Sie es ruhig selbst; es befindet sich im Geigenbaumuseum von Mittenwald.

Unabhängig davon, wo und bei wem Matthias Klotz lernte, wurde er zu einem hervorragenden Lautenmacher. In Mittenwald gründete er um 1685/86 eine Werkstatt, die von seinen drei Söhnen weitergeführt wurde und sich ausgesprochen erfolgreich entwickelte. Matthias Klotz, der Stammvater der Mittenwalder Schule, starb 1743 in Mittenwald.

Die Basilika des heiligen Antonius in Padua, genannt „Il Santo". In der Nähe befand sich die „Bottega di Lautaro al Santo" des Allgäuers Pietro Railich

Auch sein 1687 geborener Sohn Georg I. ging in den Jahren um 1726 und 1729 nach Italien, und zwar nach Bologna. Danach lebte und arbeitete er in Mittenwald. Sebastian, 1696 geboren, heiratete 1724 Maria Rosina Mayr aus Rovereto, wo er selbst wahrscheinlich eine Zeit lang gelebt hatte. Sebastian wurde die prägende Persönlichkeit der Mittenwalder Schule und gab sein Handwerk an mehrere Schüler und seine Söhne weiter. Er schuf ein eigenes Geigenmodell. Der jüngste Sohn, Johann Carol, wurde 1709 geboren und scheint immer in Mittenwald geblieben zu sein.

Die Familie Klotz war nicht nur Pionier des Mittenwalder Geigenbaus, sondern auch zahlenmäßig eine der größten Geigenbauerfamilien: Bis ins 20. Jahrhundert zählte man 25 Instrumentenbauer.

125

Nach jahrelangen intensiven Diskussionen, Auseinandersetzungen und Vorschlägen weihte man am 26. Oktober 1890 das Klotzdenkmal vor dem Kirchenturm Mittenwalds ein. Trotz einiger Krisen hat die Geigenbautradition in Mittenwald weiterhin Bestand.

Cremona und Amati

Cremona liegt mitten in der Poebene, am linken Ufer des Flusses Po, und wurde von den Römern im 3. Jahrhundert v. Chr. gegründet.

Berühmt ist die Stadt für ihre Geigenbaufamilien Amati, Guarneri und Stradivari. Dieser Ruf hat wahrscheinlich auch Matthias Klotz bewegt, nach seinem Padua-Aufenthalt beim Füssener Pietro Railich nach Cremona zu gehen und dort 1678-80 zu bleiben. Zu dieser Zeit hätte er die Neffen des Gründers Andrea Amati in ihrer Werkstatt antreffen können, zum Beispiel Nicola Amati, den prominentesten Vertreter der Familie. Bei Nicola Amati ging auch der berühmte Geigenbauer Antonio Stradivari in die Lehre.

Der Erfolg von Matthias Klotz hat im Lauf der Jahrhunderte Romane und Filme inspiriert: Ende des 19. Jahrhunderts veröffentlichte Viktor Martin Otto Denk unter dem Pseudonym Otto von Schaching den Roman *Der Geigenmacher von Mittenwald*, in dem er die Lebensgeschichte von Matthias Klotz erzählte. Der Roman spekuliert über eine Reise von Klotz als kleines Kind zu Amati in Cremona, und die liebevolle Zuneigung des Nicola Amati und seiner Frau zu dem jungen Mittenwalder. In Cremona kann man mehr über Amati, Stradivari und die Geigenbauschule im „Museo Stradivariano" erfahren.

Ein Kuriosum über Viktor Martin Otto Denk: Er verbrachte einige Jugendjahre in Rom, wo er als Lehrer am dortigen deutschen Kollegium arbeitete und für eine katholische Lehrerzeitung schrieb. Aus seinem Roman entstand Jahre später eine gleichnamige Komödie in drei Akten. 1950 produzierte man den Film *Der Geigenmacher von Mittenwald*, dessen Szenen in Mittenwald, Innsbruck und Cremona gedreht wurden.

Die logische Fortsetzung des Spaziergangs durch das Mittenwald früherer Zeiten ist ein Besuch im Geigenbaumuseum.

Die Lüftlmalerei erzählt: „*Im Jahre 1663 erlernte Matthias Klotz zusammen mit A. Guarneri und A. Stradivari in Cremona bei Meister Amati die Geigenbaukunst*"

126

Neben dem Glockenturm beginnt die Ballenhausgasse. Nach wenigen Metern können Sie auf der linken Seite an Haus Nummer 3 das schöne Schild des Museums erkennen.

Station 6 – Geigenbaumuseum
Von Mittenwald nach Padua und zurück

Schon 1930 hatte man in Mittenwald ein Geigenbaumuseum eröffnet, das 2005 nach einer Generalsanierung mit neuem Konzept wieder eröffnet wurde. Hier findet man auf zwei Stockwerken zahlreiche Informationen über den Geigenbau in Mittenwald, die Familie Klotz und viele andere, die in Produktion

Das Geigenbaumuseum in der Ballenhausgasse

Mittenwald – Das Tor nach Italien

Von Lauten und Geigen

Es klingt vielleicht etwas merkwürdig, aber die Laute ist eines der ältesten Musikinstrumente. Schon vor 4000 Jahren kannte man in Babylonien ein ähnliches Instrument namens „Tanbur", wie Abbildungen zeigen, und sehr wahrscheinlich kannten benachbarte Völker wie die Ägypter ähnliche Musikinstrumente. In der arabischen Welt entstand ein drei- bis viersaitiger „Tanbur", und um 100 n. Chr. trifft man auf fünfsaitige Instrumente. Aus dem arabischen Namen „Al-ud", zu Deutsch Holz, entwickelte sich der italienische Name „liuto", der spanische „Laud" und die deutsche „Laute". Und durch die Mauren und die Sarazenen kam in der ersten Hälfte des 8. Jahrhunderts das Instrument über Spanien und Sizilien in die nördlicheren europäischen Gebiete.

Der älteste bekannte Lauten- und Guitarrenmacher hieß Duccio di Bonavia, alias Belacqua, wohnte im Stadtteil San Procolo in Florenz und starb vor 1302. Wir wissen nur dadurch von ihm, dass ihn sein guter Freund Dante Alighieri literarisch ins Fegefeuer steckte, da er ein wenig zu faul war. Für die, die es selbst nachlesen wollen, ist das Gespräch von Dante mit Belacqua in der *Divina Commedia*, Canto IV. 100-126 zu finden. Wie die Instrumente von Belacqua aussahen, ist nicht bekannt. Bekannt ist aber, dass Florenz nicht die erste Geige bei Instrumenten spielte, sondern Venedig, und mit ihm die Städte, die mit der Lagunenstadt rege Handelskontakte unterhielten.

Erst im 15. und 16. Jahrhundert wurde das Lautenspiel Mode in Europa. Vor allem in Venedig und Padua, aber auch in Rom und Neapel begegnete man immer mehr Musikern und Handwerkern, die von der Nordseite der Alpen eingewandert waren. Und auch Matthias Klotz kam nach Italien um zu lernen. Südlich der Alpen war der Markt für diese Instrumente sehr groß, und logischerweise wurden die fähigen Lautenmacher, vor allem aus dem Allgäu, von den guten Arbeitsmöglichkeiten angezogen. In Füssen kann man schon im Jahr 1436 die Produktion einer großen Zahl von Lauten nachweisen, während man in Mittenwald auf die Rückkehr von Matthias Klotz aus Italien im Jahr 1685 wartete, bevor sich hier eine Produktion etablierte. Das Eibenholz für die Instrumente stammte übrigens auch aus den Alpen.

und Vertrieb der Geigen aus Mittenwald nach ganz Europa tätig waren, wie zum Beispiel die Familien Baader, Hornsteiner, Jais, Jochner, Kriner, Lipp, Neuner, Oettl, Resch, Rieger und andere.

Seit Matthias Klotz 1685/86 nach seiner Rückkehr aus Italien mit der Produktion der Instrumente begonnen hatte, ist die Tradition in Mittenwald fest verankert. Aus den über 300 Jahren des Instrumentenbaus sind hier etwa 600 Handwerker hervorgegangen, die nicht nur Geigen produziert haben, sondern auch Gitarren, Zithern und natürlich Bögen für die Instrumente.

Kraxn im Geigenbau-
museum, benutzt zum
Transport von Geigen

Ab der zweiten Hälfte des 18. Jahrhunderts entwickelte sich immer mehr das sogenannte Verlegersystem, und
es gab Familien, die sich nicht nur um die Produktion der
Instrumente kümmerten, sondern auch um Bestellungen
und Vertrieb. Besonders erfolgreich wurden die Familien
Baader und Neuner. Ab dem 19. Jahrhundert gab es immer
mehr ausgewanderte Mittenwalder, die europaweit und in
Amerika ihr Handwerk verbreiteten.

Um das Thema Hausiervertrieb wieder anzusprechen,
das ich schon bei der Etappe im Freilichtmuseum Glentleiten behandelt habe, können Sie im Museum einen „Holz-
rucksack", wie ich ihn sehr salopp nenne, Bütte oder Kraxn
sehen, mit dem die Geigen von Hausierern transportiert
wurden.

Im Erdgeschoss findet man nicht nur eine alte Geigenmacherwerkstatt,
sondern auch einen Raum, der der Geschichte des Orts und des früheren
Handels gewidmet ist. Im Obergeschoß wird Ihnen die Geschichte von
Matthias Klotz und seiner Familie auf Tafeln näher gebracht und natürlich
werden Geigen der Klotz-Produktion ausgestellt. Auch die Geschichte
der Mittenwalder Geigenproduktion im 19. und 20. Jahrhundert und die
Entstehung der Geigenbauschule werden erläutert.

128   Geigenmacherwerkstatt im Mittenwalder Geigenbaumuseum

Giuseppe Fiorini

Giuseppe Fiorini kam 1861 in Bazzano bei Bologna zur Welt und war Sohn des Geigenbauers Raffaele Fiorini, bei dem er sein Metier lernte. Um nicht dem Vater Konkurrenz zu machen, der vor allem auf Bau und Reparatur von Violoncelli spezialisiert war, fing er im Alter von 20 Jahren an, Geigen zu bauen und alte Instrumente zu handeln. Aus diesem Grund unternahm er ausgedehnte Reisen durch Europa, unter anderem auch nach Deutschland. 1889 heiratete er eine Tochter des Mittenwalders Andreas Rieger und zog im selben Jahr nach München.

Andreas Rieger war 1836 in Mittenwald geboren worden und war der Sprössling einer bekannten Geigenbauerfamilie. 1870 hatte er in München die Firma „Rieger" gegründet, die alte Geigen ausbesserte und mit ihnen handelte. Nachdem er die Firma komplett dem Schwiegersohn Giuseppe überlassen hatte, zog sich Andreas Rieger ins Privatleben nach Mittenwald zurück.

Nach dem Einzug in München übernahm Giuseppe Fiorini schon 1889 die Leitung der Firma, die in „Rieger & Fiorini" umbenannt wurde; ab Mitte 1899 hieß sie nur noch „Giuseppe Fiorini". In München ging es Fiorini wie zuvor in Italien um den Bau neuer Geigen und den Handel mit alten Instrumenten; er galt sogar als einer der besten Geigenbauer Deutschlands. Fiorini wurde Mitbegründer und Vorstandsvorsitzender des Deutschen Geigenmacherverbandes und Obmann der Sachverständigenkommission für die Beurteilung alter Instrumente. 1915, nach der Kriegserklärung Italiens gegen Deutschland, zog er mit seiner Werkstatt nach Zürich um und übersiedelte 1923 nach Rom. 1928 kehrte Giuseppe Fiorini nach München zurück, wo er 1934 starb.

In Giuseppe Fiorinis Münchner Werkstatt lernten zahlreiche junge Deutsche, Italiener und Engländer den Geigenbau, unter anderem Johann Baader, und als Gehilfe arbeitete Johann Brandner dort, die beiden letztgenannten waren Mittenwalder.

1920 war es Giuseppe Fiorini gelungen, die berühmte Stradivari-Geigensammlung des Piemonteser Grafen Ignazio Alessandro Cozio di Salabue zu erwerben. Sie enthielt außer Geigen auch Werkzeuge, Modelle, Handschriften und Lackrezepte. 1930 gelangte der größte Teil dieser Sammlung nach Cremona an die „Collezione al Museo Civico" und durch den Münchner Geigenbauer Hans Endler – der seine handwerklichen Fertigkeiten in Fiorinis Werkstatt 1911 bis 1915 perfektioniert hatte – ist ein Teil dieser Stradivari-Kollektion dem Geigenbaumuseum in Mittenwald übergeben worden.

129

Noch mehr Italien im Museum

Wenn Sie das Museum be-
suchen, werden Sie nicht nur
in der Geschichte von Klotz
und seiner Familie auf zahlreiche Bezüge zu Italien stoßen,
sondern auch in der Lebensgeschichte von Aegidius Jais,
Mitglied einer berühmten Mittenwalder Geigenbauerfamilie,
der Benediktiner im Kloster
Benediktbeuern war, Lehrer
an der Universität Salzburg
und jahrelang in Florenz lebte
und dort Erzieher der Kinder
von Großherzog Ferdinand von
Toskana war.

Italienisches Exponat im Geigenbaumuseum:
Eine Guarneri-Geige aus Cremona

Anders als bei den Geigenmachern, denen wir bis jetzt begegnet sind, wagte Giuseppe Fiorini den Weg von Italien nach Deutschland. Das Geigen-baumuseum stellt einen Teil seiner Stradivari-Kollektion aus.

Mittenwald und Italien: Eine vergessene Geschichte

Die Verbindung Mittenwalds nach Italien durch seine Lage an einer wichti-gen Verkehrsader ist jetzt sicher Ihnen klarer geworden. Von den Anfängen mit der Peterskirche in Klais, die symbolisch nach Mittenwald verlegt wurde, über den Pilgerweg nach Rom, den Handelsweg nach Verona und Venedig und die dadurch bedingte Entwicklung des Transportwesens, bis hin zu den Geigenbauern, die nach Italien gingen, gab es zahlreichen Fäden, die nach Italien führen.

Etwa 6 km südlich von Mittenwald, immer noch auf der „Unteren Straße", kommt man nach Österreich. Die erste Ortschaft heißt Scharnitz, wie früher auch die ganze Gegend. Auch dieser Ort hat einiges mit Italien zu tun, nicht nur in Gestalt des Weges nach Süden, sondern auch, weil eine italienische Frau hier deutliche Spuren hinterlassen hat.

1636

PORTA CLAUDIA

1957

...AUDIA

...MEDICI

Scharnitz

Ein Tor für die Medici

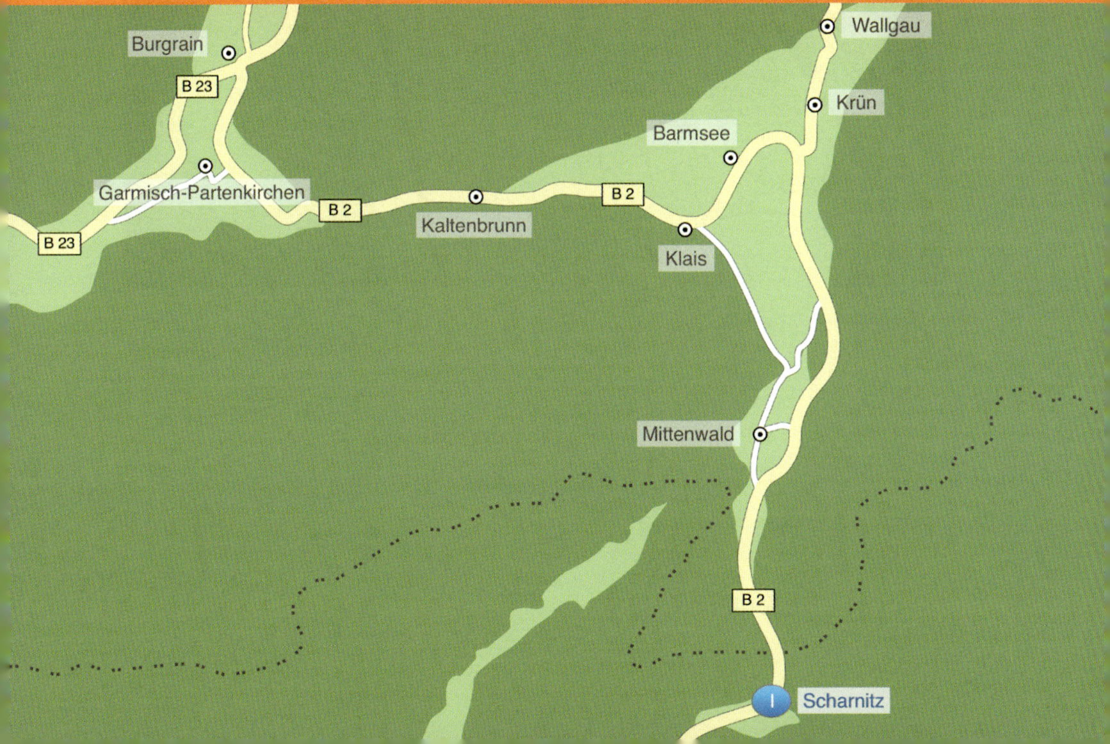

Burgrain

B 23

Wallgau

Krün

Barmsee

B 2

Garmisch-Partenkirchen

B 2

B 23

Kaltenbrunn

Klais

Mittenwald

B 2

I Scharnitz

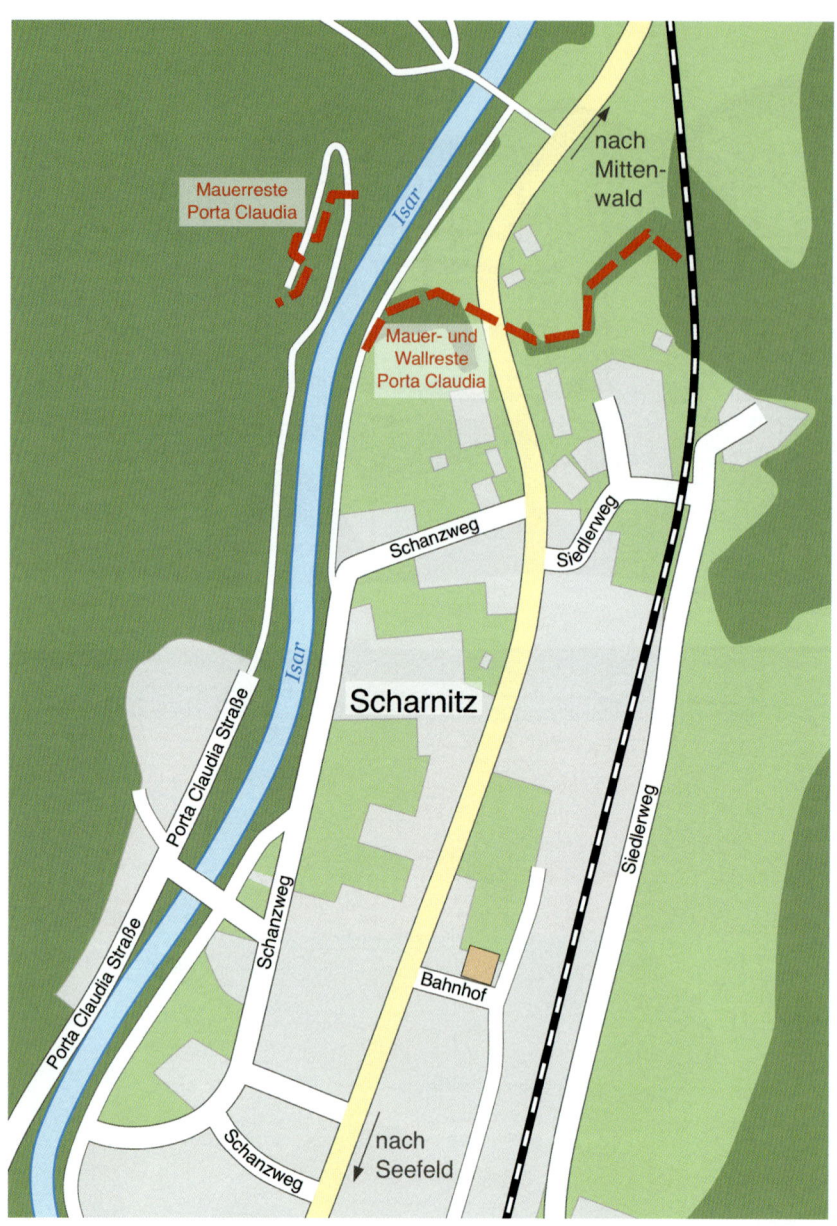

Mauerreste
Porta Claudia

Mauer- und
Wallreste
Porta Claudia

nach
Mitten-
wald

Isar

Schanzweg

Siedlerweg

Scharnitz

Porta Claudia Straße

Porta Claudia Straße

Schanzweg

Siedlerweg

Bahnhof

Schanzweg

nach
Seefeld

Scharnitz – Ein Tor für die Medici

Von den Römern zu Europa

Die Römer nannten die Region Scarbia und daraus entwickelte sich der heutige Ortsname Scharnitz. Das Dorf ist ein ruhiger österreichischer Grenzort mit knapp 1400 Einwohnern und bis auf den deutschen Tankverkehr scheint kaum etwas die Ruhe stören zu können. Das war früher anders, denn hier kamen die gleichen Menschenmengen hindurch wie in Mittenwald, denn zur Römerzeit führte die Via Raetia durch dieses Tal und später die Untere Straße. In der Neuzeit verlief hier die Grenze zwischen Tirol und dem Freisinger Hochstift. Heute heißen die Territorien Österreich und Deutschland, oder Tirol und Bayern, je nachdem, welchen Maßstab man ansetzt... Wie auch immer, man steht hier nach wie vor an der Grenze von irgendetwas, auch wenn diese Linie heute nicht mehr sichtbar ist: Willkommen in Europa! Bevor wir so weit waren, waren Grenzen immer wieder Kriegsschauplatz, besonders im Bereich wichtiger Straßen.

Bauplatz gesucht

Im Dreißigjährigen Krieg waren die Schweden beängstigend erfolgreich und zerstörerisch in Bayern unterwegs und man fürchtete, dass sie ihren Wirkungskreis auch auf Tirol ausdehnen wollten. Ein Weg, den sie dabei einschlagen konnten war... Richtig: die Straße über den Scharnitzpass. Nun liegt der in einem Tal und das kann man am besten an seiner schmalsten Stelle verteidigen, kurz vor dem heutigen Ort Scharnitz. Zu dumm, dass die Gegend seinerzeit nicht zu Tirol gehörte, sondern ein Stückchen außerhalb lag, im Werdenfelser Land. Doch man verstand sich zu der Zeit ganz gut und der gemeinsame Feind einigte die Nachbarn. So wurde von Tirol ein großer Festungswall geplant, finanziert, 1632-34 auf bayerischem Boden errichtet und Porta Claudia genannt. Und der Grund, dass ich auf ihn eingehe, ist, dass Alles nach dem Willen einer Italienerin geschah. Wohl bemerkt, nicht ein Mann ließ die Verteidigungsanlage bauen, sondern eine Frau! Sie hieß Claudia de' Medici und war die Landesfürstin von Tirol.

133

Claudia de' Medici

Claudia kam am 4. Juni 1604 in Florenz zur Welt, und im Alter von 4 Jahren war sie schon verlobt. Das war absolut nicht außergewöhnlich in ihrer Zeit, da für Heiraten nicht die Liebe entscheidend war, sondern die Politik. Claudias Kindheitserinnerungen waren sicher von Musikunterricht, in dem sie Harfe und Laute spielen lernte, Malunterricht und vielen Gebetsstunden im Kloster geprägt.

Im Alter von 16 Jahren reiste sie zu ihrer Hochzeit in das Städtchen Urbino an der Adriaküste, wo ihr Verlobter, Federico Ubaldo della Rovere,

der der angehende Herzog war,... nicht auf sie wartete. Entsprechend enttäuscht vom ihr nicht zugeneigten Mann floh sie bald nach der Hochzeit ins nahe gelegene Pesaro. Dass aber 1622, ein Jahr nach der Hochzeit, die erste Tochter Vittoria zur Welt kam, deutet darauf hin, dass sie mit dem Gemahl Frieden geschlossen hatte. Leider starb er schon 1623, und sie musste zurück ins florentinische Kloster. Eigentlich schade, dass keiner ihr das Regierungsamt zutraute – das Zeug dazu hatte sie! Urbino fiel in die Hände des Papstes.

Im Kloster blieb sie, bis man für sie eine geeignete neue Partie gefunden hatte, Leopold V. von Tirol aus dem Hause Habsburg. Nicht schlecht, bis darauf, dass er recht hoch verschuldet war. Irgendwie brachte man einen zufriedenstellenden Heiratsvertrag zustande, sodass Claudia 1626 Leopold heirate und nach Innsbruck zog. Sie war 22 Jahre alt, er 40, doch die Ehe verlief gut, und sie hatten insgesamt fünf Kinder; drei Mädchen und zwei Buben. Doch lange währte auch diese Ehe nicht, da Leopold im September 1632 starb. Dieses mal durfte Claudia allerdings bleiben und anstelle des minderjährigen Sohns regieren: Sie wurde als hart, durchsetzungsfähig und leistungsorientiert beschrieben – was sehr nach Managementfähigkeiten klingt! 14 Jahre lang regierte sie, bis ihr Sohn Ferdinand Karl 1646 selbst den Thron übernahm. Er heiratete übrigens Anna, eine enge Verwandte aus dem Hause Medici.

Die Regenschaft von Claudia de' Medici ist den Tirolern in guter Erinnerung geblieben: Die Staatskassen hat sie trotz mehrerer Kriege einigermaßen saniert, keine Ausschweifungen zugelassen und dennoch das Barocktheater eingeführt. Im Zuge der Gegenreformation stellte sie sich auf die Seite der katholischen Kirche, die Hilfe dringend nötig hatte, nachdem die Reformation in Österreich sehr viele Anhänger gefunden hatte. Sie förderte den Handel: 1635 gründete sie das Handelsgericht in Bozen (zu ihrer Zeit gehörte das Territorium bis Ala am Gardasee zu Tirol). Mit dem Handelsgericht, auch Merkantilmagistrat genannt, das von den Kaufleuten in eigener Regie geleitet wurde, gewannen die Märkte in Bozen höchste Effizienz – der Markt fand eben doch in Bozen statt. Es bestand bis 1808, als es von der bayerischen Regierung aufgelöst wurde.

Claudia starb am ersten Weihnachtstag 1648 und wurde in der Innsbrucker Jesuitenkirche bestattet.

134

Claudias Tor

Zu Ehren der Landesfürstin wurde die Festung „Porta Claudia" genannt und sie wohnte persönlich der Einweihungszeremonie bei.

Die Anlage bestand aus einer Hauptfestung, in der die Soldaten untergebracht waren, und aus Vorwerken, in denen sich unter anderem Pulvermagazin, Küche und Wasserreserven befanden. Das Wasser leitete man aus der Isar hierher.

Entweder wirkte die Anlage so abschreckend oder die Schweden hatten doch kein größeres Interesse an Tirol; jedenfalls blieb die Anlage an der Scharnitzenge im 30jährigen Krieg unversehrt. Doch man weiß ja nie! Vorsichtshalber wurde die Anlage im Jahre 1670 durch Christoph Gumpp vergrößert.

Es war das Werk eines Halbitalieners, dass die Festung zerstört wurde: Max Emanuel war Sohn der Kurfürstin Enrichetta Adelaide von Savoyen und Ferdinand Maria von Wittelsbach und trat 1703 in den Spanischen Erbfolgekrieg ein, der von den Nachbarn übrigens weniger hochtrabend „Boarischer Rummel" genannt wird. Im Großen und Ganzen ging es in diesem Krieg darum, wer den Thron Spaniens übernehmen würde, und um ihn stritten sich die Bayern mit den Österreichern – und einigen weiteren Parteien! Hier in Scharnitz war es dann wieder einmal mit der Ruhe vorbei. Max Emanuel konnte die Porta Claudia erobern und sprengte den größten Teil. Tapfer

Zeitgenössische Darstellung der Porta Claudia:
Ein Gemälde mit den Ereignissen aus dem Jahr 1805 im Mittenwalder Rathaus

135

bauten die Tiroler die Porta wieder auf, und sie blieb etwa 100 Jahre lang erhalten... bis zur Ankunft der Franzosen, die sie 1805 erneut sprengten. Vielleicht hätte man die Porta Claudia noch einmal wiederaufbauen können, wenn sie nicht durch Österreicher, Franzosen und Bayern, die sich in der Besetzung der Anlage abgewechselt hatten, noch weiter beschädigt worden wäre. 1809 war ihr Schicksal besiegelt. Endgültig!

Wenn man heute dort spazieren geht, kann man immerhin noch imposante sechs Meter hohe Mauerreste der Porta Claudia sehen, und einen kleinen Eindruck von der Mächtigkeit der Bauten gewinnen. Und es gibt immer noch begeisterte Fans dieser Anlage: Vereine und Organisationen, die

Heute sind nur noch Reste der Festung zu sehen

sich darum kümmern, dass die Anlage nicht komplett überwuchert wird und endgültig verfällt. Die Einwohner sind sowieso ihrer Porta Claudia zugetan und organisieren gerne Spaziergänge zur ihrer „Erforschung". Das Symbol der Anlage hat die Gemeinde Scharnitz in ihr Wappen übernommen.

Ich muss zugeben: Als Italienerin bin ich auch ein kleines bisschen Stolz auf das Bauwerk einer Florentinerin...

Von Scharnitz aus fahren Sie wieder nach Mittenwald zurück und folgen dort den Schildern Richtung Garmisch-Partenkirchen bis sie nach Klais kommen, in das sie von der Bundesstraße nach links abbiegen müssen; insgesamt fahren Sie ca. 12 km.
Wenn Sie die Bahngleise überquert haben, biegen Sie gleich nach rechts ab. Auf beiden Seiten können Sie schöne Lüftlmalereien sehen, die etwas von der Geschichte der Ortschaft und seiner Bedeutung erzählen. Parkplätze gibt es in der Bahnhofsgegend, also wenn sie bis zur Kapelle fahren und dann rechts abbiegen.

Klais

An der Straße nach Verona

Klais – An der Straße nach Verona

Erst die Römer, dann die Huosi

Klais kann man von der Hauptstraße aus fast übersehen, wenn man nicht auf die Schilder achtet. Vor 1200 Jahren wäre das nicht passiert, und das nicht nur weil man viel langsamer als heute unterwegs war, sondern weil es hier eine Steinkirche der Huosi gab, die ehemalige Peterskirche. Über sie habe ich Ihnen schon im Kapitel Benediktbeuern die ersten Hinweise gegeben und ausführlich im Kapitel Schlehdorf berichtet (Seite 77). Ein wenig mehr bleibt mir allerdings noch über Klais zu erzählen.

Die Römer nannten die Stelle „Sylvia scarantiae clausa", aus dem sich der Name Klais abgeleitet hat; nach der kurzen Lebensphase des Huosi-Klosters im 8. Jahrhundert und dem Brand der Kirche im 11. Jahrhundert erfährt man 1324 von einer Schweige des Klosters Schäftlarn in der Ortschaft. Die Schweige ging später in Privatbesitz über, und seit 1597 weiß man aus Urkunden von einer Wirtschaft in Klais, die ein Beleg für Durchgangsverkehr ist. Jener rollt nicht mehr nur auf der Straße durch, sondern seit 1912 auch auf Gleisen: Klais liegt auf der Bahnstrecke von München nach Innsbruck und ist mit 933 Metern Höhe als die höchste IC-Station Deutschlands bekannt. Wenn Sie vom Bahnhof aus in den Ort kommen, sehen Sie zunächst eine Kapelle, die im 16. Jahrhundert den heiligen Peter und Paulus geweiht wurde und eine Lüftlmalerei mit der Szene der Klostergründung in Klais trägt. Wenn Sie an der Kapelle nach links abbiegen und bis zum Ortseingang vorgehen, sehen Sie rechts eine weitere Lüftlmalerei, die sich auf die Klostergründung bezieht (Bild Seite 79) und am letzten Gebäude links eine Referenz an die Römer (Bild Seite 137).

139

Station 1 – Die Klosterstelle
Die alte Kirche oder... was übrig blieb

Gehen Sie nun wieder in zurück Richtung der Kapelle, aber kurz vorher nach links ins „Kirchenfeld" – der Name ist Programm, und nach wenigen Metern erreichen Sie die Stelle, an der früher Kirche und Kloster der Huosi standen.

Für mich war es etwas besonderes, die Stelle zu sehen, und für Sie vielleicht auch, nachdem Sie so oft davon gelesen haben! Heute wie früher ist die Lage etwas isoliert. Vor dem früheren Kirchenstandort steht eine Bronzetafel, die von der Geschichte des Orts erzählt und eine Informationstafel mit Beschreibungen und Erläuterungen. Hier kann ich Ihnen nur empfehlen, die Seiten über Klais im Kapitel Schlehdorf Seite 78 noch einmal zu lesen.

Eine Bronzetafel und ein Holzkreuz markieren die Stelle, an der Kloster Scharnitz stand

Station 2 – Römerstraße

Wenn Sie auf dem Weg weitergehen, kommen Sie zur Römerstraße, die von hier erst nach Mittenwald führt und dann weiter nach Verona und Venedig. Zu Fuß sollten Sie jetzt aber besser nicht versuchen, Italien zu erreichen. Der Wegweiser in Klais ist der einzige Hinweis auf die Römerstraße für viele Kilometer und ich wäre mir nicht sicher, dass Sie den Weg wirklich noch finden könnten...

Die alte Römerstraße von Klais in Richtung Verona

Wenn Sie die Besichtigung in Klais beendet haben, können Sie dem Verlauf der „Via Raetia" bis zur nächsten Etappe in Garmisch-Partenkirchen folgen; Mit dem Auto fahren Sie nicht genau auf ihr, aber man ist sich eh nicht sicher, wie der genaue Straßenverlauf ausgesehen hat...

Die nächste Etappe ist Partenkirchen, und ein guter Ausgangspunkt für einen italienischen historischen Spaziergang ist der Schäfflerbrunnen, der sich an der Kreuzung von Ludwigstraße und Schnitzschulstraße befindet. Von Klais nach Partenkirchen sind es circa 13 km.

140

Der weitere Verlauf der alten Römerstraße von Klais in Richtung Mittenwald und weiter nach Verona

Garmisch-Partenkirchen

Der Kaufmann von Venedig

B 23

B 2

5 St. Anton

Alt St. Martin

6

1 Ludwigstraße
2 Werdenfelser Museum
3 Pfarrkirche
  Maria Himmelfahrt
4 Ballengasse 4

1
3
2
4

Garmisch

Partenkirchen

B 2

Ein Name, zwei Geschichten

Garmisch und Partenkirchen schlossen sich 1935 unter Zwang zusammen, kurz bevor hier die Olympischen Winterspiele 1936 stattfanden. Obwohl sie nicht freiwillig zusammen kamen, scheinen die beiden Ortschaften, die man immer noch gut unterscheiden kann, keine Probleme miteinander zu haben. Unterschiedlich sind sie allerdings immer gewesen, und jede hat eine andere Geschichte zu erzählen.

Von der Existenz des Ortes Garmisch erfährt mal erstmals 802 unter dem Namen „Germareskauue", anderswo auch als „Germargsgawe" angegeben, was soviel heißt wie „Gau des Germar". Partenkirchen hingegen ist schon aus der Römerzeit als Station „Partanum" auf der Tabula Peutingeriana bekannt. Zuerst erwarb der Freisinger Bischof Magiera Garmisch, einige Jahre später sein Nachfolger Bischof Emicho auch Partenkirchen, das wenig später erstmals als „Barthinchirchen" genannt wurde. Zusammen mit Mittenwald entstand die Grafschaft Werdenfels. Sie existierte bis 1803, als sie unter die Pfoten des bayerischen Löwens kam und somit bayerisch wurde.

Nicht nur die Ursprünge beider Ortschaften sind unterschiedlich, sondern auch ihre wirtschaftliche Ausrichtung. Partenkirchen erhielt 1305 das Marktrecht und lebte aktiv vom Handel mit den Produkten, die auf der Straße aus Italien kamen, in Garmisch bestritten die Bewohner den Unterhalt durch Landwirtschaft und die Flößerei auf dem Flüsschen Loisach; der Handel spielte eine untergeordnete Rolle.

Heute bilden die Orte eine Gemeinde und in beiden Teilen lebt man vor allem vom Tourismus wie fast überall auf den Bergen, egal ob im Norden oder Süden der Alpen.

Partenkirchen in der Alpenkulisse von St. Anton aus gesehen

Garmisch-Partenkirchen – Der Kaufmann von Venedig

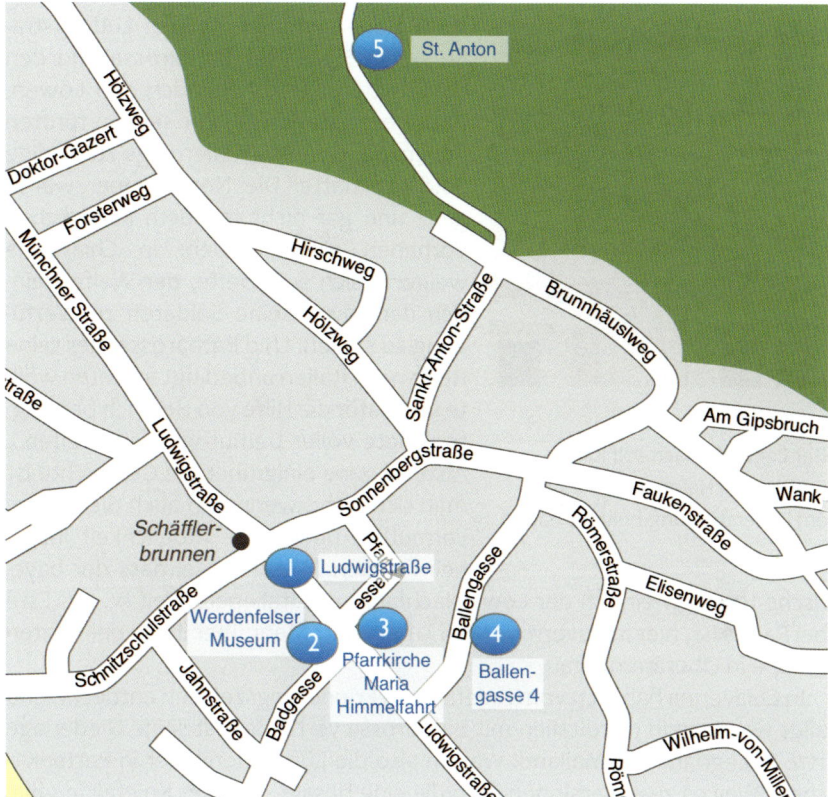

Station 1 - Ludwigstraße
Römer, Kaiser und Händler

Die Ludwigstraße war früher Teil der römischen „Via Raetia", das heißt hier auf dieser Straße liefen vor etwa 2000 Jahren römische Soldaten. Genau genommen, sie liefen ein wenig darunter, da die Römerstraße unter der neuen begraben liegt. Schon wieder stehen Sie „fast" auf einem historischen Weg nach Italien!

Als die Römer im 5. Jahrhundert nach Christus Oberdeutschland wieder verließen, war es auf den Wegen über die Alpen für eine Weile relativ ruhig. Bis sich die deutschen Kaiser in den Kopf setzten, wieder Unruhe in Reich und Straße zu bringen. Sie veranstalteten regelmäßig großartige Touren nach Rom, um sich vom Papst die Kaiserkrone auf den Kopf setzen zu lassen. Sofern dieser damit einverstanden war! Ein ganz besonderer, unglücklicher Rom-Reisender Kaiser des Mittelalters war Ludwig der Bayer, der wie viele andere über Partenkirchen reiste. Ich werde Ihnen in Ettal mehr über ihn erzählen.

Der Legende nach soll Kaiser Barbarossa Heinrich den Löwen um Unterstützung bekniet haben

An Haus Nummer 55 der Ludwigstraße sehen Sie Kaiser Barbarossa und den bayerischen Herzog Heinrich den Löwen. Barbarossa stand 1176 vor seinem fünften Italienzug, für den er allerdings zu wenige Soldaten hatte: Die Norditaliener waren ganz und gar nicht mit dem kaiserlichen Vorhaben einverstanden; in Chiavenna weigerte sich sein Neffe, der Welfe Heinrich der Löwe, seine Soldaten zur Verfügung zu stellen. Und Barbarossa, der seine Reise nach Italien unbedingt antreten wollte und dafür die Hilfe von Heinrich benötigte, kniete voller Demut vor dem Neffen... Also, so ganz einig über die Geschichte ist man sich nicht, wenn sich auch die Bayern vermutlich über diese Möglichkeit insgeheim freuen. Wussten Sie, dass der bayerische Herzog Heinrich der Löwe Nachfahre des Italieners Welf IV. aus Este bei Padua ist, hier in Bayern als Welf I. bekannt? Mehr über ihn in der letzten Etappe in Oberammergau.

In Chiavenna habe ich vom Kniefall kein Erinnerungszeichen entdeckt, und alles was man in Norditalien mit Barbarossa verbindet, ist seine Niederlage 1176 in Legnano bei Mailand! Warum also die Lüftlmalerei hier in Partenkirchen? Weil es zwei Versionen gibt; die eine besagt dass der Kniefall in Chiavenna geschah, die andere versetzt ihn nach Partenkirchen. Sie dürfen wählen... So oder so handelte es sich um eine besonders kostspielige Italienreise.

Handelsverkehr und Rott

Nachdem das Hin und Her der Kaiser auf der Straße etwas nachgelassen hatte, folgten immer mehr Händler dieser Route. Der Handel der deutschen Städte mit Venedig führte dazu, dass sich hier im Werdenfelser Land das Transportwesen prächtig entwickelte, wie Sie schon in Mittenwald feststellen konnten. In Partenkirchen erhielten die Rottleute, also die Transporteure, erstmals 1362 vom Bischof das Privileg der Warenniederlage zur konsequenten Weiterbeförderung, und in den folgenden Jahren bestätigten die Bischöfe es immer wieder. In Partenkirchen wie in Mittenwald lagerte man die Waren zwischen Ankunft und Weiterfahrt anfänglich in kleinen privaten Lagerhäusern, bis man im 15. Jahrhundert von einem gemeinschaftlichen Ballenhaus erfährt, also einem Warenlager für die ganze Ortschaft und sämtliche Waren. Von diesem Ballenhaus

Ein Brunnen im Süden der Ludwigstraße berichtet von der Verbindung Augsburg-Venedig

stammt der Name der Partenkirchener Ballengasse, einer Seitenstraße der Ludwigstraße. Das Geschäftsleben spielte sich im Allgemeinen in der heute so genannten Ludwigstraße ab. Hier wie in Mittenwald konnte man die Waren auch auf dem Wasserweg befördern, und zwar auf der Loisach, die später in die Isar mündet.

Wenn Sie in der Ludwigstraße spazieren gehen, und die Fassaden der Häuser anschauen, entdecken Sie immer wieder schöne Lüftlmalereien, die Rottwesen und Flößerei darstellen, und hier und da Bilder, die einen Bezug zu Italien haben.

Ab dem späten Mittelalter nannte man diese Route nach Italien „Untere Straße" und ihr Hauptziel war nicht mehr Verona, sondern Venedig. Dass in Partenkirchen der Handel nicht nur in Form des Rottwesens eine Rolle spielte, beweist die Tatsache, dass die Welser, aber vor allem die Fugger aus Augsburg, eine Niederlassung in der Römerstraße 10 hatten, also unweit der Ludwigstraße und in einem Gebäude, das man lange Zeit Fuggerhaus nannte. In den 50er Jahren beherbergte das Gebäude das „Café Fuggerhaus".

Zum Unglück der schönen Ludwigstraße gab es immer wieder Brände, die die alte Bausubstanz zerstörten: Am 31. Dezember 1737 verzeichnete die Chronik einen großen Brand; in seiner Zerstörungswut wurde er leider noch von den Feuern der Jahre 1811 und 1865 übertroffen, die die größten

Das Werdenfelser Museum
mit den Römern im Keller!

Teile der Ludwigstraße zerstörten. Wenig blieb übrig, nur zwei Häuser stammen im Kern noch aus der Zeit vor den Bränden, und eines davon ist jetzt Sitz des Werdenfelser Museums. Das andere Gebäude heißt zu Recht „Altes Haus" und befindet sich in Ludwigstraße Nummer 8.

Haben Sie die Ludwigstraße inzwischen erkundet? Falls Sie am Schäfflerbrunnen geblieben sind, kann ich Sie an der Stelle nur noch einmal einladen, die Straße entlang zu schlendern. Circa 200 Meter weiter finden Sie zur Rechten das Werdenfelser Museum in der Ludwigstraße 47, fast gegenüber der Pfarrkirche Maria Himmelfahrt.

Station 2 – Werdenfelser Museum, Ludwigstraße 47
Römische Straßen und venezianische Narren

Das Werdenfelser Museum befindet sich im sogenannten Haus „Zum Schlampn", dem ehemaligen Wohnhaus des Partenkirchener Künstlers Joseph Wackerle. Man findet dort Zeugnisse der bürgerlichen und bäuerlichen Kultur des Werdenfelser Landes, seine schönen Hochzeitstrachten, alte Gemälde und Fotos aus der Region und im Erdgeschoss einen Raum mit „Larven", Holzmasken des Faschings und mehr. Jeglichen Italienbezug suchen Sie hier trotz des jahrhundertelangen Handels vergeblich. Ein paar Dinge habe ich aber dennoch aufspüren können...

Das Gebäude ist im Kern noch aus dem 17./18. Jahrhundert und hat die großen Brände des 19. Jahrhunderts überstanden. Sie werden logischerweise im Erdgeschoss Ihren Besuch anfangen, ich allerdings gehe zuerst in den Keller und begebe mich wie in einem Kriminalroman in alten Zeiten auf Spurensuche....

Da man die alte Römerstraße nur beim Graben tief unter der heutigen Oberfläche finden würde, hat es seine Berechtigung, dass die römischen Zeugnisse im Werdenfelser Museum auch unterhalb des heutigen Straßenniveaus aufstellt werden – nicht wahr? Dort findet man eine Kopie der berühmten „Tabula Peutingeriana". Es gibt auch eine moderne Übersicht, wie das große Netz der Römerstraßen in Oberbayern aussah. Wie schon erzählt, ist heute allerdings nicht immer klar, wo die Römer ihre Straßen gebaut hatten. Die Römer finden breites Interesse bei Altertumsforschern, Wissenschaftlern wie Amateuren und bieten weiten Raum für Spekulationen.

Im Erdgeschoss finden Sie unter anderem einen ganzen Raum, der den Faschingslarven gewidmet ist, dem lauten „Schellenrührer", dem bunten „Flecklamon" und weiteren Wesen, die Sie noch heute an ganz bestimmten Faschingstagen auf den Straßen Partenkirchens antreffen können. Ich habe Sie mit meinen eigenen Augen gesehen...

Werdenfelser Brauchtum aus Venedig!

Seit eh und je kennt man maskierte Tänze als Ritual zum alljährlichen Neubeginn des Lebens im Frühling und zur Vertreibung der kalten Jahreszeit. Die Römer feierten ein ähnliches Event im März, und es ist kein Zufall, dass bei den Sternkreiszeichen ausgerechnet den Widder der erste in der Reihe ist, da seine Zeit am 21. März beginnt, dem Frühlingsanfang. Der 1. Januar als Jahresbeginn ist ziemlich willkürlich und eigentlich nicht sinnvoll zu erklären. Was soll mitten in Eis und Schnee bei Minustemperaturen bitte schön anfangen? Die Kirche hat schon früh versucht, heidnische Bräuche wie die zum Frühlingsbeginn zu beseitigen; mit dem Ergebnis, dass sie zwar nicht ausgerottet, aber „maskiert" und umgedeutet wurden, wie zum Beispiel der Fasching, das Fest der Heiligen Drei Könige oder das Johannisfest.

Im Werdenfelser Land begegnet man von Mittenwald bis Garmisch-Partenkirchen in der „Fosanacht", wie man den Fasching nennt, komischen Gestalten auf der Straße, die mit „Larven", den handgeschnitzten Holzmasken, herumlaufen und beim Einbruch der Dunkelheit schon ein bisschen unheimlich wirken können.

Seit Generationen treiben sich im Fasching die „Maschkeren" herum, in der Einzahl „Maschkera" genannt. Diejenigen unter Ihnen, die mit der italienischen Sprache etwas vertraut sind, haben sicher erkannt, dass „Maschkera" eindeutig aus dem italienischen Wort „maschera" stammt, im Plural „maschere", fast genauso geschrieben wenn auch hier in Bayern etwas anders ausgesprochen; die Sprachwissenschaft bestätigt die Vermutung. Nicht nur die Wörter sind praktisch gleich, sondern auch die Bedeutung: Hier wie in Italien bezeichnet man damit sowohl eine Maske als auch eine verkleidete Person. Im 17. Jahrhundert bedeutete das Wort in Bayern zuerst nur „Gesichtslarve", während man ab dem 18. Jahrhundert damit auch verkleidete Menschen bezeichnete. Das nur leicht abgewandelte „Maskerer" tritt übrigens in ganz Oberbayern auf.

Als Paduanerin kam mir allerdings vor allem der Name „Bajazzo" für eine bayerische Traditionsmaske schon sehr verdächtig vor... Ich dachte mir: Im Veneto ist der „paiasso" nämlich ein Spaßmacher, ein Unterhalter, in negativem Sinn benutzt kann es auch einen Menschen bezeichnen, der sich wie ein Narr benimmt oder sich lächerlich macht. Lustigerweise gibt für Letzteres auch im Bayerischen einen besonderen Begriff, nämlich „Affenbajazzo".

Tatsächlich ist es etymologisch bewiesen, dass der Name „Bajazzo" aus dem venezianischen Wort „pajasso" stammt. Aus dem Italienischen kann es nicht stammen, da würde man von einem „pagliaccio" sprechen, und das würde nicht mehr so ähnlich klingen. „Pajasso" entlehnte sich im Veneto dem Wort „paja", zu Deutsch „Stroh", wegen des strohsackähnlichen Kleides der Figur.

Ruggero Leoncavallo schrieb 1892 sogar eine italienische Oper mit Figuren der Commedia dell'Arte und mit dem Titel *Der Bajazzo* oder *Pagliacci*. Ihr Erfolg inspirierte im Jahr 1904 Erich Korn in Berlin zu seiner Oper *Colombine*, die auch gerne *Bajazzade* genannt wird. Und im Jahr 1897 schrieb der seit einem Jahr aus Rom zurückgekehrte Thomas Mann die Novelle *Der Bajazzo*, die fast autobiographische Geschichte eines Mannes, der sich in der Gesellschaft lächerlich macht.

Zu guter Letzt stelle ich Ihnen noch den lustigen „Arlecchino" vor, zu Deutsch „Harlekin", der hier im Werdenfelser Land als „Flecklamon" oder „Fleckerlgwand" bekannt ist. Etymologisch lässt sich keine Verbindung herstellen, aber wenn ich die zwei Gestalten vergleiche, Harlekin und Fleckerlgwand, dann kann ich mit gutem Gewissen die Sprachwissenschaft in Ruhe lassen und mich mit der erstaunlichen Ähnlichkeit der beiden begnügen. Falls Sie mir da nicht zustimmen, sollten Sie auch noch den Kasperl mit dem Fleckerlgwand vergleichen, beides sind Traditionsfiguren aus Deutschland. Sie werden merken, dass sich die beiden doch sehr ähneln. Und der Kasperl

147

Links „Fleckerlgwänder" im Werdenfelser Fasching,
rechts die Zeichnung eines Arlecchino von Maurice Sand

stammt bewiesenermaßen aus der Commedia dell'Arte: So oder so landen Sie beim Harlekin. Und der hätte hier viel zu lachen!

Und hier muss auch ich zumindest schmunzeln und ehrlich gesagt ein wenig staunen: Die Zeit hat fast alle Spuren der vielen Italiener gelöscht, die hier vorbeikamen, doch ausgerechnet in der Volkstradition des Werdenfelser Landes haben es die Venezianer geschafft, sich über Jahrhunderte zu behaupten. Man muss nur hinschauen...

148

Den Partenkirchnern sind diese Ursprünge überhaupt nicht mehr bewusst. Sollten Sie einen Einheimischen danach fragen, werden Sie wahrscheinlich ein ratloses Gesicht sehen.

Noch ein Hinweis zum Thema Italien: Unter den Exponaten finden Sie auch das Modell eines Fuhrwerks samt Pferden, Fässern, Fuhrmann und Begleithund. Damit können Sie sich eine bildhafte Vorstellung von den Transporten machen, die bis vor rund 200 Jahren auf der Ludwigstraße unterwegs waren.

Schräg gegenüber des Museums sehen Sie die Pfarrkirche Maria Himmelfahrt, die wir uns natürlich anschauen wollen. Der Feiertag, der den Kirchennamen trägt, also der 15. August, heißt auf Italienisch übrigens „Ferragosto".

Station 3 – Pfarrkirche Maria Himmelfahrt
Der Kaufmann von Venedig

Der Handel mit Venedig konkretisiert sich in der Kirche von Partenkirchen. Nein – die Kirche trieb keinen Handel mit Venedig, erhob allerdings 1481 Zoll auf die durch Partenkirchen gehenden Waren. Es waren Händler, die hier ihre Spuren hinterlassen haben. Eine Kirche Maria Himmelfahrt wurde erstmalig 1315 genannt, muss es aber schon früher gegeben haben. 1734 weihte man einen Neubau an der Stelle des alten Kirchengebäudes ein, und leider wurde dieser von den Bränden des 19. Jahrhunderts zerstört. Beim Wiederaufbau nahm der damalige Pfarrer Dr. Matthias Samweber die Gelegenheit wahr, das Kircheninnere in neugotischem Stil neuzugestalten – ich sollte fast schreiben „altzugestalten". Denn wären Sie vor dem Brand am 5. Dezember 1865 hier herein gekommen, hätten Sie eine Kirche in einem moderneren Stil gesehen und das Gemälde, das heute an der linken Wand hängt, wäre Teil des Hauptaltars gewesen. Zum Glück konnte man das Gemälde mit Marias Himmelfahrt, der die Kirche geweiht ist, vor dem Brand retten. Was nicht gerettet werden konnte, war der Altar von Ignaz Günther aus den Jahren 1755-59. Er war 1804 aus der Freisinger Stiftskirche St. Andrea hierher gebracht worden, um das große Gemälde endlich einmal im Altar aufstellen zu können – denn der frühere Altar war zu klein.

Pfarrkirche Maria Himmelfahrt in Partenkirchen

Das Gemälde mit Marias Himmelfahrt war vom venezianischen Maler Bartolomeo Litterini im Jahr 1731 geschaffen worden, wie eine Inschrift hinter dem Gemälde verrät: *Barth. Litterini Opus Venetiis 1731*. Litterini kam nie nach Partenkirchen, und es wird sogar erzählt, dass er nicht einmal einen Fuß aus

149

Der Ausschnitt eines Votivgemäldes in St. Anton zeigt in der Mitte die Pfarrkirche und links oben die Kirche St. Anton mit dem Kreuzweg

Venedig heraus gesetzt haben soll! Das Werk war eine Stiftung des Würzburger Kaufmanns Lorenz Jakob Mehling und seiner Partenkirchner Frau Maria, geborene Gerber; sie hatten es eigens für diese Kirche beim venezianischen Maler in Auftrag gegeben.

Der Kaufmann und Bankier Lorenz Jakob Mehling stammte aus Würzburg und scheint eine gewisse Kunstbegeisterung gehabt zu haben. Er lebte zwischen Würzburg und Venedig, wo er unter anderem im „Deutschherrenhaus", also „Fondaco dei Tedeschi" am Canal Grande tätig war und von 1740 bis 1747 zum Konsul der deutschen Kaufleute ernannt wurde. Mehling war einer der letzten deutschen Kaufleute, die noch in Venedig weilten, da wenige Jahre später die Ära des großen Handels in Venedig und gleichzeitig des Fondaco dei Tedeschi zu Ende gehen sollte. Heute handelt man in Venedig weiterhin mit Produkten aus dem Orient, nicht mehr im Fondaco, das als Hauptpost dient, sondern in der ganzen Stadt. Allerdings betrachte ich die vielen Plastikgondeln „Made in China" als etwas weniger prestigeträchtig und wertvoll!

Das ehemalige Hauptaltargemälde mit Marias Himmelfahrt des venezianischen Malers Bartolomeo Litterini

Dass Jakob Mehling den Maler Litterini engagierte, war kein Einzelfall; er schien sich in Venedigs Kunstszene auszukennen. So erhielt er im Mai 1750 vom Würzburger Fürstbischof Carl Philipp von Greiffenclau zu Vollrath einen Brief, in dem er gebeten wurde, den großen venezianischen Maler Giovanni Battista Tiepolo nach Würzburg einzuladen, um die große Decke der dortigen Residenz zu freskieren. Mit dem Künstler trat Mehling auch gleich in Verhandlungen. Ich glaube, ich muss Ihnen hier nicht erklären, dass die Verhandlungen erfolgreich waren, denn ihr Ergebnis ist ein weltbekanntes Meisterwerk, das wir nach rund 250 Jahren immer noch bestaunen! Weniger bekannt ist vielleicht die Tatsache, dass Signor Tiepolo sich seiner Fähigkeiten und seines Werts durchaus bewusst war:

Jakob Mehling stiftete Litterinis Gemälde

Er hatte sogar schon einen Malauftrag für das Königsschloss in Stockholm abgewiesen, da ihm das Honorar zu niedrig war. Ihn zu überzeugen war für Mehling sicher nicht ganz leicht, ...und für den Fürstbischof nicht ganz billig!

Zurück nach Partenkirchen: Das Gemälde von Bartolomeo Litterini war nicht nur wesentlich kleiner als Tiepolos Fresko in Würzburg, sondern auch ein gutes Stück preisgünstiger – ein kleines Vermögen sollte es aber trotzdem kosten. Mehling und seiner Frau war es das für die Gemeinde Partenkirchen wert, und sie beauftragten den venezianischen Maler.

Bartolomeo Litterini

Bartolomeo kam 1669 in Venedig als Sohn des Malers Agostino zur Welt. Beim Vater lernte er das Malen gemeinsam mit der sechs Jahre jüngeren Schwester Caterina, die als Miniaturmalerin bekannt wurde. Die Werkstatt produzierte vor allem Gemälde für Kirchen, vor allem in und um Venedig und Bergamo.

Bartolomeo scheint sich sich anfänglich am Stil des Vaters orientiert zu haben, später an dem Tizians. Von ihm kannte man ein Gemälde in der 1810 abgebrochenen Kirche St. Paterniano in Venedig. Noch vorhanden sind seine Gemälde in den Kirchen von Villongo Sant'Alessandro und Carfobbio degli Angeli bei Bergamo, im Dom von Lendinara bei Rovigo, in der Kirche San Pietro Martire auf der Insel Murano, und vielen anderen Kirchen – insgesamt kennt man 47 Werke von ihm.

Bartolomeo heiratete nie und arbeitete sein Leben lang in Venedig, anscheinend ohne es jemals verlassen zu haben.

Er starb im Jahr 1748.

151

Neue Kirche – neuer Altar

Beim jüngsten Wiederaufbau der Kirche Maria Himmelfahrt in Partenkirchen beschloss man, die Innenausstattung zu ändern. Für den Hauptaltar, der diesmal wieder recht klein ausfiel und das Gemälde Litterinis nicht aufnehmen konnte, bestellte man ein anderes Gemälde mit Marias Himmelfahrt. Litterinis Kunst passte nicht mehr zu Zeitgeschmack und neuem Kirchenstil, und sein Gemälde hängte man an der linken Wand auf, wo es sich noch immer befindet.

Es ist schon eine Ironie des Schicksals, dass der 1869 mit dem neuen Hauptaltarbild beauftragte Maler, Johann Michael Wittmer, in Italien lebte! Wittmer malte Marias Himmelfahrt und die Flügelbilder während des Vatikanischen Konzils in Rom, wie der Schrift zu entnehmen ist: *Wittmer F. Romae MDCCCLXX.*

Irgendwie scheint man in Partenkirchen doch ein geheimes Faible für Italien zu haben...

Auch das neue Altarbild kam aus Italien – Der Nazarener
Johann Michael Wittmer II. malte es in Rom mit einem...

Johann Michael Wittmer II.

Johann Michael II. wurde am 15. Oktober 1802 in Murnau geboren. Er stammte väterlicherseits aus einer Künstlerfamilie, die ursprünglich von Tirol nach Bayern gezogen war. Im Jahre 1820 trat er in die Akademie der Bildenden Künste in München ein, um Historienmalerei zu lernen, einen der Schwerpunkte der Akademie. Hier kam er mit den Nazarenern in Verbindung, vor allem mit einem der bekanntesten, Peter von Cornelius. Von den Nazarenern war schon bei einigen Werken in der ebenfalls Maria Himmelfahrt genannten Pfarrkirche von Bad Tölz die Rede.

Garmisch-Partenkirchen – Der Kaufmann von Venedig

Im Juli 1827 begann Johann Michael eine Reise nach Rom, nachdem ihm ein zweijähriges Stipendium bewilligt worden war, das später bis 1831 verlängert werden sollte. In Rom war er vor allem von den Werken der Frührenaissance beeindruckt, die er intensiv studierte, und von Raffael. In Rom blieb er auch nach Ende des Stipendiums und heiratete 1833 Elena Koch, die Tochter des Malers Joseph Anton Koch und dessen Frau Cassandra Ranaldi. Es folgten magere Jahre: Er bekam nicht viele Aufträge, musste aber eine Familie mit sieben Kindern ernähren. Zu allem Überfluss gab es im Rom der 1840er Jahre eine große Konkurrenz an Malerkollegen, vor allem aus Deutschland. Hauptsächlich war er als Historienmaler tätig, auch mit Themen der Mythologie, Szenen aus der

Göttlichen Komödie von Dante Alighieri und seit den 1850er Jahren vermehrt mit christlichen Motiven. Er lebte und arbeite circa 50 Jahre lang in Rom und starb auf einer Reise in München am 9. Mai 1880.

Von den vielen Werken Wittmers will ich hier nur das Gemälde in Partenkirchen erwähnen und eines, das er für seinen Heimatort Murnau anfertigte. Das Schlossmuseum Murnau widmete ihm 2006 eine Ausstellung.

...Engel mit der italienischen Tricolore!

Nach dem Besuch der Kirche schlage ich Ihnen vor, den Spaziergang auf der Ludwigstraße fortzusetzen. Nach wenigen Metern sehen Sie zur Linken die Ballengasse. An Hausnummer 4 steht das ehemalige Haus eines Südfrüchtehändlers, Anton Simon, und von ihm und seinem Handel mit Waren aus Italien möchte ich erzählen. Auf der Fassade gibt es, wie so oft, eine schöne Lüftlmalerei.

Station 4 – Ballengasse 4
Limonihändler und der Traum von Sonnenfrüchten

Falls Sie schon mit dem Buch das Freiluftmuseum Glentleiten besucht oder zumindest das Kapitel gelesen haben, wissen Sie schon ein wenig über das Hausieren als Vertriebsweg. Falls nicht, können Sie es auf Seite 87 nachlesen. Bald werden Sie verstehen warum.

Auch hier lebten viele Menschen vom Warenimport aus Italien, zum Beispiel Weinhändler und Südfrüchtehändler. Das Haus, vor dem Sie in der Ballengasse 4 stehen, gehörte im 18. Jahrhundert dem Südfrüchtehändler Anton Simon. Er lebte in Ulm, wo er den Hauptsitz seines Südfrüchtehandels „A. Simon & Cie." hatte, und unterhielt Filialen in Stuttgart und Tübingen. In bester Tradition hatte er im Jahre 1806 24jährig Maria Anna Jocher geheiratet, Tochter von Simon Jocher, einem anderen Südfrüchtehändler.

Haus des Limonihändlers Anton Simon
in der Ballengasse 4

Der Handel mit Zitrusfrüchten lief sehr gut. Die meisten wurden aus Italien importiert, einige auch aus Spanien und Portugal. Die Waren wurden direkt aus dem Süden hierher gebracht und dann entweder „en gros" verkauft, also im Großhandel an Krämer oder Hausierer, oder „en detail" direkt im Laden. Da auf dem Lande viele Menschen nicht die Zeit hatten, mit Pferden oder zu Fuß immer wieder zum Einkaufen zum nächsten Markt zu gehen, versorgte man die Kunden auf dem Lande im Hausierhandel. Es gab sowohl Hausierer, die auf eigene Rechnung arbeiteten und die Produkte selbst kauften, um sie weiter zu verkaufen, als auch welche, die als Angestellte eines Großhändlers arbeiteten und für ihn Akquise und Lieferung durchführten. Eine bekannte italienische Familie, die es mit der zweiten Methode zu Reichtum und Ansehen brachte, war die der Brentano. Ich weiß schon, alle denken bei dem Namen an den Literaten der Familie, Clemens Brentano. Die wenigsten wissen, dass sein Vater am Comer See geboren wurde und als Großhändler mit Waren aus dem Süden ein Vermögen machte. Da die Familie damit schon genug verdient hatte, konnte sich ihr Sprössling der Literatur widmen.

Ganze Bücher wurden darüber geschrieben, dass die Obrigkeit den Hausierhandel nicht gerne sah, vor allem in Person von Fremden. Trotzdem machte man weiter, weil es für die Hausierer profitabel war und für die Kunden auf dem Lande praktisch! Heute kennt man das nicht mehr, da es eine selbstverständliche Nebensache ist, mal schnell mit dem Auto zum nächsten Supermarkt zu fahren, um sich mit den Notwendigsten zu versorgen.

Nach Partenkirchen, das verkehrsgünstig auf dem Weg nach Verona und Venedig lag, kamen die Zitrusfrüchte vor allem vom Gardasee. Kleinere Mengen kamen vom Comer See, von der Riviera bei Genua, aus Sizilien, aber auch aus Marseille, der Provence und Portugal. Zu den Südfrüchten zählte man Zitronen, Limonen, Pomeranzen, Orangen, aber auch Feigen, Mandeln, Rosinen, Kastanien und andere. Heute kann man sich kaum eine Vorstellung vom Wert der Zitrusfrüchte machen! In der *Oeconomischen Encyclopädie von Johann Georg Krünitz*, die von 1773 bis 1858 erschien, wurde über die heute praktisch unbekannte Pomeranze geschrieben: *„Wenn man über den Werth dieser Frucht etwas sagen soll, so wird man den durch den Handel zu uns geführten Pomeranzen wohl keine vorzügliche Stelle unter den Leckereyen einräumen. Aber, außerdem, daß diese Frucht in mildern Klimaten weit wohlschmeckender gefunden wird, findet man sie durch die Kunst auch so veredelt,*

154

Das Land, wo die Zitronen blühn...

So nannte es Johann Wolfgang von Goethe, und die Bezeichnung finde ich viel sympathischer als „Welschland". Als er das berühmte Gedicht schrieb, befand er sich entgegen der üblichen Meinung nicht am Gardasee, sondern an den Ufern des Lago Maggiore.

Drei außergewöhnliche Rezepte, die Krünitz in seiner Enzyklopädie aufführte, sollen Ihnen einen Eindruck geben, was man früher mit diesen Früchten so alles anfing. Bedenken Sie bitte, dass es sich um Rezepte aus dem 18. Jahrhundert handelt, alle Angaben sind also ohne Gewähr:

Zitronenbäumchen im berühmten Giardino Giusti in Verona

„**Gefüllte Zitronen:** *Der Länge nach von einander geschnittene und vom inwendigen Sauren befreite Zitronen ein paar Mal in Wasser aufgekocht, herausgenommen und erkalten gelassen. Zu jeder Zitrone 1 Ei, feingestoßene süße Mandeln, gestoßene Cardamonen, Zimmt, etwas Muskatblumen, geriebene Semmel und etwas geschmolzene Butter gut durch einander gerührt, in die halben Zitronen gefüllt und diese in abgeschmolzener Butter gebacken. Hierzu eine Sauce von Eigelb, Zucker, gehackte Zitronenschale, Zitronensaft, Wein, gestoßenen Cardamomen, welches zusammen auf dem Kohlenfeuer bis zum Dickwerden gerührt und nach dem Anrichten über die Zitronen gegossen wird.*"

„**Pomeranzenblüthenpopulo:** *Eine Kanne guter weißer Wein, ein Viertelnössel Weingeist, ein Pfund nach Federart gesottener Zucker, zwey geschälte und klein geschnittene Reinettenäpfel, und drey Löffel voll Pommeranzenblüthenwasser, bleiben vier und zwanzig Stunden in einem Kruge beysammen stehen, und werden hernach durchgeseihet.*"

„**Pomeranzenwasser für Kranke:** *Man klopft zwey Pomeranzen mit dem Stiel eines Messers, bis sie recht weich sind, schneidet sie nachher in der Mitte durch, und drückt den Saft davon in ein halbes Maß Wasser, in welchem man acht Loth Zucker zerfließen läßt; wenn man dieses Wasser fünf= bis sechsmahl aus einem Gefäß in das andere gegossen hat, damit der Zucker leicht und vollkommen zerschmelzt, so kann es dem Kranken gegeben werden.*"

155

daß man sie mit Recht für wahre Leckereyen halten kann.“ Darüber hinaus führte Krünitz in seiner Enzyklopädie eine riesige Liste von Verarbeitungsmöglichkeiten der Frucht auf: Essig, Blütengeröstetes, Knospen, Kuchen, Makronen, Marzipan, Marmelade, Öl, Pasten und vieles mehr. Erstaunlich, dass wir heute, rund 150 Jahre später, nicht einmal wissen, wie eine Pomeranze aussieht, geschweige denn, was man damit anfangen kann!

Zitrusfrüchte und -blüten wurden hoch geschätzt, da man mit ihnen Krankheiten heilen konnte, sie Fruchtbarkeit symbolisierten und Glücksbringer bei Hochzeiten waren und natürlich, weil man damit in der Küche eine Menge toller Dinge anstellen konnte. Da die Früchte sehr teuer waren, konnten sich nicht viele solche Leckerbissen leisten. Wohlhabende Gastgeber wetteiferten bei Feiern um die Anzahl der Gerichte, die aus Zitrusfrüchten zubereitet wurden und ließen die Tische mit den duftenden Blüten der Pflanzen einrichten.

Ein Händler wie Anton Simon konnte vor allem in den größeren Städten, wie eben Stuttgart und Ulm, seine Produkte in lukrativen Mengen verkaufen. Interessant fand ich, eine Parallele zu den italienischen Händlern in Deutschland festzustellen: So wie Italiener hier bevorzugt italienische Aushilfen in ihren Firmen einstellten, heuerte Simon für seinen Ulmer Laden junge Burschen aus Partenkirchen an! Nach der unmittelbaren Verwandtschaft vertraute man also dem heimatlichen Umfeld am meisten – hier wie in Italien!

Vom Schäfflerbrunnen aus können Sie zu Fuß die leichte Steigung zur Wallfahrtskirche St. Anton nehmen. Folgen Sie der Sonnenbergstraße bis Sie nach 100 Metern an eine Gabelung kommen: Die linke Straße heißt St.-Anton-Straße und führt zur gleichnamigen Wallfahrtskirche.

Station 5 – Kirche St. Anton
Der Kreuzweg zu Antonio

Da es sich um eine Wallfahrtskirche handelt, sollte man sich nicht wundern, auf einem Kreuzweg zu ihr zu gelangen. Der Maler der Kreuzwegbilder war ein Herr Kranich, und manche Gemälde sind in ihrer Einfachheit ganz hübsch. An der Kirche angelangt, fallen im Außenbereich der Kirche sofort die vielen kleinen Fotogedenktafeln an gefallene Soldaten auf und das Heilige Grab. In früheren Jahrhunderten hatte man oft Heilige Gräber in den Kirchen errichten lassen, heute sind sie selten geworden. Den Höhepunkt bildet aber das Deckenfresko im Inneren der Kirche.

Kloster St. Anton
in der Alpenkulisse

Der Heilige mit Migrationshintergrund

Die Beliebtheit des heiligen Antonius aus Padua ist in Oberbayern nicht zu übersehen, und so ist es keine Überraschung, hier in Partenkirchen ein Franziskanerkloster zu seinen Ehren zu finden. Noch dazu ist der Heilige aus Padua der Schutzherr der Bayerischen Franziskanerprovinz. Heute wird er in Bayern fast nur als „Heiliger der verlorenen Dinge", bayerisch kurz „Schlampertoni", wahrgenommen und das auch nur, weil ein Franziskaner einen lateinischen Satz falsch übersetzt hatte... Aber schockieren Sie bitte keinen gläubigen Paduaner, indem Sie ihm vom Schlampertoni erzählen.

Antonius von Padua stammte nicht einmal aus Padua, denn wie fast alle Heiligen in dieser Stadt hatte er einen Migrationshintergrund.

Er wurde 1195 in Coimbra in Portugal als der Adelige Fernando Martin geboren, verbrachte einen Teil seines Lebens in Marokko und Frankreich, ging dann nach Forlì an der Adria, und zog erst ein paar Jahre vor seinem Tod in die Gegend von Padua um. In Arcella, wenige Kilometer nördlich von Padua, starb er am 13. Juni 1231, genau genommen hat er also relativ wenig mit Padua zu tun. Schon 1232 wurde er heiliggesprochen, obwohl von Wundern erst am Ende des 13. Jahrhunderts die Rede war.

Hier in Partenkirchen wurde schon Ende des 17. Jahrhunderts von einer Antonius-Kapelle auf einem Hügel über dem Ort berichtet; sie war von den Vettern Jakob und Johann Lidl gestiftet worden. Als es 1703 in der Region die ersten Auseinandersetzungen im Zuge des spanischen Erbfolgekriegs gab und die benachbarten Österreicher Feinde wurden, betete man, in Partenkirchen von größerem Schaden verschont zu bleiben. Für die Einheimischen hatte Antonius damals sicher noch eine bedeutendere Rolle als die eines Schlampertonis, sonst hätten sie sich an einen anderen Heiligen gewendet. Und falls doch, könnte ihnen ein durchreisender Paduaner eingeflüstert haben, dass Antonius in Padua viel mächtigere Gaben besitzt, als nur die Hausschlüsselsuche zu unterstützen... Wie dem auch sei, die Österreicher verschonten Partenkirchen, und zum Dank für die Unterstützung ließ man 1704 eine größere Kapelle bauen: Stifter waren die Partenkirchener Christoph Perwein (auch bekannt als Berwein), Elias Gröber,

Gemälde in der Kirche St. Anton mit dem Porträt der Stifter und dem Anblick Partenkirchens am Anfang des 18. Jhs.

157

„Schmauntz" Schmidt und Jacob Lidl, wahrscheinlich ein Nachkomme des ersten Stifters Johann Lidl.

Auf dem Votivgemälde neben dem Eingang können Sie selbst die Namen und Porträts der Stifter sehen. Im selben Bild sehen Sie auch ein Abbild Partenkirchens vom Anfang des 18. Jahrhunderts.

Die einst alleinstehende achteckige Kapelle ließ Pfarrer Dr. Matthias Samweber 1734 bis 1736 harmonisch mit einer Kirche, die man südlich der Kapelle bauen ließ, zusammenfügen. Baumeister war kein Geringerer als der bekannte Wessobrunner Josef Schmuzer, der die Decke der früheren Kapelle zusammen mit seinem Sohn Franz Xaver auch noch hervorragend stuckierte. Bei der Gelegenheit erhielt die Kirche zwei zusätzliche Altäre; An der südlichen Wand des rechten Altars gibt es eine Zeichnung des Heiligen Tuchs aus Turin. Natürlich ließ man die neue Kirche auch noch freskieren – darüber gleich mehr.

Das Hauptaltargemälde mit der Darstellung des heiligen Antonius von Padua ist ein weiteres Werk des venezianischen Malers Bartolomeo Litterini, den Sie anhand des früheren Hauptaltarbildes der Pfarrkirche Maria Himmelfahrt in Partenkirchen kennengelernt haben. Das Gemälde für St. Anton

158

Das Deckenfresko von Johann Evangelist Holzer
mit dem Heiligen Antonius aus Padua, genannt „Il Santo"

wurde 1739 aus Venedig geliefert, signiert hatte es der Maler mit dem Datum 1736. Also kann ich spekulieren, dass man in der Pfarrkirche mit dem Gemälde aus dem Jahre 1731 zufrieden war und sich bei Beginn der Erweiterungsbauten von St. Anton wieder an den Händler Jakob Mehling in Venedig

Garmisch-Partenkirchen – Der Kaufmann von Venedig

160

Der Hauptaltar mit dem Gemälde des Venezianers Bartolomeo Litterini

wandte, um ein weiteres Gemälde des venezianischen Malers zu bestellen. Sehr stark zu vermuten ist das, weil sowohl der Neubau der Pfarrkirche als auch die Erweiterung von St. Anton der Initiative desselben Pfarrers Dr. Samweber entsprangen. Und man glaubt sogar, der Kaufmann Jakob Mehling habe sich selbst in der Kirche abbilden lassen – an der Decke, und in Kürze sage ich Ihnen wo genau. Stifter in der Kirche mitabzubilden, war früher durchaus gängig und bekräftigt in diesem Fall die Vermutung, dass Mehling Stifter des hervorragenden Freskos war.

Betritt man St. Anton, kann man gar nicht anders, als zuerst die Decke anzuschauen, noch bevor man den Hauptaltar überhaupt wahrnimmt. Das Deckenfresko schuf der 27jährige Tiroler Maler Johann Evangelist Holzer ab 1736. Es ist das einzige unverdorben erhaltene Fresko des früh verstorbenen frommen Malers und wird als sein Hauptwerk angesehen. So nah ist man selten an einem Deckenfresko und das vermittelt ein besonderes Gefühl: In der Kirche glaubt man fast in diesem Himmel selbst zu schweben, in Gesellschaft von Engelchen und zwischen den zartrosa Wolken, die in das abgebildete Gebäude hinein geraten sind! Der Heilige aus Padua wird als Fürbitter der Kranken, der Armen und bei Geburtsnöten dargestellt, nicht als Heiliger der Vergesslichen. Holzer schuf hier in Partenkirchen ein lebendiges, dynamisches und farbenfrohes Fresko, das wirklich beeindruckt.

Für den 1709 geborenen und schon 1740 gestorbenen Maler Johann Evangelist Holzer ist keine Reise nach Italien dokumentiert, genauso wenig für seinen wichtigsten Lehrer Johann Georg Bergmüller. Man musste nicht unbedingt Italien besucht haben, um solche Fresken zu realisieren. Und wenn ich das schreibe...

Und wo ist Mehling? Wenn Sie die Figuren im nördlichen Teil des Freskos anschauen, Richtung Hauptaltar, sehen Sie einen rot gekleideten Mann, der mit der linken Hand zu Ihnen herunter zeigt und in der rechten einen Stab hält; hinter ihm einen Mann mit Hut, der dabei ist, einen Ballen zu bewegen,

Der Kaufmann von Venedig, alias Jakob Mehling auf dem Deckenfresko

auf dem die Initialen „I. G" zu lesen sind. Der rot gekleidete wird als Jakob Mehling angesehen. Ein weiterer Stifter der Kirche hieß Elias Gröber und ist auf einem Ölgemälde an der Wand abgebildet. Sein Familienname ist derselbe wie der der Ehefrau Mehlings, die auch aus Partenkirchen stammte.

Dulcis in fondo, hier eine weitere beliebte Hypothese über eine

Deckenfigur, in der sich Holzer selbst verewigt haben soll. Am besten sehen Sie sein „Porträt" wenn Sie in Richtung Orgel schauen und dann leicht nach rechts. Sie erblicken dort einen weiteren rot gekleideten Mann, der ein Federbett trägt und der zu Ihnen herunter schaut: Das könnte Holzer sein. Es war für Maler nicht unüblich, sich in ihren Bildern selbst darzustellen. Ist es nicht auch für Sie etwas besonders, ihm hier fast in die Augen zu schauen?

Vermutlich das Selbstporträt von Johann Evangelist Holzer, der krank eine Federdecke trägt

161

Auf dem Weg zurück

Sollten Sie nicht in Eile sein, kann ich Ihnen nur empfehlen, nach Verlassen der Kirche einen kleinen Spaziergang am Hang entlang bergauf in Richtung Südosten zu unternehmen. Der Weg führt ein paar Meter höher, und die paar Meter reichen vollkommen aus, um eine schöne Sicht auf Partenkirchen in der Alpenkulisse genießen zu können.

Wenn Sie dem Weg weiter folgen, kehren Sie wieder in die St.-Anton-Straße zurück.

Die nächste Station ist in Garmisch und gute 45 Minuten Fußweg entfernt. Vielleicht bevorzugen Sie es, mit dem Auto nach Garmisch zu fahren und dort zu parken.

Hier die Wegbeschreibung für Fußgänger: Von der Wallfahrtskirche aus nehmen Sie wieder die St.-Anton-Straße bis zum Schäfflerbrunnen, den Sie ja schon gut kennen. Ab hier gehen Sie nach rechts in die Verlängerung der Ludwigstraße bis zur Kreuzung mit der Sebastianskapelle: Auch wenn Sie sie nicht kennen, werden Sie das orangefarbene Gebäude sicher erkennen.

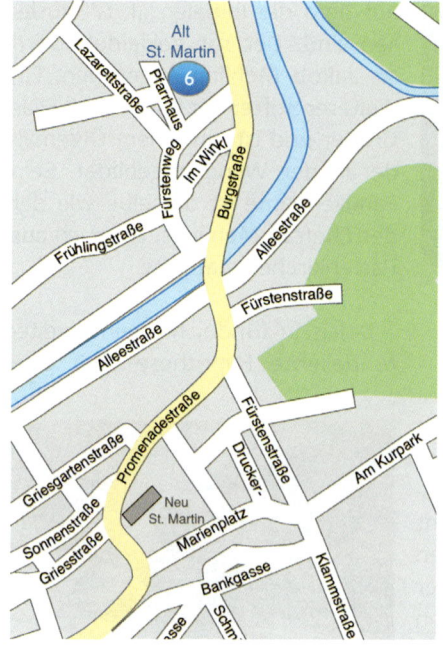

Schräg links dahinter beginnt die Hindenburgstraße, der Sie bis zu ihrem Ende in circa 1 km Entfernung folgen. Sie wird sie zur Von-Brug-Straße, die Sie noch circa 500 Meter weiter entlang gehen, und die dann zur Kurparkstraße „mutiert". Bald kommt rechts die Fürstenstraße, der Sie immer geradeaus folgen und das Flüsschen Loisach überqueren. Direkt nach der Brücke setzt sich die Fürstenstraße halb links fort und macht eine leichte Kurve nach rechts: Hier können Sie an der linken Seite das Gasthaus Husaren bewundern und vor allem seine schöne Lüftlmalerei. Von dort aus sehen Sie auch schon die Silhouette der Kirche Alt St. Martin, der Glockenturm ist so hoch, dass er nicht zu übersehen ist!

162

Station 6 – Alte Pfarrkirche St. Martin
Eine italienische Oase

Schon nach ein paar Schritten in den Seitenstraßen bemerken Sie, dass es ruhiger wird und hier im Stadtteil „am Rain" eine etwas andere Atmosphäre herrscht als im Zentrum. Hier versteckt sich die älteste Pfarrkirche des Werdenfelser Landes nahe der alten Straße von Venedig/Verona nach Augsburg und unweit der Wasserstraße Loisach. Sie wird „Alte Pfarrkirche St. Martin" genannt im Gegensatz zur „neuen" im Zentrum gelegenen Kirche St. Martin.

Nicht nur wegen ihres Alters hat sie einiges zu erzählen, sondern vor allem, weil sie etwas besonderes und sehr italienisches verbirgt.

Es ist möglich, dass vor dem Bau der Kirche an dieser Stelle ein römischer Tempel gestanden hatte – es war beliebt, die Fundamente römischer Sakral-

Kirche Alt St. Martin

Das Kircheninnere von Alt St. Martin mit der Säule in der Mitte

bauten mit Kirchen zu überbauen, denn einerseits verdrängte man damit formal die heidnischen Symbole und andererseits erleichterte man sich die Arbeit, indem man die vor Ort vorhandenen Fundamente und die bearbeiteten Steine wiederverwendete. Belege, dass das auch hier der Fall war, gibt es allerdings nicht. Dokumente über einen Streitfall mit der Kirche St. Andreas im benachbarten Farchant belegen immerhin die Existenz einer Kirche an der Loisach schon im Jahre 807. Der Patron Martin ist ein Indiz, dass zur Zeit der Erbauung die Karolinger im Gebiet das Sagen hatten und wahrscheinlich sogar mit der Gründung Garmischs zu tun hatten; Den karolingisch-bayerischen Herzog Tassilo III. haben Sie schon bei der Gründung des Klosters in Klais „kennengelernt". Wie viele altehrwürdige Gebäude erlebte Alt St. Martin immer wieder Veränderungen und Vergrößerungen und überlebte sogar drei Abrisspläne im 18. und 19. Jahrhundert. Dadurch, dass man eine neue Kirche St. Martin gebaut hat, hat dieses Gebäude etwas ursprüngliches beibehalten können. Wenn man in Oberbayern eine Kirche betritt, mag sie von außen romanisch oder gotisch aussehen, doch man kann fast sicher sein, im Inneren prächtige Stucke und Fresken aus Barock oder Rokoko zu sehen. Nicht so in Alt St. Martin: Hier ruht das Auge auf schönen alten Wandmalereien, die dem Barock „widerstanden" haben. Verstehen Sie mich bitte nicht falsch, ich liebe Stuck und barocke Fresken! Aber die Überraschung, in einer Kirche in Oberbayern fast intakte Malereien des 14. und 15. Jahrhunderts zu finden, ist schon groß und macht den besonderen Reiz der Kirche aus. Und wenn die Malereien sogar etwas italienisches an sich haben, na dann bin ich umso glücklicher!

1180 wurde sie urkundlich als einzige Pfarrkirche des Werdenfelser Landes erwähnt; 100 Jahre später begann man, das Gebäude zu vergrößern und bis ins 16. Jahrhundert immer wieder neu zu gestalten. Der Glockenturm war wie die Kirche bis ins 15. Jahrhundert bescheidener und stand neben dem Kirchenbau; heute ist er darin eingebunden. Im Kircheninneren fällt sofort die mittige Säule auf, die fast ein bisschen stört, da man heute daran gewöhnt ist, sofort den Hauptaltar als wichtigstes Element einer Kirche wahrzunehmen – hier versperrt die Säule die Sicht. Eine solche zentrale Säule gab es früher auch in der Klosterkirche Ettal, und dort wurde sie im Zuge der im 17. Jahrhundert stattgefundenen Barockisierung eliminiert.Die Idee in der Gotik war die einer zentrierten Kirche, und nicht eine, in der der Blick sofort zum Hauptaltar gelenkt wird. Hier in Garmisch erlebt man eine seltene Kombination dieser zwei Elemente, Zentriertheit und Lenkung des Blicks zum Hauptaltar.

164

Der hl. Christophorus im reichen Gewand mit dem Christuskind

Die nördliche Wand, links des Eingangs, und die im Osten links und rechts des Chorbogens zeigen anhand der Einschnitte in die Fresken, dass man in der Vergangenheit nicht wirklich viel von ihnen gehalten hat; an der Wand im Süden ging man genauso sorglos mit ihnen um. Das ist schade, da die Fresken in dieser Kirche etwas besonders sind. In mindestens sechs Phasen von 1330 bis 1522 wurden sie angebracht und zum Teil erst 1913 im Rahmen einer Restaurierung unter nicht weniger als 16 Schichten grauer Tünche wieder entdeckt.

Der riesige sieben Meter große Christophorus mit dem Christuskind auf seinem linken Arm entstand 1330 und gehört zu

Die Fresken an der Nordwand mit dem Passionszyklus. Den hier angewendeten Malstil nannte man „den Schönen" oder auch „Höfischen Stil"

den ältesten Fresken. Außergewöhnlich ist die Darstellung des angezogenen Christuskinds, das sonst nackt dargestellt wurde. Elegant steht der friedliche Riese da, angezogen mit einem Gewand, das für mittelalterliche Fürsten typisch und mit Mustern bestickt ist. Der rote Mantel zeigt seine Vornehmheit, da diese Farbe bis ins 16. Jahrhundert dem Adel vorbehalten war; die Farbgebung war keine Frage der Mode, sondern der Macht. Der alte Glauben sagte, dass Sie, wenn Sie am Vormittag Christophorus gesehen hatten, sicher sein konnten, nicht mehr am gleichen Tag zu sterben. Sie können sich die Beliebtheit von Christophorus im Mittelalter vorstellen! Hier sah man den Heiligen früher gleich beim Hereinkommen, da sich das ehemalige Kirchenportal gegenüber befand.

Rechts von ihm sind ganze Reihen von Figuren dargestellt, oben angefangen mit dem heiligen Erhard, dem Bischof von Regensburg um das Jahr 700. Der aus dem Elsaß stammende Erhard wurde in Niederbayern zum Vieh- und Pestpatron, darüber hinaus Patron der Schuhmacher, der Schmiede und der Bäcker: Wofür er hier in Garmisch stand, überlasse ich Ihrer Wahl. Unter ihm und unter der Kreuzigung sind zwei Päpste des 14. Jahrhunderts dargestellt, Urban V. und sein Nachfolger Gregor XI. Beide zeigen Heiligtümer der

Kirche, der erste das Tuch der heiligen Veronika mit dem Antlitz Jesu – vom 12. bis ins 16. Jahrhundert hoch verehrt – während Gregor Bilder der Patrone Roms zeigt: Peter und Paulus.

Weiter rechts kommen Sie Italien langsam näher, da diese Wandmalereien aus dem 14.-15. Jahrhundert ihre Vorbilder in Oberitalien zu haben scheinen – entweder in Padua oder in Verona. Doch wer genau sie gemalt hat, weiß man nicht. Man sieht einen Passionszyklus in acht Bildern, zuzüglich der Bilder um die Fenster herum. Ihre Malweise wurde „der Schöne", „der Weiche", „der Höfische Stil" oder auch „internationale Gotik" genannt und hatte seine Blütezeit ungefähr 1390-1430 nördlich und südlich der Alpen. Er breitete sich von Frankreich aus nach Italien, Deutschland und Böhmen aus.

Transalpine Bande und die Internationale Gotik

Da die Kirche Alt-St.-Martin in Garmisch unmittelbar an der „Unteren Straße" nach Verona gelegen ist und Dank der vielen Kontakte zwischen Oberdeutschland und Nordostitalien, denkt man fast automatisch an einem „Wandermaler" aus dem Süden, den es hierher verschlug, und der ein Zeugnis seines Könnens an der Wand hinterließ. So lautet die gängige Theorie um die Entstehung dieser Malereien. Warum man nicht an einen konkreten Auftrag an einen Maler aus Italien denkt, entzieht sich meinem Verständnis! Außerdem vergisst man oft andere Möglichkeiten: Schon im 14. Jahrhundert gab es bayerische Maler, die nach Italien gingen, also lange bevor der berühmte Italienreisende Albrecht Dürer überhaupt geboren war.

Eine typische Ansicht von Treviso

Treviso lag an der Straße nach Venedig und ist heute eine in Deutschland praktisch unbekannte Stadt; im Mittelalter wimmelte sie nur so von Deutschen, Handwerkern wie Künstlern. Man spricht sogar von einer Malerkolonie aus Deutschland in der zweite Hälfte des 15. Jahrhunderts.

In **Padua** gründeten Studenten und Professoren aus Bologna im Jahr 1222 die berühmte Universität „Il Bo", und schon wenig später gab es deutsche Studenten. Und bis zum Ende des 16. Jahrhunderts sind die Matrikel gut bestückt mit deutschen Namen. Nach Jahren in der Stadt nahmen die Studenten nicht nur ihren verdienten Doktortitel in die Heimat mit, sondern auch Erfahrungen und neue Ideen, die sie nördlich der Alpen umsetzten. Und sicher bahnten sie auch den einen oder anderen weiteren Kontakt zwischen Nord und Süd an.

Wappen von deutschen Studenten an den Wänden der Universität „Il Bo" in Padua

In **Venedig** kennt man aus dem Jahr 1213 die Nachricht eines fabelhaften Kaufvertrags für Haus und Boden an der Rialtobrücke durch Bernardus Teutonicus. So viel hatte kein Mensch bis dato für eine Immobilie bezahlt, und der deutsche Kaufmann zählte zu den reichsten Männern Venedigs. Zwei seiner Söhne waren Händler in Freising und München, und Bernardus zeigte ebenfalls Verbundenheit mit der Stadt an der Isar, indem er in seinem Testament das Leprosenhaus am Gasteig bedachte. Auf dem Nachbargrundstück Bernardos gründete die Republik Venedig um 1225/28 das Fondaco dei Tedeschi und sorgte für einen Ansturm von Händlern aus Deutschland.

Von sehr intensiven Kontakten zwischen Benediktbeuern und **Verona** habe ich schon ausführlich in der Etappe über das Kloster erzählt, sowie von den deutschen Auswanderern in die Gebiete nördlich Veronas. Und in dieser Stadt arbeitete ein wichtiger Maler als Vertreter der „Internationalen Gotik" namens Stefano da Verona, der allerdings aus Frankreich stammte. Abgesehen von Verona arbeitete er noch in Padua und schließlich in Mailand am Hof der Visconti. Und auch Visconti kamen nach Oberdeutschland, nach München.

167

Diese Reihe an Bezügen ließe sich weiter fortsetzen und belegt, dass schon im Mittelalter viele Beziehungen zwischen Oberdeutschland und Norditalien entstanden und gediehen. Die Menschen hier kannten die Wege nach Italien sogar sehr gut. Und wir sind seit Jahrhunderten mobil...

Von Heiligen und Drachen

An der Wand links des Chorbogens erkennt man weitere Bilder, die um 1400 entstanden, unter anderem den heiligen Georg, der den Drachen tötet. Rechts des Chorbogen soll der groß dargestellte Kirchenpatron Martin aus der Zeit um 1330 stammen. Über Martin wurde ein Weltgericht gemalt, und weiter oben die 12 Apostel, denen man ganz links

Fresko mit dem hl. Nikolaus an der Südwand

und ganz rechts einfach die Köpfe „abgetrennt" hat, um die Kirche mit einem Gewölbe auszustatten.

Im Chorbereich sind an der linken Wand die drei Patrone des Bistums Freisings abgebildet: der bekannte Korbinian (diesmal ohne Bär), der weniger bekannte König Sigismund und in der Mitte Maria mit dem gekreuzigten Jesus. Da die Verehrung Sigismunds als Heiliger in Freising erst nach 1359 nachweisbar ist, nimmt man an, dass diese Bilder in einer späteren Phase angebracht wurden und datiert sie um 1462. Die zwei Wandmalereien an der Südwand, die sich nur als Gesichtsausschnitt gerettet haben und um 1410 datieren, bestechen mit ihrer schönen Ausdrucksform.

Die Kirche und ihre schönen Figuren könnte ich noch ausführlicher beschreiben, würde mich damit aber zu weit von meinem Thema entfernen. Wenn man nach Westen schaut, in Richtung des Turms, der nachträglich in der Kirche integriert wurde, bemerkt man den Altar mit der Abbildung der Heiligen Familie aus der Werkstatt von Paul Rubens. Und erst jetzt bemerkt man die Orgel über der Empore, die auch mit Italien zu tun hat.

Die Orgel, eine uralte Geschichte

Die Geschichte der Orgel begann im 3. Jahrhundert v. Chr. in Griechenland, als der Ingenieur Ktesibios eine hydraulische Orgel erfand. Auch bei den Römern fand das Instrument Anwendung, es war den Reicheren vorbehalten und Objekt der kaiserlichen Schatzkammer. Als Begleitinstrument hielt es im 1. Jahrhundert n. Chr. Einzug bei öffentlichen Vergnügungsveranstaltungen im alten Rom, wie bei den Kaiserehrungen und den Veranstaltungen im Zirkus. Mit der Zeit kannte man das Instrument im ganzen Mittelmeerraum. Abbildungen einer Orgel aus der Römerzeit wurden nördlich der Alpen zum Beispiel im Fußbodenmosaik der römischen Villa in Nennig bei Trier gefunden, während die ältesten bis jetzt gefundenen Orgelteile aus den Jahren um 228 n. Chr. stammen und in Ungarn gefunden wurden. 757 sandte Kaiser Konstantin V. aus Constantinopel als diplomatisches Geschenk dem karolingischen König Pippin dem Jüngeren eine Orgel nach Aachen. Erst ab 826 wurden auch nördlich der Alpen Orgeln gebaut, vom Veneter Mönch Giorgio, der ein Exemplar für den Kaiserhof Ludwigs des Frommen in Aachen baute. Und da es damit möglich war, gregorianische Gesänge zu üben, fand das Instrument durch die Mönche sehr bald Einzug in die Kirche, die ihm ansonsten noch bis ins 13. Jahrhundert sehr skeptisch gegenüber stand. Die weite Verbreitung der Orgel im 15. und 16. Jahrhundert, nicht nur in den Domkirchen, sondern auch in Pfarr- und Klosterkirchen, zeigt, dass die Zweifel irgendwann ausgeräumt waren. Heute ist die Orgel ein selbstverständliches Kircheninstrument.

Der Altar mit der Abbildung der Heiligen Familie aus der Werkstatt
von Paul Rubens, rechts oben die „italienische" Orgel

="page_169">169

Eine italienische Orgel in Garmisch

Schon 1970 fing man an, für eine Orgel für Alt St. Martin zu sparen, aber es
sollten noch 30 Jahre vergehen, bis die Orgel angeschafft wurde. In dieser
Zeit diskutierte man und änderte immer wieder die Pläne. Ziel war es, eine
Orgel bauen zu lassen, die gut zum Charakter der Kirche passte, und irgendwann einigte man sich, dass eine italienische Orgel ideal wäre.

Vor dem Bau der hiesigen Orgel hatte man Reisen nach Norditalien unternommen und sich in die einschlägige Literatur eingelesen. Eine besondere
Äußerung in der Broschüre über St. Martins Orgelgeschichte hat mich zum
Schmunzeln gebracht: Man wollte ein Instrument italienischer Prägung und
deutscher Perfektion bauen... Dazu äußere ich mich lieber nicht!

In der langen Orgelgeschichte Europas hat jedes Land seine eigene Tradition und vor allem Bauweise entwickelt: In Italien wuchs ab etwa 1500 die
Orgelgröße nicht weiter und behielt einen bescheidenen Umfang. Darüber
hinaus hat die Orgel italienischer Prägung natürlich einen Klang, der sich von
den Instrumenten anderer Prägung unterscheidet. Hier in Garmisch hat man
sich für eine kleine Orgel entschieden, die gemäß der Lehre Francesco Antonio Vallottis gebaut wurde.

="page_169">Garmisch-Partenkirchen – Der Kaufmann von Venedig

Francesco Antonio Vallotti

Vallotti wurde am 11. Juni 1697 in Vercelli im Piemont geboren. Nach einer Musikausbildung in seiner Heimatstadt trat er 1716 dem Franziskanerorden bei und nahm 1722 eine Organistenstelle in Padua an, die er 50 Jahre lang behielt. Um 1750 galt er als Italiens produktivster Kirchenkomponist. Unter ihm studierten einige bekannte Italiener und Deutsche, unter anderen der berühmte Geigenvirtuose Giuseppe Tartini und der spätere Mannheimer Kapellmeister Georg Joseph Vogler. Er betätigte sich nicht nur als Musiker, sondern auch als Musiktheoretiker. Ein Jahr vor seinem Tod veröffentlichte er ein Werk über die Musiktheorie: *Della scienza teorica e pratica della moderna musica, libro primo, in Padova; appresso Giovanni Manfré, 1779*. In Vorbereitung waren weitere Aufsätze, die nicht mehr in Druck gingen, da er am 10. Januar 1780 in Padua starb.

Es lässt sich wohl kaum ein besserer Abschluss für einen italienischen Spaziergang durch Garmisch-Partenkirchen finden, als inmitten „italienischer" Wandmalereien und einer italienischen Orgel!

Von Partenkirchen geht die Reise auf italienischen Spuren weiter nach Ettal, zum berühmten Kloster. Folgen Sie dazu der B 2 in Richtung München bis zur Gabelung in Oberau, an der Sie links in Richtung Augsburg abbiegen. Von Partenkirchen nach Ettal fahren Sie circa 14 km.

170

Ettal

Der geplatzte Italientraum

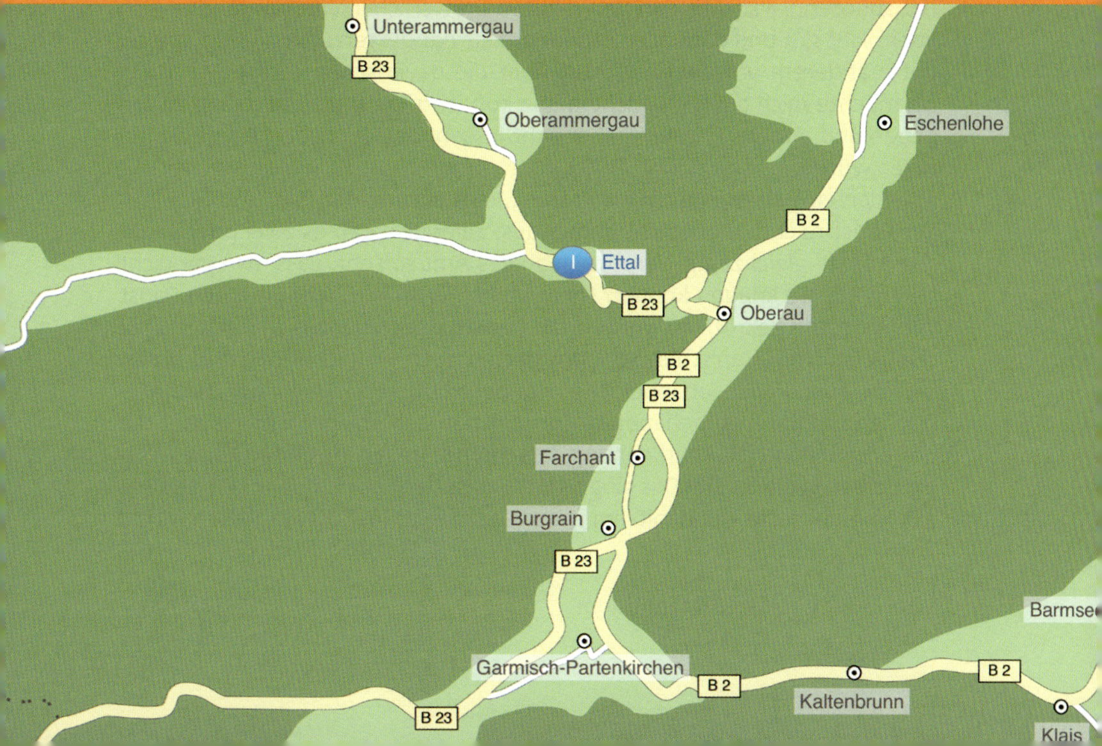

Unterammergau

B 23

Oberammergau

Eschenlohe

B 2

Ettal

B 23

Oberau

B 2

B 23

Farchant

Burgrain

B 23

Barmsee

Garmisch-Partenkirchen

B 2

Kaltenbrunn

B 2

B 23

Klais

Von Garmisch nach Ettal waren Sie nach wie vor auf römischen Pfaden unterwegs und folgten der „Via Raetia". Nach dem Anstieg aus dem Loisachtal ist erst bei Ettal das Tal wieder breit genug, um „wos g'scheits" zu bauen. Römische Hinterlassenschaften suchte man hier bislang aber vergeblich, nur Spuren aus dem 6. oder 7. Jahrhundert belegen die Besiedlung der Gegend. Auch in der frühen Neuzeit, wie schon bei anderen Etappen ausführlich beschrieben, fuhr man durch das Tal, um Waren von Italien nach Augsburg und umgekehrt zu transportieren; zu dieser Zeit nannte man den Weg die „Untere Straße". Auf diesem Weg kam 1330 auch der unglückliche – so sehe ich ihn zumindest – Kaiser Ludwig der Bayer hierher, um ein Gelübde einzulösen, das er in Italien abgelegt hatte. Nicht nur in dieser Hinsicht hat die Geschichte Ettals sehr viel mit Italien zu tun, wie Sie bald feststellen werden.

Schon beim ersten Ablick Ettals werden Sie vermuten, dass, was auch immer ich über den Ort zu erzählen habe, mit dem Kloster zusammenhängen muss. Richtig! Und es springt ins Auge, dass Kirche und Kloster hier das Zentrum bilden und der Ort Ettal um das Kloster herum gewachsen ist.

Ludwig, der aus Baiern

Falls Sie sich über die Schreibweise wundern: Zu Ludwigs Zeiten war das „griechische I" noch nicht in den Namen übernommen worden. Heute klingt der Beiname „der Baier" wertungsfrei, zur Zeit Ludwigs war er das nicht. Ein Papst hatte ihm den Zusatznamen gegeben und als Beleidigung gemeint. Ludwig wurde Ende 1281 oder Anfang 1282 geboren und war Sohn von Ludwig dem Strengen, Pfalzgraf bei Rhein und Herzog von Bayern, und seiner Frau Mechthild. Wie seine Kindheit und Jugend verlief, weiß man nicht mehr so genau, außer dass der Vater starb, als Ludwig 12 Jahre alt war und er danach mit den Cousins am habsburgischen Hof aufwuchs, da seine Mutter Habsburgerin war. Mit den Verwandten mütterlicherseits verstand er sich aber nicht gut und daraus entstanden Auseinandersetzungen und Kämpfe, unter anderem um die Herrschaft über die bayerischen Territorien. Doch ich möchte mich auf die Geschehnisse konzentrieren, die mit Italien zu tun haben und andere Themen außer acht lassen, da sein Leben einige Seiten füllen würde.

Seinerzeit gab es eine wundersame „Vermehrung der Päpste": Ein einziger Papst reichte wohl nicht immer aus, zeitweise gab es zwei oder sogar drei Päpste gleichzeitig! Verehrte man das Amt so sehr, dass man gar nicht genug Päpste kriegen konnte? Nicht ganz; der Kaiser benötigte den Papst vor allem, um gekrönt zu werden. Die Päpste waren damals allerdings keine rein geistlichen Herrscher, sondern hatten auch weltliche Macht in Mittelitalien. Auch Papst Johannes XXII. war bestrebt, seine Macht auf der italienischen Halbinsel zu behaupten. Zur gleichen Zeit strebte Ludwig aber die Kaiserkrone und die Anerkennung derselben in Italien an, und so kamen sich die beiden in die Quere. Das ging so weit, dass der Papst im Jahr 1324 Ludwig exkommunizierte – und mit ihm ganz Bayern, was hier oft vergessen wird...

172

Ludwig des Bayern Kaiſer Krönung zu Rom 1328.

Das Bild unter den Hofgartenarkaden in München stellt die Kaiserkrönung Ludwigs des Bayern 1328 in der Kirche St. Peter in Rom dar. Neben ihm kniet seine 17jährige Ehefrau Margarethe von Holland. Da Papst Johannes XXII. in Avignon weilte und ihn niemals gekrönt hätte, verrichteten die exkommunizierten Bischöfe von Castello und Aleria den Akt. Weitere Italiener sind im Bild zu erkennen, wie Castruccio Castracani mit Helm und Adler, den der Kaiser später zum Herzog von Lucca ernennen sollte, und der Römer Jakopo Savelli mit weißem Bart und der Hand am Kinn, der Oberhaupt der Ghibellinen war. Hinter ihm stehen der Senator Sciarra Colonna, der ebenfalls von Papst Johannes XXII. exkommuniziert worden war, und Buccio de Prosecco. Weitere Personen im Hintergrund sind die Fürsten von Este und Ferrara, die Gonzaga von Mantua und die Scala von Verona – die Familien der beiden letztgenannten sollten später Verwandte der Wittelsbacher werden.

Schöpfer des Freskos war der Maler Hermann Anton Silke, Schüler des Nazarener Malers Peter von Cornelius. Silke lebte von 1828 bis 1830 in Rom.

Ettal – Der geplatzte Italientraum

Doch Ludwig marschierte 1327 unbekümmert nach Italien, um sich zum Kaiser krönen zu lassen – der Papst lebte in Avignon und nicht in Rom. Zunächst einmal ließ sich Ludwig in Mailand zu Pfingsten 1327, also am 31. Mai, in der berühmten Mailänder Kirche St. Ambrogio mit der eisernen Krone der Langobarden zum König Italiens krönen. Die Krönung vollzog Guido Tarlati, der exkommunizierte Bischof von Arezzo. 1328 traf Ludwig in Rom ein, wo sein Sohn Ludwig VI. „der Römer" zur Welt kam, das dritte Kind aus der Ehe mit der 29 Jahre jüngeren Margarethe von Holland.

Am 14. Januar 1328 – andere Quellen sprechen vom 17. Januar – ließ sich Ludwig in Rom von den exkommunizierten Bischöfen von Castello und Aleria die Kaiserkrone aufsetzen. Von einer richtigen „Kaiserkrönung" kann man eigentlich nicht sprechen, da kein Papst zur Verfügung stand – siehe die Szene oben. Doch im April 1328 verschaffte sich Kaiser Ludwig IV. selber Abhilfe und „organisierte" einen Gegenpapst in Rom: Niccolò V. So setzte der Kaiser den Papst ins Amt ein und am 23. Mai 1328 krönte der Gegenpapst den Kaiser; So kann man es auch machen! Noch 1328 machte sich Ludwig langsam wieder auf den Weg nach Bayern und versuchte unterwegs vergeblich, Grosseto in der Toskana zu erobern. Noch heute kann man in Grosseto eine Erinnerungstafel sehen, auf der die Freude über Ludwigs Niederlage ausgedrückt wird... Nicht alle Italiener standen auf seiner Seite!

Darstellung der Madonnenübergabe, Fresko über dem Chorbogen

Im Mai 1329 kam Ludwig vor den Toren von Mailand an, wo er im Franziskanerkloster St. Vittore al Corpo verweilte. Dort betete er mehrmals vor einer Madonnenfigur aus weißem Carraramarmor und legte das Gelübde ab, in Bayern eine Abtei zu gründen: Am 27. April 1330 löste er es ein und gründete Ettal. Wie Sie sehen, hat die Gründung von Ettal gleich mehrere Bezüge zu Italien, positive wie negative. In Ettal kann man im Hauptaltar heute noch die schöne und zierliche Madonnenfigur sehen, die Ludwig vom Prior des Klosters St. Vittore al Corpo vor seiner Abreise von Mailand als Geschenk erhielt. Eine zweite Version der Geschichte besagt zwar, dass Ludwig die Madonnenfigur von einem Mönch in Rom erhalten hatte, doch so oder so geschah es in Italien.

Ludwig musste 1330 unbedingt nach Bayern zurück, obwohl es in Italien noch viel für ihn zu tun gegeben hätte. Doch während seiner langen Abwesenheit hatten sich hier Schwierigkeiten angebahnt. Und die Südseite der Alpen sollte er nie wiedersehen. Der Rest seines Lebens, das er – wie für einen Kaiser üblich – auf Reise von einer Stadt des Reiches zur anderen verbrachte, war von Machtkämpfen gezeichnet. Am 11. Oktober 1347 starb Ludwig circa 65jährig bei der Jagd in Puch bei Fürstenfeldbruck an einem Herzinfarkt. Beigesetzt ist er in der Frauenkirche in München, und sein Grab ist nicht zu übersehen.

Die weiterhin bestehenden italienischen Ambitionen der Familie zeigen sich unter anderem darin, dass Ludwigs Tochter Elisabeth 1350, drei Jahre nach dem Tod des Kaisers, Cangrande II. della Scala heiratete, den Herrscher Veronas. Bis zur Ermordung des Ehemannes 1359 lebte sie in seiner Stadt.

Trotz des mehr oder weniger sicheren Gründungsdatums – dem Tag des Märtyrers Vitalis aus Mailand am 27. oder 28. April – liegt die Gründung in einer Grauzone zwischen Legende und Wahrheit, angefangen mit der Feststellung, dass immer noch keine Gründungsurkunde gefunden wurde. Viel wurde über das Kloster geschrieben und noch viel mehr über Kaiser Ludwig. Das meiste möchte ich Ihnen ersparen und lieber von den bis jetzt kaum bekannten Bezügen der Kunst und der Menschen in Ettal zu Italien erzählen: Erstaunlich, aber bis jetzt hat man die italienischen Aspekte praktisch nicht wahrgenommen! Das ist umso erstaunlicher, da man gar nicht lange nach ihnen suchen muss – auf dem Klostergelände sind sie omnipräsent.

Lüftlmalerei in Partenkirchen:
Auf der uralten Handelsstraße Verona-Augsburg kehrte Kaiser Ludwig der Bayer anno dom. 1330 mit der Fundatrix Ettalensis von Rom zurück um sein Gelöbnis zu erfüllen. Der Jäger Fendt von Ammergau erwartet den Kaiser in Partenkirchen um ihm den Weg nach Ettal zu weisen

Ettal – Der geplatzte Italientraum

Eine Madonna aus Italien

Wenn es um Sagen und Legenden geht, kann man oft davon ausgehen, dass ein Körnchen Wahrheit darin steckt. Die Frage ist dann bloß: Welches Körnchen soll's denn sein?! Bei der Gründung von Ettal zum Beispiel kann man sich aussuchen, ob man an die Geschichte der Übergabe der Marienstatue vom mailändischen Abt an den Kaiser glaubt, oder doch an die zweite Variante: Ein grauer Mönch habe in Rom plötzlich vor dem Kaiser gestanden, ihm das Gelübde der Gründung eines Klosters in Bayern abgenommen und die Statue mitsamt einem Versprechen finanzieller Unterstützung übergeben. Noch ein Körnchen gefällig? 1330 soll schließlich das Pferd des Kaisers die Klosterstelle ausgewählt haben, nicht Ludwig. Auf dem Fresko in der Klosterkirche mutierte das Pferd seltsamerweise zum Einhorn. Ludwig trug die Statuette auf seiner Schulter, und neben ihm ritt Jäger Heinrich Fendt. Zwar hätte für die zierliche 33 cm große Statuette aus Carraramarmor eine Kapelle genügt, doch das hätte nicht kaiserlich genug ausgesehen. Abgesehen von weisen Pferden und erscheinenden Mönchen liegt das Körnchen Wahrheit in diesem Fall eher im Detail. Schauen wir einmal, was kluge Köpfe sich über die Madonna zusammengereimt haben:

Da die Madonnenfigur aus Carraramarmor eines Kaisers würdig war, musste der Schöpfer ein großer Künstler gewesen sein. Carrara liegt in der Toskana und ist seit Jahrhunderten auch in Deutschland für seinen hochwertigen Marmor bekannt; Werke aus Carraramarmor findet man – wie schon erwähnt – sogar im Kloster auf der Fraueninsel im Chiemsee. Auch Pisa liegt in der Toskana, und seit langem wird vermutet, dass die Madonna von dort stammt. Wenn das stimmt, dann wäre der gesuchte große Künstler entweder der Bildhauer Giovanni Pisano oder sein Schüler Tino di Camaino gewesen. Beide schienen übrigens keine Freunde von Ludwigs kaiserlichen Ambitionen gewesen zu sein! Aufgrund stilistischer Merkmale der Statuette plädierten Kunsthistoriker in der Vergangenheit für eine Entstehung vor 1330. Das passt schon, denn die Statuette hätte Ettal ja auch ein paar Jahre nach ihrer Anfertigung erreicht haben können.

Leider schien Ludwigs Traum von Italien auch in dieser Hinsicht geplatzt zu sein, da keiner der beiden geschätzten Bildhauer die Statuette schuf. Im Gegenteil: Das Werk vereint zwar die stilistischen Merkmale beider Künstler, tut das aber mehr schlecht als recht; künstlerisch ist das Werk gar nicht sooo besonders. Für die Bedeutung als Wallfahrtsziel spielt das natürlich keine Rolle.

Zum Schluss kann ich Sie allerdings noch ein wenig trösten: Ein „bisschen" kaiserlich ist die Madonna von Ettal schon. Die für mich wahrscheinlichste Erklährung ist, dass eine sehr ähnliche Madonna von Tino di Camaino nach ausdrücklichem Willen des Kaisers Heinrich VII. an einer Tür des Domes in Pisa aufgestellt worden war und daher den Pisanern als kaiserliche Figur galt. Ihr Abbild verwendeten die Pisaner noch im Jahre 1350 für das Stadtsiegel – 37 Jahre nach dem Tod Heinrichs und drei Jahre nach dem Tod Ludwigs des Bayern –, als Zeichen ihrer Verbundenheit mit dem Kaiser.

Links die Madonna von Ettal, rechts eine Madonna von Tino di Camaino

Ludwig träumte davon, in die Fußstapfen von Kaiser Heinrich VII. zu treten und vielleicht verlieh das der Madonnenfigur für Ludwig einen so hohen symbolischen Wert, dass er eine Kopie nach Bayern mitbrachte, und nicht zufällig baute er Kirche und Kloster auf dem Weg nach Italien. Wie gesagt, für mich ein unglücklicher Kaiser!

Das Gebiet von Ettal wurde bis zur Klostergründung als abgeschieden beschrieben; dennoch war seine Lage strategisch wichtig und mit Sicherheit war die Position an der Straße nach Italien für Ludwig ein wichtiger Grund, hier ein Kloster mit Rittern zu gründen. Klostergründungen dienten oft der territorialen Absicherung der Gründerdynastien und wenn sich zu den Mönchen noch Ritter, also Waffenträger, gesellten, dann umso besser! Zu einer erneuten Reise nach Italien kam der unglückliche Kaiser allerdings nicht mehr.

Zwölf Ritter sollt Ihr sein

Ludwig nannte die Gegend „unser frawen Ettal", zu verstehen als das „Maria angelobte Tal". Die Kirche war von Anfang an an Maria geweiht gewesen, und entwickelte sich ab dem 15. Jahrhundert zu einem Wallfahrtsort, dessen

Bedeutung in der 2. Hälfte des 18. Jahrhunderts noch einmal stark anwuchs.

Ettal wurde als Ritterstift gegründet und hatte 12 Ritter mit ihren Frauen zuzüglich eines Meisters aufnehmen sollen, also dieselbe Zahl wie die der Apostel und Jesus – abgesehen von den Frauen natürlich. Kam es dazu? Wahrscheinlich ja, doch mit dem Tod des Kaisers 1347 erlosch die Ritterakademie, und erst 1711 kam es zu einer Wiederbelebung der kaiserlichen Idee. Gleich werde ich Ihnen die Akademie genauer vorstellen, da Italien auch bei ihr eine große Rolle spielt.

Der Zahl 12 begegnet man nicht nur bei der Anzahl der Ritter in der ursprünglichen Ritterkademie, sondern auch in der alten und der neuen Kirchenkonstruktion: Die alte Kirche, die von 1330 bis 1370 errichtet worden war, war ein 12seitiger Bau, dessen Dach von einer Mittelsäule getragen wurde; auch der neue Bau hat 12 Seiten, allerdings ohne Säule.

Gut hätten alle 12 Ritter mit ihren Frauen und den vorgesehenen 20 Mönchen hier leben können, da man von Anfang an neben der Akademie ein Benediktinerkloster gebaut hatte, das immer noch besteht. Vielleicht waren die vielen Probleme des Kaisers mit dem Papst – oder den Päpsten – ausschlaggebend, dass das Kloster bis 1368 auf eine kirchliche Bestätigung warten musste.

Der Kaiser stattete Kloster und Akademie vorzüglich aus, mit dem welfischen Gebiet des Ammergaus, der Burg Eschenlohe, Antdorf, Huglfing und einigem mehr. Leider entzog man nach seinem Tod dem Kloster einige

178

Gemälde im Kloster Ettal mit dem Idealplan der Anlage

Besitztümer, doch es blieb genug zum Fortbestand übrig und in der Folgezeit wurde es immer wieder beschenkt; bis zur Säkularisation in Bayern 1803 war sein Besitztum auf das drittgrößte der bayerischen Klöster angewachsen.

Ein Energiebündel von Abt

Der runde und imposante Rundbau der Kirche imponiert seit eh und je. In seiner vollen Pracht sichtbar wird der Bau aber erst, wenn man den Hof betritt, von außen fällt nur die imposante Kuppel auf.

In der ersten Hälfte des 18. Jahrhunderts ließ der damalige Abt Placidus Seiz Umbauten in barockem Stil vornehmen, verantwortlich für deren Planung und Durchführung war der Graubündner Hofbaumeister Enrico Zuccalli. Placidus II. Seiz war am 22. Januar 1709 Abt des Klosters geworden, und nach dem Motto „Menschen bringen die Welt in Bewegung, nicht Prinzipien", waren seine Taten entscheidend, um das im Tal „vergessene" Kloster wieder neu zu beleben. Seiz war ein Mensch, der die Dinge mit Energie anpackte: Schon im Frühling 1709, gleich nach seiner Ernennung, brachte er Kapital für einen Klosterneubau auf, plante den Umbau der Kirche und 1710 „nebenbei" die Wiederbelebung der seit 364 Jahren vergessenen Ritterakademie in Ettal. Und sicher war es gut, dass er den vernichtenden Brand des Jahres 1744 nicht mehr erleben musste, da er schon 1736 gestorben war. Leider hinterließ er nicht nur die Früchte seiner herausragenden Taten, sondern auch große Schulden...

179

Ein Italiener aus der Schweiz

Enrico Zuccalli bekam den Auftrag, einen Neubau von Kloster und Kirche zu planen und auszuführen. Sein Werk kann man heute noch begutachten, wenn auch die aktuellen Bauten nach dem verheerenden Brand des 29. Juni 1744 entstanden sind und nicht ganz nach seinem ursprünglichen Plan rekonstruiert wurden; Joseph Schmuzer verwendete beim Wiederaufbau ab 1744 zwar auch die Pläne Enrico Zuccallis, allerdings mit einigen Änderungen.

1705 weilte Kurfürst Max Emanuel im Exil in Paris, während in München die Österreicher das Sagen hatten. Mit der neuen Administration kam Zuccalli nicht wirklich zurecht, stattete Max Emanuel in Paris einen Besuch ab und wurde, zurück in Bayern, 1706 von seinen Aufgaben suspendiert, also praktisch arbeitslos. Da kann ich mir vorstellen, dass ihm die Aufgabe in Ettal ganz willkommen war. Immerhin war er der Oberhofbaumeister Münchens und sowohl von Max Emanuel als auch außerhalb höfischer Kreise im ganzen Lande sehr geschätzt. 1709 zog Enrico nach Ettal, um sich persönlich um den Kirchenumbau zu kümmern – und vielleicht auch, um sich von München zu entfernen. Er lebte bis 1716 in Ettal.

Enrico Zuccalli

Der Architekt und Hofbaumeister Enrico Zuccalli wurde wahrscheinlich um 1642 in Roveredo in Graubünden geboren. Wenn auch schon seit über 100 Jahren Teil der schweizerischen Konföderation, ist Graubünden sowohl sprachlich als auch kulturell italienisch geprägt. Enrico selbst sprach und schrieb sein Leben lang Italienisch.

Enrico stammte aus einer Familie von Baumeistern, Architekten und Stuckateuren, die schon oft in Deutschland gearbeitet hatten und als „Magistri" bekannt sind (siehe auch Seite 46). Der erste bekannte Zuccalli in Bayern war Gaspare (zu Deutsch Kaspar), der im Jahre 1648 eingeladen worden war, gleich nach Ende des 30jährigen Krieges. Im ersten Jahr arbeitete Kaspar zusammen mit seinem Verwandten Domenico Christophorus Zuccalli an einem Altöttinger Kloster. 1668 wurde Kaspar am Münchner Hof fest angestellt und holte gleich darauf Frau, Kinder und den jungen Neffen Enrico aus der Heimat nach München. Enrico vollendete seine Lehre bei Kaspar in München, nachdem er vermutlich schon in Rom in Berninischen Kreisen Erfahrung gesammelt hatte. Dass er in Rom war ist nicht bewiesen, doch zeigen seine Arbeiten, dass er viele römische Bauwerke sehr gut kannte. Als Kaspar 1678 starb, übernahm Enrico die Vormundschaft seiner sieben Kinder. Schon 1673 hatte der Münchner Hof Enrico Zuccalli zum Hofbaumeister ernannt, eine Stelle, von der der weniger begabte Kaspar sein Leben lang nur träumen konnte. 1677 ernannte Kurfürst Ferdinand Maria Enrico noch zum Oberhofbaumeister.

Die Liste der Werke Enrico Zuccallis, sowohl für den Hof als auch für Kirchen und private Auftraggeber, ist sehr lang – ich beschränke mich hier nur auf einige der bekanntesten, die noch erhalten sind: die Theatinerkirche in München, ein Kloster in Altötting, die Residenz in München, das Nymphenburger und das Schleißheimer Schloss und das Palais Porcia in München. Weitere Arbeiten führte er für Max Emanuels Bruder in Bonn aus, den Kölner Fürstbischof Joseph Clemens von Wittelsbach.

Enrico Zuccalli starb am 8. März 1724 in München.

Bernini in Ettal

Zuccalli behielt bei der Planung den alten Kirchenbau bei, fügte im Osten einen zusätzlichen Rundbau für die Figur der Madonna hinzu und ließ dahinter zwei Sakristeien bauen, die heute Winter- und Sommersakristei genannt werden. Der Kirche wurde allerdings eine komplett neue Fassade verpasst, die sich harmonisch an die Klosterbauten links und rechts anschloss. Wenn Sie im Hof stehen, befindet sich die Kirche im Osten, die Ritterakademie im Norden und die Klostergebäude im Süden und Westen. Etwas nordöstlich der Kirche steht die Klosterbrauerei, die Anfang des 18. Jahrhunderts gebaut wurde.

Oben die nicht realisierten Pläne Berninis für den Louvre,
unten die Klosterkirche Ettal, deren Ähnlichkeit nicht zu übersehen ist

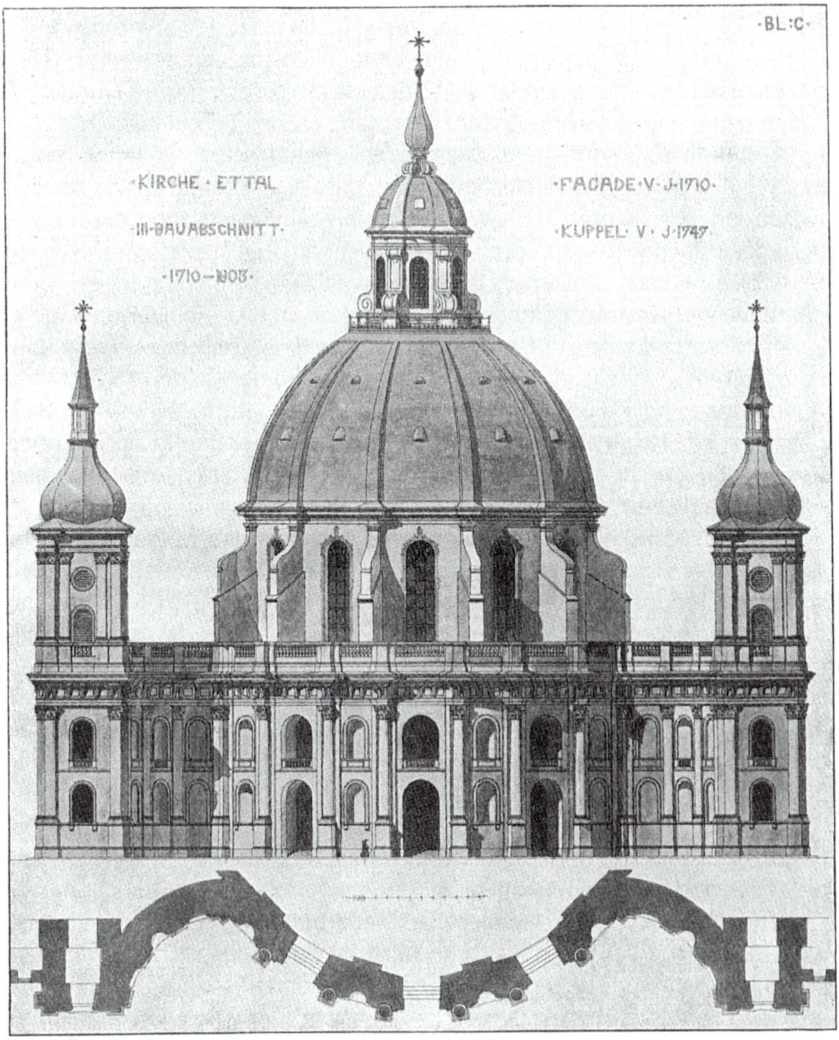

Ettal – Der geplatzte Italientraum

Schon am Anfang seiner Karriere in Bayern hatte Enrico Zuccalli Pläne für ein sakrales Gebäude-Ensemble entworfen, die Neugestaltung der Wallfahrtskapelle in Altötting inklusive des Vorplatzes, die leider nie umgesetzt wurde; in Altötting konnte Enrico nur einen zivilen Bau realisieren. Ettal war die Gelegenheit, die alten Pläne und seine Ideen von Sakralbauten wieder aus der Schublade herauszuholen und zum Teil zu verwirklichen. Wie in Altötting ging es hier um einen Marienwallfahrtsort. Schon seit langer Zeit orientierte man sich bei den Marienwallfahrtskirchen am Pantheon in Rom, dem bekanntesten und besterhaltenen Monument der antiken Stadt, das 709 zur Kirche erklärt wurde. Heute noch ist man vom Rundbau des Pantheons fasziniert, und immer noch dient es als Vorbild für sakrale wie zivile Bauten in verschiedenen Ländern.

Leider sind die Originalpläne Enrico Zuccallis für Ettal nicht mehr auffindbar; immerhin gibt es Kopien davon. Und in ihnen zeigt sich etwas besonderes: Zuccallis Plan von 1709 lehnt sich erstaunlich stark an einen Vorschlag für den Louvre in Paris an, der allerdings nie umgesetzt wurde… und vom italienischen Bildhauer und Architekten Gian Lorenzo Bernini stammte. Das führt natürlich zur Annahme, dass Zuccalli Berninis Plan gekannt haben muss und lässt darüber hinaus vermuten, dass er in Rom geschult worden war. Wenn nicht, kannte er die Werke Berninis zumindest sehr gut. Und wiederum kommen wir, auch durch Bernini, nicht am Pantheon in Rom vorbei! Bernini kennt man vor allem als Bildhauer, weniger als Architekten; eines seiner vielen Werke ist der Baldachin im Petersdom, dessen Abbild Sie übrigens in der nächsten Etappe in Oberammergau in allen Details bewundern können. Weitere architektonische Werke Berninis sind die Kirchen Santa Maria Annunziata in Ariccia und Sant'Andrea al Quirinale in Rom, beides Rundbauten zu denen Ettal Analogien hat. So hat die Kunst eines Bernini durch Enrico Zuccalli den Weg bis nach Ettal gefunden und ist trotz Umbauten auch hier erhalten geblieben!

Nach dem Brand 1744 stand Zuccalli nicht mehr für den Wiederaufbau zur Verfügung; er war schon 20 Jahre zuvor gestorben. Daher wendete man sich an Josef Schmuzer, der sich einigermaßen an die Originalpläne des Hofbaumeisters hielt. Vielleicht sprachen schon die Kosten dafür, dass er mehr beibehalten musste, als ihm lieb war, denn nach nur 30 Jahren einen weiteren Umbau mit neuen Ideen zu finanzieren, wäre für die Klostergemeinschaft eine ziemliche Bürde gewesen. Im Inneren hatte Zuccalli den 12eckigen Bau umgestaltet und die Altäre an den Seiten platziert. Ein zweiter, kleinerer Zentralbau schließt sich im Osten an, eigentlich ein Chorbereich, doch steht hier nur der Altar, in dem Kaiser Ludwigs Marienfigur aufgestellt wurde. Heute gibt es nach wie vor zwei Rundbauten, allerdings hat Schmuzer den Chorbereich stärker vom Hauptraum getrennt, als Zuccalli es gewollt hatte.

Für den Abt in Ettal war vor allem die Wiederbelebung der Ritterakademie wichtig, also der Bauten, die sich im Nordtrakt befinden. Daher hatte man schon im September 1709 mit dem Umbau begonnen, während die Grundsteinlegung für die Fassade der Kirche „erst" am 7. August 1710 stattfand.

Stuck von Francesco Marazzi im Akademietrakt des Klosters Ettal.
In jedem Raum gibt es eine andere Stuckdekoration.

Schon 1715 gab es einen Brand, der die schon begonnene Fassade in Mitleidenschaft zog. Diesen ersten Brand hatte sicher auch Zuccalli erlebt, allerdings kehrte er ein Jahr später schon nach München zurück, als die Österreicher wieder nach Hause gegangen waren und Max Emanuel aus dem Exil zurückkehrte. Sehr wahrscheinlich hat er aus der Ferne die Umbauten verfolgt. Zu Enricos Pech hatte sich der Geschmack des Kurfürsten während des zehnjährigen Frankreichaufenthalts geändert und ging viel stärker in Richtung Frankreich. Das führte dazu, dass selbst der französische Hofzwerg sich am Münchner Hof bei architektonischen Belangen immer mehr einmischen konnte und mit der Zeit öfter in Erscheinung trat als Enrico... und irgendwann nicht mehr Belustigungszwerg war, sondern Hofbaumeister! Sein Name? François de Cuvilliés!

183

Italienische Werke in Ettal

Heute beherbergt der Ritterakademietrakt, der Bau nördlich des Hofs, das Ettaler Humanistische Gymnasium. Da der Gebäudeteil vom Brand 1744 weitgehend verschont geblieben war, kann er mit Stucken aus Zuccallis Zeit im Originalzustand aufwarten, Sie sind Werke des Tessiners Francesco Marazzi. Auch sie sind nicht frei zugänglich, aber immerhin können Sie sie im Foto anschauen.

Francesco Marazzi

Geboren wurde er 1670 oder 1672 in Mendrisio im Tessin, südlich des Comer Sees gelegen. Sein Vater Paolo Marazzi vertraute ihn 1686 dem Stuckateur Giovanni (Prospero) Brenni oder Brenno an. Letztgenannter gehörte zu einer Trupp von weiteren 12 Stuckateuren und Maurern, der gerade mit der Dekoration der Theatinerkirche in München beschäftigt war – unter anderem auch Niccolò Perti, dem wir schon in Bad Tölz und Benediktbeuern begegnet sind (siehe Seite 56). So ist Francesco schon am Anfang seines Berufslebens als Stuckateur nach Bayern gekommen.

Die jungen Männer verließen meistens mit 13 oder spätestens mit 16 Jahren das Familienhaus und begaben sich auf weit entfernte Baustellen in Europa, um Theorie und Praxis des zukünftigen Berufs zu erlernen.

Von Francesco Marazzi erfährt man erst 1703 wieder etwas, da er im Nymphenburger Schloss und in Schleißheim stuckierte. Man weiß, dass sich Marazzi 1706 im Bautrupp des Graubündners und damaligen Münchner Hofbaumeisters Giovanni Antonio Viscardi befand, da Beschwerden der Maurerzunft überliefert sind. 1709/10 stuckierte Marazzi im Kloster Irsee, und im gleichen Zeitraum gemeinsam mit zwei deutschen Gehilfen in der Pfarrkirche in Unterammergau, ganz in der Nähe von Ettal. 1712 stuckierte er im Kloster Ettal, 1713/14 im Kloster Ottobeuren, 1714 ein weiteres mal in Schloss Nymphenburg, 1715 in der Pfarrkirche St. Maria und Florian zu Waltenhofen bei Füssen (dort leider als Johann Franz Marazy aus Ettal aufgeführt!), in Schloss Lustheim und in weiteren Gebäuden.

Er starb unverheiratet im Münchner Herzogsspital und wurde am 10. Februar 1724 auf dem Stephansfriedhof begraben, der heute Alter Südfriedhof heißt.

Ein Himmel voller Italiener

Nachdem man ein paar Schritte in die Kirche hinein gemacht hat, werden fast automatisch die Augen nach oben gezogen, besonders wenn die Sonne hereinscheint: Dort oben hat man fast das Gefühl, ein Paradies zu sehen. In gewisser Hinsicht ist es eines, ein Benediktinerparadies, das mit mehr als 400 Figuren bevölkert ist! Sein Schöpfer ist der österreichische Maler Johann Jakob Zeiller, und allen, die noch nicht mit das Kapitel Benediktbeuern gelesen haben, kann ich nur empfehlen, von seinem Werdegang und seinen Einflüssen aus Italien auf Seite 69 zu lesen. 1749 begann Zeiller mit dem Kuppelfresko, das den beachtlichen Durchmesser von 25,4 Metern hat. Erst 1752 entfernte man die gotische Mittelsäule und befreite damit die Ansicht der Decke. Insgesamt findet man im Fresko sechs Figurengruppen: Sankt Benedikt ist natürlich eine zentrale Person, die erhöht und von Engeln umgeben ist. Rechts von ihm ist die Gruppe der Bischöfe, die man an den Bischöfshüten erkennt. In dieser Ecke des Landes darf Korbinian mit seinem Bären natürlich nicht fehlen. Rechts geht es weiter mit der Gruppe der Nonnen und der Gruppe mit Fürsten und Fürstinnen. Ihnen schließt sich eine Gruppe von Mönchen an und noch weiter rechts vollendet die Gruppe der Päpste den Kreis, erkennbar an ihren Tiaras und Papstkreuzen.

Im Foto können Sie das Fresko fast besser als live genießen: Wegen der Höhe der Kuppel und der Vielfalt der Figuren, aber vor allem weil man sehr lange mit dem Kopf nach oben ausharren muss, erkennt man vor Ort meist

Die Kuppel der Klosterkirche Ettal
mit Zeillers Fresko

nicht viel. Und stellen Sie sich vor, welche nicht nur künstlerische sondern auch technische Leistung Zeiller mit der Freskierung dieser Kuppel erbracht hat.

Auch hier hat der Künstler ein paar Prominente versteckt: In der Gruppe der Fürsten und Fürstinnen ist ein venezianischer Doge abgebildet, der heilige Pietro I. Orseolo. Viel wusste ich schon zuvor über die Dogen von Venedig, aber bevor ich das Fresko von Zeiller genauer studierte, hatte ich noch nie von einem Dogen gehört, der es zum Heiligen gebracht hätte! Seine Ehefrau Felicita wurde von Venezianern als Selige verehrt – auch wenn die Kirche über sie eine andere Meinung hatte. Selbstverständlich findet man in diesem Himmel auch Persönlichkeiten aus Bayern,

Rechts im Bild der heilige Doge von Venedig Pietro I. Orseolo

wie Theodo, den ersten christlichen Herzog Bayerns, der als Seliger verehrt wurde, ohne dass die Kirche davon wusste, den Herzog Tassilo von Bayern und weitere.

Bei den dargestellten Frauen der fünften Gruppe möchte ich erst einmal Agnes nennen, die Ehefrau Heinrichs III. und damit deutsche Kaiserin war und 1077 in einem Kloster in Rom als Nonne starb. Die wenig bekannte selige Beatrice d'Este findet sich auch im Fresko. Sie war Tochter von Azzo VI. von Este. Este ist ein altehrwürdiges Städtchen vorrömischen Ursprungs, das südlich von Padua liegt, der Dynastie Este den Namen gegeben hat und schon längst wieder vergessen wurde! Noch weniger bekannt ist, dass Azzo und die Welfen enge Verwandte waren, bei denen das Gründen von Klöstern schon fast Familientradition war. Während die Welfen nördlich der Alpen die Klöster Rottenbuch und Steingaden gründeten, gründete die selige Beatrice d'Este 1221 südlich der Alpen ein Klöster bei Este auf den Euganeischen Hügeln. Die erhaltenen Klostergebäude tragen heute ihren Namen und beherbergen ein Museum. Sollten Sie selbst Nachforschungen betreiben, könnten Sie schnell ins Schleudern kommen, denn es gab sagenhafte drei Frauen namens Beatrice d'Este, die alle ein monastisches Leben wählten...

Das ehemalige Kloster Beatrice d'Este auf den Euganeischen Hügeln bei Padua. Die Gründerin ist im Ettaler Fresko abgebildet

186

Die Liste der abgebildeten Persönlichkeiten kann man noch sehr weit fortsetzen, doch das würde die Buchlänge etwas strapazieren. Ich beende sie hier mit der Feststellung, dass Italien selbst im Ettaler Himmel gegenwärtig ist!

Auch über dem Choreingang können Sie ein Fresko von Johann Jakob Zeiller sehen mit der Darstellung, wie der römische Mönch in der Legende die Madonnenfigur Kaiser Ludwig übergibt (Seite 174); man hat sich hier also für die zweite Variante der Gründungslegende entschieden.

Nach der großartigen Ausführung des Deckenfreskos erhielt der Maler Johann Jakob Zeiller weitere Aufträge im Kloster, nämlich die Fresken in der sogenannten Winter- und Sommersakristei, die er in den Jahren 1754-55 ausführte und die nicht frei zugänglich sind.

Kunstexperten zufolge zeigen diese Arbeiten sehr deutlich den Einfluss der venezianischen Malerei auf Zeiler, vor allem durch den venezianischen Maler Giambattista Pittoni und den Maler Luca Giordano. Noch besser: für manche Figuren soll er sich sogar an Gemälden von Giambattista Pittoni inspiriert haben, die er vielleicht nicht aus erster Hand kannte, aber zumindest aus Stichen. Wundern Sie sich nicht zu sehr darüber, das war ein ganz normales und sehr oft anzutreffendes Vorgehen: Viele Künstler nahmen sich Stiche von Werken anderer Maler als Vorbild, und niemand wunderte sich darüber oder schien es verwerflich zu finden. Heute muss man vor allem originell sein; Qualität scheint weniger zu zählen...

187

Auch die Sommer- und Wintersakristeien wurden von Zeiller freskiert

In Chor- und Kapitelsaal finden sich weitere Arbeiten von Martin Zeiller, die nicht frei zugänglich sind und in in den Jahren 1754 und 1755 ausgeführt wurden. Hier spürt man den Einfluss aus dem Süden weniger. Im Kirchenraum steht auch ein Altarblatt von Zeiller mit *Herzog Grimoald und seine unrechtmässige Gemahlin Piltrudis* signiert mit „*Jo. Jacob Zeiller inv. & fecit 1761*". Es soll sein letztes Werk in Ettal gewesen sein.

Knoller – Ein Wahlitaliener in Ettal

Ein weiterer Maler, der wie Johann Jakob Zeiller in Benediktbeuern tätig war, arbeitete hier in Ettal, und zwar Martin Knoller. Seine Biografie finden Sie auf Seite 60 Knoller lebte schon seit einigen Jahren in Italien, zuerst in Neapel, dann in Rom und hatte sich dann endgültig in Mailand niedergelassen. Trotzdem hatte er weiterhin Kontakte nach Deutschland, einige davon stellte ausgerechnet ein Italiener her, Carlo Graf Firmian, dessen Biografie sie auf Seite 191 lesen können.

Im Chorbereich und nicht frei zugänglich kann man Knollers Fresko mit dem *Himmel des Alten und Neuen Testaments in Erwartung Mariens* betrachten, das er 1769 fertigstellte, wie man anhand der Signatur des Malers selbst nachlesen kann. Spontan fällt der Unterschied zu Zeillers Deckenfresko auf; während bei Zeiller die Farben Rot, Braun und Gelb dominieren, wählte Knoller 40 Jahre später eine viel buntere Farbpalette. Auf der Decke ließ das Kloster auch das Porträt eines Gönners abbilden, des bayerischen Kurfürsten Max Emanuel.

188

Den Hauptaltar mit der *Himmelfahrt Mariens* hat Knoller ab Januar 1786 in Ettal gemalt, also knapp 20 Jahre nach dem Deckenfresko. Seine Tätigkeit für das Kloster hatte damit begonnen, dass er im Auftrag des Trentiners Carlo Graf Firmian zwei Altargemälde für die Klosterkirche angefertigt hatte. Insgesamt finden sich vier Gemälde von Knoller in der Kirche:

Ein unbekannter Gönner: Carlo Graf Firmian aus dem Trentino

Am dritten nördlichen Seitenaltar der Kirche – wenn Sie hereinkommen links – ist das Gemälde *Martyrium der Hl. Katharina* von Martin Knoller, während der dritte südliche Seitenaltar – vom Haupteingang gesehen rechts – sein Gemälde *Martyrium des Hl. Sebastian* trägt: Das erste wurde 1763, das zweite 1765 in Rom gefertigt, wo Knoller seinerzeit wohnte. Graf Carlo Firmian schickte ihm Abmessungen, Motivwunsch und weitere Anforderungen an die Gemälde nach Italien, bezahlte die Ausführung und stiftete beide Bilder dem Kloster Ettal.

1794 erhielt Knoller einen weiteren Auftrag für Ettal, über ein Gemälde der *Heiligen Familie*, das sich im ersten südlichen Seitenaltar befindet; Firmian war schon 12 Jahre vorher gestorben und konnte es nicht gestiftet haben. Im Chorsaal, der sich im Klosterbereich befindet, hängt ein weiteres Werk Knollers, ein Ölgemälde *Heiliger Benedikt und Scholastika*, 1770 und gleich nach dem Fresko im Chorbereich angefertigt. Nach der bayerischen Kloster-säkularisation 1803 ging das Gemälde nach München in die Gemäldegalerie des Schlosses Schleißheim, danach von 1922 bis 1947 in die Benediktinerab-tei Münsterschwarzach und schließlich ist es nach Ettal zurückgekehrt, als Leihgabe der Bayerischen Gemäldesammlung.

Da Graf Firmian Knoller mit den Arbeiten in Ettal beauftragt hatte, bevor Knoller für das Kloster Benediktbeuern tätig wurde, vermute ich, dass das letztgenannte Benediktinerkloster durch die Mitbrüder in Ettal vom Tiroler Maler erfahren hatte.

Chorbereich der Klosterkirche mit Hauptaltar, Madonnenstatuette und Martin Knollers Deckenfresko

189

Doch womit hat das alles begonnen? Wie kommt ein Graf aus dem Trentino auf die Idee, dem fernen Kloster Ettal Gemälde zu stiften? Es mag auf den ersten Blick verwundern, doch Firmian und seine Familie aus dem Trentino unterhielten vielfältige Beziehungen zu dem Kloster – wie viele andere Trentiner auch!

Ich habe ein paar Neuigkeiten herausgefunden und bin stolz, die erste zu sein, die die intensiven Beziehungen zwischen Kloster Ettal, der Familie Firmian und vielen anderen italienischen Familien aufdeckt! Seltsamerweise hat dieser Aspekt von Ettals Geschichte bis jetzt keine Beachtung gefunden. Das verbindende Element ist eine Institution in Salzburg:

Die Benediktineruniversität

Der 1619 zum Salzburger Fürstbischof ernannte Paris Lodron gründete 1623 eine Benediktineruniversität in Salzburg. Die Lodron waren eine der mächtigsten Familien des Trentino. Träger der Universität war eine Konföderation von 33 Benediktinerabteien aus Süddeutschland, Österreich, der Schweiz und Salzburg. Praktisch jedes Benediktinerkloster hatte die Pflicht,

Lehrer dorthin zu entsenden. Das hatte natürlich zur Folge, dass sich die Entsandten einige Jahre in Salzburg aufhielten und viele andere Brüder kennenlernten. So wurde die Universität ein Networking-Zentrum für Benediktiner des oberdeutschen Raums. Solche Beziehungen führten natürlich zu gegenseitigen Empfehlungen und sicher zur Vermittlung des einen oder anderen Auftrags an Künstler. Kloster Ettal gehörte der Konföderation zwar nicht an, schickte aber Studenten nach Salzburg.

1810 wurde Salzburg von Bayern annektiert und die Universität geschlossen. 1962 wurde sie unter dem Namen „Paris Lodron Universität" neu eröffnet. Paris Lodron wurde sogar als einziger Nicht-Deutscher von Ludwig I. in die Walhalla aufgenommen.

Der Salzburger Bischof Paris Lodron, Gründer der Benediktineruniversität

Firmian: Der lange Faden von Trient nach Ettal

Die Verbindungen der Trentiner Familie Firmian mit dem Kloster Ettal sind vielfältig, und ihre Fäden laufen unter anderem durch Salzburg und durch die dortige Benediktineruniversität.

Ettal – Der geplatzte Italientraum

Die Grafenfamilie Firmian aus dem Trentino und Tirol wohnte lange Zeit in Mezzocorona, zu Deutsch „Kronmetz", einer Ortschaft circa 20 km nördlich von Trient. 1526 erhielt die Familie Firmian den Titel „Freiherren" und 1749 den Grafentitel. Ursprünglich kamen sie von Castel Firmiano südlich von Bozen, von dem die Familie im 12. Jahrhundert ihren Namen abgeleitet hatte. Mitglieder der Familie Firmian waren im 18. Jahrhundert mit den Familien Lodron und Thun verschwägert, auch die letztgenannte stammte aus dem Trentino. Nach dem Tod des Bischofs und Universitätsgründers Paris Lodron 1653 ernannte man 1654 seinen Verwandten Bischof Guidobald Graf von Thun und Hohenstein, in Castelfondo bei Bozen gebürtig, zum neuen Bischof der Stadt an der Salzach, und er behielt die Position bis zu seinem Tod 1668.

Wappen der Familie Lodron. Der Löwe hat einen charakteristischen „Brezelschwanz"

1729 wurde Leopold Anton Freiherr von Firmian zum Erzbischof Salzburgs ernannt; er war der Onkel von Leopold und Carlo. Carlo habe ich schon kurz als Gönner des Klosters Ettal vorgestellt, Leopold ist jetzt an der Reihe:

Grab von Leopold Firmian im Kloster Ettal

Der 1711 geborene **Leopold Jacob Graf Firmian** konnte wegen einer geistigen Behinderung auf keine Karriere hoffen; er kam nach Ettal, machte 1730 den Profess und starb hier am 17. August 1784. Seine Grabplatte kann man in Ettal im Vorraum der Kirche links immer noch sehen.

Der bekannteste der Brüder war sicher **Carlo Graf Firmian**, Sohn von Franz Alphons Graf Firmian und Barbara Elisabetta Gräfin von Thun. Carlo wurde am 6. August 1716 geboren, manche Quellen sagen, am 5. August 1718. Von 1731 bis 1733 studierte er an der Ritterakademie in Ettal, kannte Institution und Kloster also aus unmittelbarer Erfahrung, noch dazu in der Zeit, als sein behinderter Bruder Leopold hier lebte. Wie die Familie Firmian auf die Idee kam, ihre Sprösslinge nach Ettal zu schicken, ist leicht nachvollziehbar: durch die Benediktineruniversität in Salzburg, in der sich Äbte und Priore der Klöster kennenlernen und für die eigenen Institutionen werben konnten.

Ab 1734 war Carlo an der Universität in Salzburg immatrikuliert, und nach zwei Jahren Philosophie studierte er in Ingolstadt und Leiden. Ab 1745 war Carlo als wirklicher Reichshofrat am Wiener Hof tätig, bis Kaiserin Theresia ihn 1753 zum Gesandten des Hofes in Neapel machte und er an seine neue Arbeitsstätte zog. In Neapel war er in guter deutsch-österreichischer

Das erste Gemälde Martin Knollers für Carlo Graf Firmian – in der Mitte –, mit Gefolge in einer Ruinenlandschaft bei Neapel. Ganz oben rechts Knoller selbst mit einem Zeichenblatt in der Hand

Gesellschaft und lernte den deutschen Altertumsforscher Johann Joachim Winckelmann kennen, den deutschen Maler Anton Mengs und den Maler Martin Knoller. So wurde Firmian Knollers Mäzen und erteilte im schon in Neapel Aufträge für persönliche Porträts und Malereien in neapolitanischen Kirchen.

Als Carlo Firmian 1758 die Ernennung zum Bevollmächtigen Minister der Habsburger in Mailand erhielt, sandte er noch vor seiner Abreise Martin Knoller nach Mailand, um seine neue Residenz in der lombardischen Stadt auszuschmücken. Es schien ein großes Vertrauensverhältnis zu bestehen!

1763 und 1765 erteilte Carlo Graf Firmian „seinem" Martin Knoller die Aufträge für die oben beschriebenen Altäre und stiftete sie Kloster Ettal. Die Werke in Ettal führten dann vermutlich zur Empfehlung des Künstlers an Kloster Benediktbeuern.

Carlo Graf von Firmian verbrachte den Rest seinen Lebens in Mailand und starb dort am 20. Juli 1782. Er hinterließ eine gigantische Bibliothek mit 40.000 Bänden, deren Katalog 1783 unter dem Namen *Biblioteca Firmiana* gedruckt und veröffentlicht wurde. Ein Teil davon gelangte in die Biblioteca di Brera in Mailand.

Durch die Betrachtung der Beziehungen der Familie Firmian mit dem Kloster Ettal und mit Italien erklärt sich nebenbei also auch, wie Martin Knoller zu Aufträgen aus Ettal und Benediktbeuern kam.

Ritter aus Italien oder so!

Der Name Firmian taucht nicht nur in Künstlerbiografien wie ein roter Faden auf, sondern auch in der Geschichte der Ettaler Ritterakademie, und so ist unter den Schülern die lange Liste von italienischen und vor allem Trentiner Namen nicht mehr unbedingt überraschend: Wenn ein Schüler den Weg von Italien bis zur Akademie im abgelegenen Ettal gefunden hatte und nach dem Besuch zufrieden war, empfahl er sie weiter. So sprach es sich bei anderen möglichen Kandidaten in seiner Heimat herum, und es kamen immer wieder Italiener nach Ettal, bis der große Brand am 29. Juni 1744 die Geschichte der Ritterakademie abrupt beendete.

1710 besuchten zwar schon einige Schüler die Akademie, offiziell nahm sie ihren Betrieb aber erst 1711 auf. Die Jungen kamen in der Regel im Alter von sechs bis sieben Jahren hierher und besuchten erst einen Vorbereitungskurs und dann die sechs Gymnasiumsklassen. Diese unterschieden sich, je nachdem ob das Kind zu den „Illustre", also den Grafen und Baronen, „Praenobiles", den Patriziern, „Nobiles", den wohlhabenden Bürgern, oder den „Musici et famuli Studiosi", praktisch dem Rest der Bevölkerung, gehörte.

Abt Seiz legte Wert darauf, nicht nur Adelige zu unterrichten, wie es weit und breit üblich war, sondern auch Bürgerssöhne. Sicher fanden auch aufklärerische Ideen ihren Weg an den Alpenrand, doch ausschlaggebend waren sie für die Entscheidung nicht gewesen: Seiz wünschte sich, mit der vorzüglichen Ausbildung in Ettal nicht nur Offiziere heranzuziehen, sondern vielleicht auch den einen oder anderen Priester; unter Adeligen vermisste man oft die Begeisterung für diesen Lebenswandel. Seinerzeit hatten die Jesuiten fast ein Monopol der Schulbildung in

Das Porträt von Carlo Graf Firmian im Kloster Ettal mit dem Familienwappen. Im Hintergrund sind vermutlich die Schlösser der Familie im Trentino abgebildet

193

Bayern und legten besonderen Wert darauf, Griechisch und Hebräisch zu lehren. In Ettal hingegen unterrichtete man alle Schüler in Geografie, Französisch und Musiknotionen. Für die Adeligen kamen noch Reiten, Arithmetik, Ingenieurskunst, Militärarchitektur, Tanzen, Fechten und die „welsche" Sprache, Italienisch, hinzu. Mit seiner Ritterakademie setzte Ettal neue Maßstäbe in Bayern, sodass sie ein Vorbild der Münchner Kadettenakademie wurde. Man hatte also den Wert der wissenschaftlich ausgerichteten Ausbildung erkannt. Damals suchte der bayerische Staat noch nach guten Ideen für so etwas wie ein „Schulsystem"; laaaangsam machte sich die Vorstellung breit, dass so etwas zu den staatlichen Pflichten gehört. In Preußen war man in dieser Hinsicht schon weiter fortgeschritten...

Viele Eltern in Bayern schickten ihre Sprösslinge nach Ettal, und etliche österreichische und Trentiner Familien taten es ihnen gleich: In den Jahren von 1711 bis 1745 besuchten insgesamt 543 Kinder die Ritterakademie, davon mindestens 42 aus Italien. Unter diesen waren Sprösslinge adeliger Familien aus Trient, Venedig, Vicenza, Lucca, dem Piemont und weiteren nicht genauer angegeben Städten Italiens. Leider ist es nicht so einfach, die genaue Anzahl festzustellen, da es in den Aufzeichnungen oft nur „Tirol" statt Trient heißt, was seine Berechtigung hat, aber wenig bei der Lokalisierung hilft.

Nun ist 42 keine überwältigende Zahl, sie entspricht 7% der gesamten Schülerzahl, doch hätten Sie hier überhaupt einen Italiener erwartet? Und ich habe nicht einmal die Schüler aus alten adeligen Familien Italiens mitgezählt, die im K.u.K. Staat lebten, wie die oft genannten Firmian, Giannini, Locatelli und andere. Um eine Idee davon zu vermitteln, wie sich dieses „Who is who" aus Adeligen, Patriziern und Bürgern in der Akademie zusammensetzte, habe ich mich im folgenden Abschnitt einiger italienischer Familien angenommen.

Adel & Co. aus Italien

Dass Menschen seit Jahrhunderten umziehen, ist bekannt, doch überrascht es manchmal, wie viele das taten. Alte italienische Geschlechter in Österreich zu finden war wegen „internationaler" Heiraten für Familien aus dem Trentino nicht unüblich; die Alpen waren kein großes Hindernis und noch weniger die Sprachen. Und egal von wo man kam, schlug man den Weg nach Österreich oder Bayern ein, weil man neue Perspektiven suchte, der Herrscherhof attraktiv war, die Armee eine Karriere ermöglichte, usw. Motive gab es also etliche, und so kam es, dass Kinder der Familien Arco, Spreti und Lodron tatsächlich in Bayern zur Welt kamen, ihre Vorfahren aber von der Südseite der Alpen gekommen waren.

Das Porträt von Karl Anton Freiherr von Buffa aus Trient im Kloster Ettal

Die Familie **Buffa** aus Trient, seit 1615 adelig, schickte den kleinen Karl Anton 1733-38 nach Ettal. Die Buffa stammen aus Castellalto im Nonstal, auf Italienisch „Val di Non". Der kleine Karl Anton Freiherr von Buffa brachte es später bis zum österreichischen Regierungsrat.

Aus Trient stammte die Familie **Sizzo**, die Benedikt und Joseph Anton nach Ettal schickte. Schon 1100 kannte man die Sizzo in **Florenz**, später ließen sie sich in **Österreich** und **Trient** nieder und wurden 1760 in den Grafenstand erhoben.

Die Brüder Andreas und Benedikt **Giovanelli** besuchten gemeinsam von 1736 bis 1740 die Akademie. Ihr Vater war „Procurator" von Sankt Markus in Venedig, das Palais Giovanelli am Canal Grande ist heute noch zu sehen. Bei **Padua** ist außerdem die Villa Giovanelli sehr bekannt, und es gibt ein Schloss Kallmünz bei Meran, in dem ab 1860 ein Familienmitglied lebte, sowie die Burgruine Kasatsch auf dem Höhenberg bei **Meran**, die einst Wohnort der Familie war.

Anton Horaz Graf **Trento** stammte aus **Vicenza** und besuchte Ettal von 1724 bis 1729. Die Familie wohnte damals schon in Vicenza, und stammte, wie ihr Name vermuten lässt, aus Trento, zu Deutsch „Trient". In Costozza bei Vicenza kann man die Villa Trento Carli noch sehen und die Villa Trento Garzadori da Schio, beide gehörten der Familie.

Schon in Bad Tölz sind wir dem Namen Crivelli begegnet, hier in Ettal handelt es sich aber um eine andere Familie gleichen Namens. Diese **Crivelli** – weder Adelige noch Patrizier - stammten aus dem **Trentino** und zählten im 16. Jahrhundert wichtige Persönlichkeiten des öffentlichen Lebens in ihren Reihen. Genauso wie die Patrizierfamilie **Sardagna** aus **Trient**, die den kleinen Franz Anton 1716 im Alter von 11 Jahren in die Akademie schickte.

Die Familie der Grafen **Colloredo** stammt aus dem Dorf Colloredo circa 10 km nördlich von **Udine**, wenn auch manche österreichische Biografen das vergessen haben! Na ja, so etwas kann passieren, aber es ist nicht unbedingt ein Grund, die Familie als „österreichisches Adelsgeschlecht" zu bezeichnen! Anton und Philipp machten nach der Ausbildung in Ettal Karriere als Generalfeldmarschall bzw. als Theologe in Rom.

Die Liste ist noch viel länger, ich beschränke ich jetzt auf ein paar weitere Namen, wie die Grafen **Sessi** aus **Vicenza**, die uns schon bekannte Familie **Lodron aus dem Trentino**, die insgesamt fünf Sprösslinge hierher schickte, die Grafen **Confalonieri** aus **Mailand**, die Grafen **Carignani** aus dem **Piemont** und die Grafen **Minucci** aus **Savoyen**; Über die Letztgenannten und ihren erfolgreichen bayerischen Familienzweig können Sie sehr ausführlich in meinem Buch *Italienische Spaziergänge in München - Band II: Dynastien aus Italien* lesen.

Auch unter den Lehrern fanden sich „Südländer", wie der römische Fechtlehrer Filippo Mozetti, der vor seinem Einsatz um 1738 in Ettal in Venedig für das adelige Kollegium „San Michele" auf der Insel Murano gearbeitet hatte.

Der Sprachlehrer Bellfonti ließ sich von seiner Frau begleiten, und nach nur zwei Jahren Tätigkeit als Lehrer und Hausarzt in der Akademie starb er in Ettal am 2. September 1740. Vor ihm fand am 27. März 1719 ein anderer Arzt aus Italien den Tod in Ettal, Ambrosio Pandini aus Verona. In den wichtigen Fächern hielt man allerdings wenig davon, Italiener als Lehrer einzusetzen.

All das fand ein Ende im Brand des 29. Juni 1744 und erst im 20. Jahrhundert begann ein erneuter Lehrbetrieb in Ettal.

Von Ettal aus fahren Sie weiter auf der B 23 in Richtung Augsburg, biegen bald nach rechts in Richtung Oberammergau ab und erreichen den Ort nach insgesamt 4 km Fahrt.

Keinesfalls sollten Sie versäumen, einen Spaziergang durch das schöne Dorf zu unternehmen und die vielen Lüftlmalereien und Holzschnitzereien zu bewundern. Wenn Sie dabei der Pfarrkirche St. Peter und Paul begegnen, ist es an der Zeit, das nächste Kapitel zu beginnen.

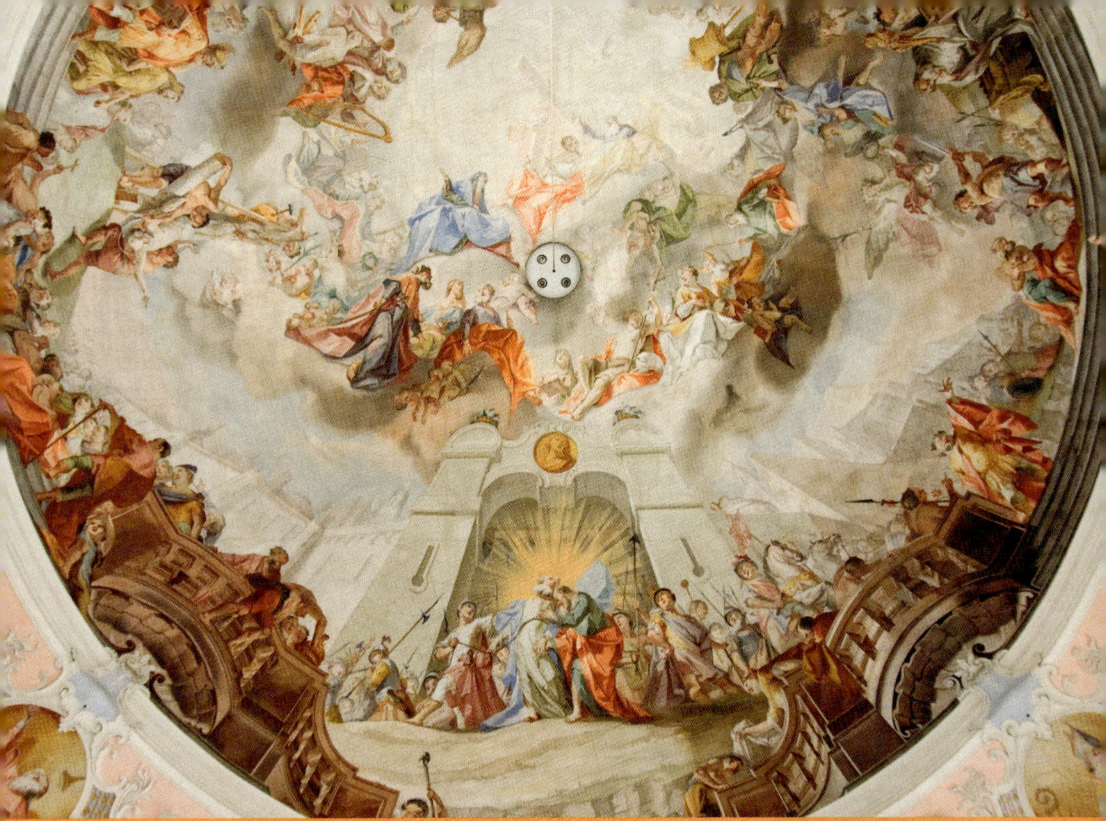

Oberammergau

Römische Veduta

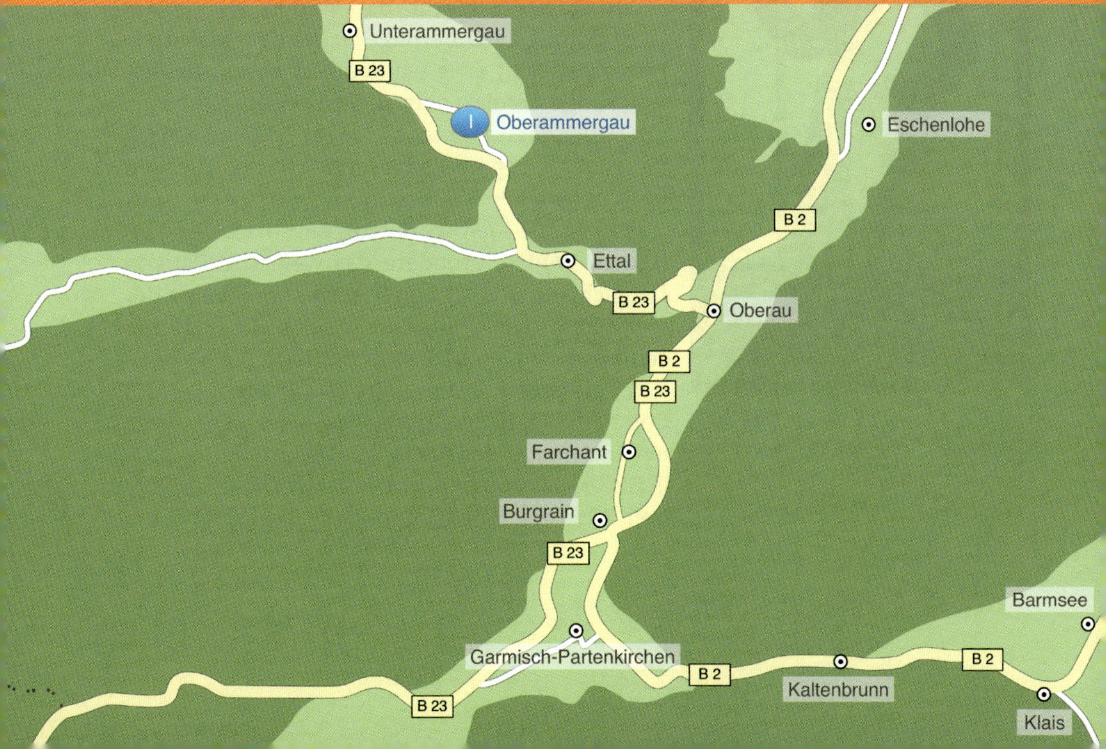

Unterammergau
B 23
Oberammergau
Eschenlohe
B 2
Ettal
B 23
Oberau
B 2
B 23
Farchant
Burgrain
B 23
Barmsee
Garmisch-Partenkirchen
B 2
Kaltenbrunn
B 2
B 23
Klais

Italiener in Oberammergau?

Sie sind an der letzten Station dieser Reise durch die „italienischen Momente" im Voralpenland angekommen, und der Beginn in Bad Tölz war vermutlich weniger überraschend als der Abschluss in Oberammergau, oder doch nicht?! Die Passionsspiele haben nichts mit Italien zu tun, was könnte es hier dann bitteschön italienisches geben?!

Fangen wir mit der alten Römerstraße von Augsburg nach Verona an, die hier vorbeiführte und vergessen wir nicht in der Neuzeit die Handelsstraße nach Verona und Venedig, dann gab es noch das Rottfuhrwesen, das hier wie in den schon gesehenen Orten Bad Tölz, Mittenwald, Garmisch und Partenkirchen eine wichtige Rolle spielte. In Oberammergau lebte man lange Zeit fast ausschließlich von den Einnahmen aus der Rottfuhr. Heute bringt „dieselbe" Straße Touristen in den Ort, auch immer mehr Italiener.

Zur Zeit der Römer stand die Straßenstation „Coveliacas" vermutlich am Berg Kofel, aber dank keltischer Funde am Döttenbichl weiß man, dass der Ammergau schon 10.000 v. Chr. besiedelt war! Bis zum 8. Jahrhundert weiß man dann aber erst einmal gar nichts mehr über den Ort; leider hielt man damals noch nicht viel vom Schreiben.

Welf I., ein Italiener aus Este. Eine Verwandte hat man auf dem Deckenfresko in Ettal abgebildet

Doch das 8. Jahrhundert ist für meine Geschichte wichtig, da hier noch etwas an eine alte und fast vergessene Verbindung zu Italien erinnert: die Sippe der Welfen. Oberammergau war die wichtigste Ortschaft im „Ammerthal", heute Ammergau, einem Gebiet, das ab dem 8. Jahrhundert den Welfen gehörte. Welf IV., hier in Bayern als Welf I. bekannt, war Sohn von Alberto Azzo II. d'Este.

Das Adelsgeschlecht der Welfen als Ganzes entstammt den Otbertingern, bei denen sich die Historiker nicht einig werden können, ob sie ihre Ursprünge nördlich oder südlich der Alpen hatten: Entweder entstammten sie direkt Familien südlich der Alpen oder sie kamen mit Karl dem Großen nach Italien.

1070 wurde Welf IV. Herzog Bayerns unter dem Namen Welf I., gründete das welfische Haus in Deutschland und ist damit auch Stammvater der welfischen Linie Englands. Seine Besitztümer südlich der Alpen behielt er natürlich auch, sie lagen bei Verona, Vicenza, Treviso, Rovigo, Ferrara und natürlich Padua. Übrigens war es keineswegs ein Einzelfall unter Adeligen, Besitztümer sowohl in Bayern als auch in Nord- und Mittelitalien zu haben. Eine der vielen Taten Welfs I. war die Gründung des Klosters Rottenbuch im Jahr 1073. Bis etwa zur Mitte des 13. Jahrhunderts blieb das Gebiet im „Ammerthal" in der Hand der Welfen.

Bayerische Dichter aus italienischen Familien

Die Familie Lori kam wahrscheinlich von Italien mit den Welfen nach Norden (oder kehrte dorthin zurück, falls sie mit Karl den Großen nach Italien gezogen war!). Der Familie Lori entstammte der berühmte Gelehrte Johann Georg von Lori, der 1759 Mitbegründer der Bayerischen Akademie der Wissenschaften in München war. Auch der bekannte bayerische Schriftsteller Ludwig Thoma ist ein Nachkomme der Lori; sein Geburtshaus ist heute noch in Oberammergau zu sehen.

Eine römische Veduta für Oberammergau

Wann in Oberammergau die erste Kirche gebaut wurde, weiß man nicht, doch sicher war sie aus Holz. Später errichtete man eine romanische Kirche aus Steinen, dann eine gotische und schließlich ab 1736 die aktuelle, die viel größer ist als ihre Vorgängerinnen. Sie ist die Pfarrkirche St. Peter und Paul und ihr Architekt war der Wessobrunner Joseph Schmuzer, dem Sie schon mehrmals unterwegs „begegnet" sind, die Deckenfresken aus dem Jahre 1741 stammen von einem Maler, den Sie am Ende meiner italienischen Tour auch schon wie einen alten Bekannten begrüßen können: Hallo Matthäus Günther!

199

Die Pfarrkirche St. Peter und Paul in Oberammergau

Als ich die Deckenfresken der Kirche zum ersten Mal sah, dachte ich mir, dass sie von zwei verschiedenen Freskanten stammen müssten, da ihre Stile so unterschiedlich sind, doch alle Deckenfresken sind von Günther. Während er beim Fresko in Richtung Hauptaltar seinem kreisförmigen Aufbau treu blieb, lehnte er sich beim Fresko über Orgel und Kircheneingang an den Stil seines Lehrmeisters Cosmas Damian Asam an. Es zeigt Berninis Baldachinaltar im römischen Petersdom, perspektivisch nach oben gestreckt und ganz im Stil des italienischen Malers Andrea Pozzo. Hier scheint Günther die Struktur der Orgel ideell im Fresko weiter zu führen.

Mit Ausnahme der zu vielen Stufen ist der Baldachin so detailgetreu wiedergegeben, dass man denken könnte, Günther selbst habe eine Zeichnung vor Ort in Rom angefertigt und dann hier in Oberammergau das Bild freskiert. Ich war nicht die erste, die das vermutete; vor allem wegen dieses Freskos wird schon in der alten Literatur über Matthäus Günther spekuliert, dass er Rom bereist hatte, ...doch das hat sich nicht bestätigt. Die Vorlage des Altarbilds scheint stattdessen von seinem Meister Cosmas Damian Asam zu stammen, der Rom aus eigener Erfahrung kannte. Doch was rede ich viel – vergleichen Sie selbst das Fresko mit dem Foto des Altars in Rom.

Günthers Deckenfresko über der Orgel der Pfarrkirche Oberammergau ist eine detailgetreue Wiedergabe des Bernini-Baldachins im Petersdom...
...den der Maler nie persönlich gesehen hat

Die Szenen in Matthäus Günthers Deckenfresko in der Pfarrkirche Oberammergau sind im antiken Rom angesiedelt und zeigen links das Martyrium des Apostels Petrus, rechts das von Paulus

Im Langhausfresko Günthers sieht man wieder seine typische kreisförmige Art, in der die Architekturelemente eine mittlerweile untergeordnete Rolle spielen: Hauptthema ist die Wiedergabe des Martyriums der Schutzheiligen Petrus und Paulus in Rom, die Gebäude sieht man kaum. Doch ist Rom in beiden Fresken auf eigene Art präsent.

Das Gemälde des Antoniusaltars – rechts vom Hauptaltar – malte ein weiterer „alter" Bekannter, Johann Jakob Zeiller, von dem ausführlich in den Klöster Benediktbeuern und Ettal die Rede war (siehe Seite 69).

Oberammergau – Römische Veduta

Eine Passion in vielen bunten Bildern

Oberammergau ist für die Passionsspiele weltbekannt. Seit dem Pestjahr 1634, von dem hier im Buch oft die Rede war, spielten die Einwohner alle 10 Jahre das *Spiel vom Leiden, Sterben und Auferstehen unseres Herrn Jesus Christus*, ab 1680 wurden die Aufführungen auf die runden Jahreszahlen gelegt. Die Spiele führen jedes Mal Tausende von Zuschauern ins hiesige Theater.

Im Dorf kann man auf vielen Häuserfassaden schöne bunte Szenen anschauen, die sich an das Thema der Spiele anlehnen. Das bekannteste Haus ist das Pilatushaus in der Ludwig-Thoma-Straße 10, und die Scheinarchitekturfresken – die mich an Andrea Pozzo erinnern – sind Werke des sicher bekanntesten Lüftlmalers Franz Seraph Zwink, der im 18. Jahrhundert lebte.

Die ursprünglich aus Italien stammende Illusionsmalerei hat sich auch in der oberbayerischen Lüftlmalerei etabliert.

Oberammergau – Römische Veduta

Museen & Sonstige

Infos über Museen & Sonstige an der Strecke von Bad Tölz bis Oberammergau:

Stadtmuseum Bad Tölz

Marktstraße 48 - 83646 Bad Tölz
Tel: 08041 - 7935156 / Fax: 08041 - 7935159 www.bad-toelz.de
Öffnungszeiten: Di - So 10.00 - 16.00 Uhr
Eintritt: Erwachsene: 2,00 € / Ermäßigt: 1,50 €

Kloster Benediktbeuern

Don-Bosco-Straße 1 - 83671 Benediktbeuern
Tel.: 08857 - 880 / Fax: 08857 - 881 99 www.kloster-benediktbeuern.de
Öffnungszeiten: Ein Teil des Klosters steht tagsüber (in der Regel von 9–17.30 Uhr) zur freien Besichtigung offen. Andere Bereiche des Klosters können nur im Rahmen einer Führung besichtigt werden.
Regelmäßige Klosterführungen (ohne vorherige Anmeldung): Di-Do-Sa-So-Feiertags um 14.30 Uhr – gesonderte Führungen sind aus der Webseite zu entnehmen.

Freilichtmuseum des Bezirks Oberbayern - Glentleiten

An der Glentleiten 4 - 82439 Großweil
Tel. 08851 - 1850 / Fax 08851 – 18511 www.glentleiten.de
Öffnungszeiten: Di - So: 9.00 - 18.00 Uhr (nach dem Ende der Sommerzeit bis 17.00 Uhr) - Von 19.3 bis zum 11. 11 - Montags von Juni bis einschließlich September sowie an Feiertagen und Kirchweih geöffnet.
Eintritt: Erwachsene: 5,00 € / Ermäßigt: 4,00 € / 2,00 € - unter 6 Jahre: frei

Walchenseemusem

Heimatkundliche Sammlungen der Gebiete Kochelsee und Walchensee
82432 Urfeld am Walchensee
Stiftung Friedhelm Oriwol in München - Tel. 089 - 92 86 00 92 / Fax 089 - 92 86 00 93 www.walchenseemuseum.de
Öffnungszeiten 2010: 1.6 - 30.9.10 / Fr - So 10.30 - 16.30 Uhr
Eintritt: Erwachsene: 5,00 € / Ermäßigt: 4,00 € - 3,00 €

Franz Marc Museum

Kunst im 20. Jahrhundert - Franz-Marc-Park 8-10 - 82431 Kochel am See
Tel. 08851-92488-0 www.franz-marc-museum.de
Öffnungszeiten: Di – So und an Feiertagen: April-Oktober 10.00 - 18.00 Uhr /
November-März 10.00 - 17.00 Uhr - Geschlossen am 24. und 31. Dezember
Eintritt: Erwachsene: 7,50 € / Ermäßigt: € 3,50 € / Familienkarte: € 17

Geigenbaumuseum

Ballenhausgasse 3 - 82481 Mittenwald
Tel. 08823 - 2511 / Fax 08823 – 3355 www.geigenbaumuseum-mittenwald.de
Öffnungszeiten: Di - So / Hauptsaison: 10.00 - 17.00 Uhr / Nebensaison: 11.00
- 16.00 Uhr / Geschl. vom 05.11 bis 13 12. sowie am 24.12. und am 31.12.
Eintritt: Erwachsene: 4,50 € / Ermäßigt:4,00 - 2,00 € - unter 6 Jahre: frei

Porta Claudia

Das Informationsbüro Scharnitz organisiert gerne auf Anfrage Führungen
zur Porta Claudia. Jeden Donnerstag finden geführte Wanderungen der
Natur Lounge statt (Stand 2010)
Infobüro Scharnitz: Tel. +43 (0)5 0880 40 / Fax +43 (0)5 0880 41
www.seefeld.de

Werdenfelser Heimatmuseum

Ludwigstraße 47 - 82467 Garmisch-Partenkirchen
Tel. 08821 – 2134 / Fax 08821 – 937 82 66 www.werdenfels-museum.de
Öffnungszeiten: Di – So 10.00 - 17.00 Uhr
Eintritt: Erwachsene: 4,00 €

Benediktinerabtei Ettal

Kaiser-Ludwig-Platz 1 - 82488 Ettal
Tel. 08822 - 740 / Fax 08822 - 74228 www.kloster-ettal.de
Kirchenführungen: aus der Webseite zu entnehmen

Oberammergauer Museum

Dorfstraße 8 - 82487 Oberammergau
Tel. 08822 - 9 41 36 www.oberammergaumuseum.de
Öffnungszeiten 2010: 15.05.10 – 03.10.10 / Geschl. 24.12 und 01.01 / Di - So -
an Feiertagen auch montags - 10.00 - 17.00 Uhr
Eintritt: Erwachsene: 4,00 € / € 1,00

Sämtliche Informationen habe ich aus den aufgeführten Webseiten übernommen. Für Fehler oder fehlerhafte Informationen wenden Sie sich bitte
an die Betreiber selbst.

Italienische Spaziergänge

mit Daniela Crescenzio persönlich

Spazieren Sie mit Daniela Crescenzio auf italienischen Pfaden durch München!

Sie können:

- spontan an einem Spaziergang teilnehmen. Die nächsten Termine finden Sie unter
  www.italienische-spaziergaenge.de

- oder Ihren exklusiven Italienischen Spaziergang auf Deutsch oder Italienisch bei ihr buchen:
  daniela@crescenzio.de

Italienische Spaziergänge in München

Band I: Florenz Venedig Rom

Sie wollten schon immer wissen, warum München die nördlichste Stadt Italiens ist? Dann lassen Sie sich durch drei außergewöhnliche Italienische Spaziergänge verführen und entdecken Sie die Münchner Italianität.

Wählen Sie ein Thema aus – Florenz, Venedig oder Rom – und entdecken Sie unter Führung der Autorin, wie stark jene Städte Antlitz und Geist Münchens geprägt haben. Erfahren Sie vieles über Stadtgeschichte(n), Kunstwerke, Personen und Ereignisse, die die Beziehung Münchens mit Italien ausmachen...

...immer mit einer Prise Humor!

Daniela Crescenzio

Italienische Spaziergänge in München

Band I: Florenz Venedig Rom

IT-INERARIO

„Ein Gewinn für jeden München-Freund! Gerade die gewisse Lockerheit, mit der die zahllosen kunst- und kulturhistorischen Fakten hier serviert werden, hebt sich wohltuend ab von der Steifheit, die man von manchen anspruchsvollen Publikationen aus den Fachverlagen gewohnt ist.“
Bavarica Buch-Service

„Die Autorin hat viel Wissenswertes zur Stadt(kunst-)geschichte in dem schmalen Band untergebracht und überhaupt kann es ja nur ein Gewinn sein, Vertrautes aus einem besonderen Blickwinkel zu betrachten.“
Süddeutsche Zeitung

Italienische Spaziergänge in München
Band I: Florenz Venedig Rom

112 Seiten, ca. 72 Abbildungen
2. Auflage, September 2009
14,90 Eur (D) / 15,40 Eur (A)
Format 16 x 23 x 0,6 cm
ISBN 978-3-9813046-0-2

Erhältlich in jeder Buchhandlung
oder beim Verlag
http://www.it-inerario.de

Italienische Spaziergänge in München
Band II: Dynastien aus Italien

Sie sind unter uns. Und das nicht erst seit Pizza, Pasta und Cappuccino, sondern von Anfang an! Erfahren Sie, wie italienische Familiendynastien über Jahrhunderte in München Leben, Gesellschaft und Politik prägten, was sie herführte und wie sie sich für ihre Wahlheimat einsetzen: von der Brautwerbung für die Wittelsbacher über die Rettung der Heiliggeistkirche bis zum ersten Kriegsminister.

Tipps für interessante Ziele in der Umgebung Münchens und anderen Regionen Norditaliens ermuntern Sie, ein paar „Fahrten ins Blaue" zu machen.

...immer mit einer Prise Humor!

„So wie Daniela Crescenzio über Bayern und Italiener, über Italiener in Bayern erzählt: eindeutig eine Liebesbeziehung"
Süddeutsche Zeitung

„Zwei interessante Bände von Daniela Crescenzio laden außerdem zu „Italienischen Spaziergängen in München" ein."
Damals - das Magazin für Geschichte und Kultur

Italienische Spaziergänge in München
Band II: Dynastien aus Italien

144 Seiten, ca. 123 Abbildungen
1. Auflage, Dezember 2009
16,50 Eur (D) / 17,00 Eur (A)
Format 16 x 23 x 0,7 cm
ISBN 978-3-9813046-1-9

Erhältlich in jeder Buchhandlung
oder beim Verlag
http://www.it-inerario.de

MACHEN SIE EINE
FAHRT INS BLAUE...

*...auf den Pfaden
der italienischen
Dynastien zwischen
Bayern und Italien!*

Daniela Crescenzio
führt Sie in italienische
Ecken Bayerns und
bayerische Gegenden
Italiens.

Reiseinformationen für die kleinen
und großen Touren im Internet unter
http://www.it-inerario.de

weitere Informationen per E-Mail an
reise@it-inerario.de

Sie können natürlich auch per Post
Verbindung mit uns aufnehmen:

Verlag IT-INERARIO GbR
Hauptstraße 18
D 82008 Unterhaching

Bibliographie

Literatur Bad Tölz

Archiv des Erzbistums München und Freising in München, AEM Matrikel Bad Tölz 1 – S. 200, Pfarrakten Tölz Kapellen – Schlosskapelle Tölz

Hauptstaatsarchiv München, Gerichtsliteralien Faszikel - GL Fasz. 4064 Nr. 28 / 2

Altmann, Lothar, **Kirchen im Pfarrverband Bad Tölz** - Verlag Schnell & Steiner, 2003 Regensburg

Aschl, Albert, **Die Moralt – Lebensbilder einer Familie** - Privatdruck 1960

Bauer, Anton, **Die ehemalige Gruftkapelle am Frauenfreithof zu Tölz** - in: Lech-Isar-Land 1974, Organ des Heimatverbandes Lech-Isar-Land e.V., Weilheim in Oberbayern

Bauer, Hermann – Rupprecht, Bernhard, **Kunstwanderungen in Bayern südlich der Donau** - Belser Verlag, Stuttgart 1973

Baumstark, Reinhold – Büttner, Frank – Dekiert, Marcus – Gottdang, Andreas – Hrsg. **Ulrich Loth zwischen Caravaggio und Rubens** - Hatje Cantz Verlag, Ostfildern 2008

Bayerische Franziskanerprovinz Hrsg., **Bavaria Franciscana Antiqua** - Dritter Band - Komm.-Verlag: Lentner'sche Buchhandlung Dr. E. K. Stahl, München 1957

Bayerische Franziskanerprovinz Hrsg., **Bavaria Franciscana Antiqua - Fünfter Band -** Komm.-Verlag: Lentner'sche Buchhandlung Dr. E. K. Stahl, München 1961

Brenninger, Georg, **Die Kirchen in der Pfarrei Bad Tölz** - Verlag Schnell & Steiner, 1983 Regensburg

Caso, Anna, **I Crivelli – Una famiglia milanese fra politica, società ed economia nei secoli XII e XIII** - Società Editrice Dante Alighieri, 1994 Milano

Chambers, D. S., **The „bellissimo ingegno" of Ferdinando Gonzaga (1587-1626) cardinal and duke of Mantua** - in: Journal of the Wartburg and Courtauld Institutes, Vol. 50 (1987)

Crescenzio, Daniela, **Italienische Spaziergänge in München – Band I: Dynastien aus Italien** - IT-INERARIO Verlag, Unterhaching 2009

Das Totenbuch der bayerischen Franziskanerprovinz zum hl. Antonius von Padua von 1621 bis 1928 – 1. und 3. Band - Neubearbeitet von P. Bernardin Lins O.F.M. - Solanushaus Landshut, 1929-1930

Denzel, A. Markus, **Professionen und Professionisten: die Dachsbergsche Volksbeschreibung im Kurfürstentum Baiern (1771-1781)** - Franz Steiner Verlag, Stuttgart 1998

Diemer, Dorothea, **Hubert Gerhard und Carlo di Cesare del Palagio – Band I** - Deutscher Verlag für Kunstwissenschaft Berlin, Berlin 2004

Eckert, Gerhard, **Oberbayern: Kultur, Geschichte, Landschaft zwischen Donau u. Alpen, Lech u. Salzach** - DuMont Buchverlag, Köln 1980

Ferchl, Georg, **Bayerische Behörden und Beamte 1550-1804** - Hofbuchdruckerei Kastner & Callwey, München 1908

Fontana, Giacomo, **Insegne de varii prencipi et case illustri d'Italia e altre provincie** - Modena 1605

Götz, Freiherr von Pölnitz, **Die Matrikel der Ludwig-Maximilian-Universität Ingolstadt-Landshut-München** - München 1939

Holland, Hyacinth, **Riedel, August** - in: Allgemeine Deutsche Biographie, herausgegeben von der Historischen Kommission bei der Bayerischen Akademie der Wissenschaften, Band 28 (1889)

Lins, Pater Bernardin O.F.M., **Geschichte des Franziskaner-Klosters in Bad Tölz** - J. Dewitz Buchhandlung, Bad Tölz 1929

Portaluppi, Don Maggiorino, **Alessandro Crivelli** - in: Comune di Lovello – www.comune. lovello.pv

Prange, Peter, **Quaglio, Simon** - in: Allgemeine deutsche Biographie & Neue deutsche Biographie (Digitale Register) - Bd. 27, Reinald Leipzig 1888

Scherbaum, Bettina, **Die bayerische Gesandtschaft in Rom in der frühen Neuzeit (Bibliothek Des Deutschen Historischen Instituts in ROM)**, Verlag Niemeyer, Tübingen 2008

Schumann, Albert, **Jacobs, Emil** - in: Allgemeine Deutsche Biographie, herausgegeben von der Historischen Kommission bei der Bayerischen Akademie der Wissenschaften, Band 13 (1881)

Schwaiger, Georg (Hrsg.), **Monachium Sacrum – Festschrift zur 500-Jahr-Feier der Metropolitankirche Zu Unserer Lieben Frau in München** - Deutscher Kunstverlag, München 1994

Sepp, Prof. Dr. Johann Nepomuk, **Denkwürdigkeiten aus dem Isarwinkel und der Nachbarschaft** - Lindauer'Sche Buchhandlung, München 1892

Stadtarchiv München, Hrsg., **Häuserbuch der Stadt München** - R. Oldenbourg, München 1958

Westermayer, Georg, **Chronik der Burg und Marktes Tölz** - 1893 Tölz

Woeckel ,Gerhard, **Günther (Gindtner und andere), Matthäus** - in: Neue Deutsche Biographie 7 (1966), S. 277 [Onlinefassung]; URL: http://www.deutsche-biographie.de/artikelNDB_n07-277-01.html – Stand April 2010

Literatur Benediktbeuern und Bichl

Amigoni, Jacopo - in: Saur, Allgemeiner Künstlerlexikon , K. G. Saur München Leipzig 1992

Bauer, Hermann und Anna, **Klöster in Bayern** - C. H. Beck, 1985 München

Bautz, Friedrich Wilhelm, **Asam, Hans Georg** - Biographisch-Bibliographischen Kirchenlexikons, Verlag Traugott Bautz - Bd. I BBKL Hamm 1990 ISBN 978-3-88309-013-9

Bautz, Wilhelm, **Benedikt von Nursia** - Biographisch-Bibliographischen Kirchenlexikons, Verlag Traugott Bautz - Bd. I BBKL Hamm 1990 ISBN 978-3-88309-013-9

Benediktbeuern – Webseite der Gemeinde - http://www.benediktbeuern.de/index. php?id=37 - Stand Februar 2010

Büttner, Frank, **Der Import des Barock** - in: Bayern mitten in Europa – Vom Früh-mittelalter bis ins 20. Jahrhundert - Schmid, Alois und Weigand, Katharina Hrsg. - C. H.

Beck, München 2005
Chiesa di San Pietro – Badia Calavena - http://www.badiacalavena.eu/badia-calavena/ arte-e-cultura/chiesa-di-san-pietro - Stand: Januar 2010

Chronica et annales aevi Salici – Tomus IX, Hannover 1851 - Annales aevi Suevi-ci - Tomus XVII, Hannover 1861 - Monumenta Germaniae Historiae und Bayerischer Staatsbibliothek / Digitale Bibliothek

Deutsche Provinz der Salesianer Don Boscos, München - http://www.donbosco.de/ wir-ueber-uns/don-bosco/

Filialkirche St. Georg – Bichl - Schnell & Steiner GmbH Kurzführer, Regensburg 2006

Gemeinde Benediktbeuern und Salesianer Don Bosco Hrsg., **1250 Jahre Benediktbeu-ern 739-1989** - Benediktbeuern 1989

Hemmerle, Josef, **Germania Sacra: Das Bistum Augsburg, 1** - Die Benediktinerabtei Benediktbeuern - Walter de Gruyter, Berlin New York 1991

Honour, Hugh – Fleming, John, **Weltgeschichte der Kunst** - Prestel Verlag, München 2000

Kellner, Hans-Jörg (Hrsg.), **Steinmetzarbeiten der Karolingerzeit - Neufunde aus altbayerischen Klöstern 1953-1979** - Ausstellungskatalog der Prähistorischen Staats-sammlung, München 1980

Kinder, Hermann – Hilgemann, Werner Hrsg., **dtv-Atlas zur Weltgeschichte – Band 1** - 21.Auflage, München 1986

Kirmeier, Josef und Treml, Manfred, **Glanz und Ende der alten Klöster – Säkularisati-on im bayerischen Oberland 1803** - Süddeutscher Verlag, München 1991

Klemm, Walther, **Benediktinisches Barocktheater in Südbayern** - Sonderdruck aus „Studien und Mitteilungen zur Geschichte des Benediktinerordens und seiner Zweige", München 1938

I Cimbri della Lessinia - http://www.cimbri.it - Stand: Januar 2010

Jahn, Dr. des. Peter Heinrich, **Die Baugestalt der barocken Klosterkirche St. Benedikt zu Benediktbeuern (1672-1686)**. Italienisches und Einheimisches in der altbayerischen Sakralarchitektur des 17. Jahrhunderts - in: Oberbayerisches Archiv, Bd. 123 (1999)

Maier, Lorenz, **Fischer, Johann Michael** - in: Bosls bayerische Biographie / hrsg. von Karl Bosl. - Verlag Pustet, Regensburg 1983 - Online Version 24.05.2006 der Universität Regensburg

Matsche, Franz - Doktorarbeit, **Der Freskomaler Johann Jakob Zeiller (1708-1783)** - Marburg/Lahn 1970

Mindera, Karl, **Benediktbeuern** - Neuer Filser-Verlag, München 1939

Mindera, Karl, **Benediktbeuern - Kultur und Kirchen** - Verlag Schnell & Steiner, Mün-chen Zürich 1957

Neumann, Günther, **Die Gestaltung der Zentralbauten J.M.Fischers und deren Ver-hältnis zu Italien**, in: Münchener Jahrbuch der bildenden Kunst 3.F.2, München 1951

Olszewsky, Hans-Josef, **Knoller, Martin** - Biographisch-Bibliographischen Kirchenlexikons, Verlag Traugott Bautz - Bd. IV BBKL Herzberg 1992 ISBN 978-3-88309-038-2

von Paczensky, Gert - Dünnebier, Anna, **Kulturgeschichte des Essens und Trinkens** -
Orbis Verlag, München 1999

Da Persico, Giovanni Battista, **Descrizione di Verona e della sua provincia** - Società
Tipografica Editrice, Verona 1820

Putzger Historischer Atlas - Cornelsen-Velhagen & Klasing, Berlin und Bielefeld 1961

Rainer, Schnabel, **Pharmazie in Wissenschaft und Praxis** - Heinz Moos Verlag, München 1965

San Vincenzo al Volturno - http://www.sanvincenzoalvolturno.it - Stand: Januar 2010

Scarpa Sonino, Annalisa, **Jacopo Amigoni** - Edizioni dei Soncino, Soncino (CR) 1994

Thöny, Ulrike, 2005, **BRENNO, Paolo (Prospero?)** - in: AIA - Artisti Italiani in Austria –
http://www.uibk.ac.at/aia/ - Stand April 2010

Weber, Andreas Otto, **Studien zum Weinbau der altbayerischen Klöster im Mittelalter**
- Franz Steiner Verlag,Stuttgart 1999

Weber, Leo, **Der frühbarocke Festsaal und seine Deckenbilder im Kloster Benediktbeuern** - Bayerische Volksbildungsverband, München 1996

Weber, Leo, **Pfarrkirche St. Benedikt und Anastasiakapelle zu Benediktbeuern** -
Kunstverlag Peda, Passau 2004

Weber, Leo (Hrsg.), **Vestigia Burana – Spuren und Zeugnisse des Kulturzentrums
Kloster Benediktbeuern** - Don Bosco Verlag, München 1995

Wolff, P. Dr. Norbert, **Viele Wege führen nach Deutschland** - Don Bosco Verlag, München 2000

Literatur Schlehdorf

Baescke, Georg, **Der deutsche Abrogans und die Herkunft des deutschen
Schriftums** - Max Niemeyer Verlag, Halle (Saale) 1930

Bosl, Karl, **Bayern und Italien - in: 1000 Jahre deutsch-italienischer Beziehungen** -
Albert Limbach Verlag, 1960 Braunschweig

Brandmüller, Walter, **Handbuch der Bayerischen Kirchengeschichte** – Band I: Von den
Anfängen bis zur Schwelle der Neuzeit - Eos Verlag Erzabtei St. Ottilien, St. Ottilien 1998

Fastlinger, Max, **Die wirtschaftliche Bedeutung der bayerischen Klöster in der Zeit
der Agilolfinger** - Freiburg in Breisgau 1903

Haberer, Stephanie, **Klöster in Bayern: Schlehdorf** - Bayerisches Staatsministerium
für Wissenschaft, Forschung und Kunst / Haus der Bayerischen Geschichte, Augsburg –
Stand Januar 2010 - http://www.hdbg.de

Kellner, Hans-Jörg – Hrsg., **Steinmetzarbeiten der Karolingerzeit** - Neufunde aus
altbayerischen Klöstern 1953 – 1979 - Ausstellungskataloge der prähistorischen Staats-
ammlung – Band 6 – München 1980

Maier, Lorenz, **Arbeo, Bischof von Freising** - in: Bosls bayerische Biographie / hrsg.

von Karl Bosl. - Verlag Pustet, Regensburg 1983 - Online Version 24.05.2006 der Universität Regensburg

Rochow, Evelin von, **Pfarrkirche St. Tertulin – Schlehdorf** - Kunstverlag Josef Fink – Lindenberg 2003

Scherr, Laura, **Klöster in Bayern: Scharnitz** - Bayerisches Staatsministerium für Wissenschaft, Forschung und Kunst / Haus der Bayerischen Geschichte, Augsburg – Stand Januar 2010 - http://www.hdbg.de

Simon-Schlagberger, Adelheid, **Johann Baptist Baader 1717-1780 – Ein schwäbisch-bayerischer Maler zwischen Barock und Klassizismus** - Anton H. Konrad Verlag, Weißenhorn

Stoffella, Marco, **Le relazioni tra Baviera e Toscana tra VIII e IX secolo: appunti e considerazioni preliminari** - in: Mélanges de l'Ecole Française de Rom, 120/1 (2008)

Literatur Glentleiten

Buchhandel (im 15. und 16. Jahrhundert) - Verlag des Bibliographischen Instituts, Leipzig und Wien, Vierte Auflage, 1885-1892 - http://www.retrobibliothek.de/retrobib/impressum.html - Dipl. Ing. (FH) Christian Aschoff

Comelico Cultura - http://www.comelicocultura.it – Stand März 2010

Höntze Ernst, **Bayerische Italiener** - in: Freundeskreis-Blätter 37, Juli 1998 - Freundeskreis Freilichtmuseum Südbayern e. V.

Höntze Ernst, **Wanderer zwischen zwei Welten. Der italienische Pfannenflicker Pietro Zannantonio in Starnberg** - in: Fremde auf dem Land – Hrsg. Fränkisches Heimatmuseum, Bad Windsheim 2000

Hans Kropp - http://merkurtz.trauer.de/Hans-Kropp/Gedenken/107714.html

215

Oeconomischen Encyclopädie von Johann Georg Krünitz - Elektronischen Version - http://www.kruenitz1.uni-trier.de/xxx/k/kk02153.htm

Vetter E., **Uebersicht der aus den Königreiche Bayern polizeilich ausgewiesenen Ausländer** - Staatskommisariats-Offiziant in Ansbach 1867 – Druck der Carl Jung'schen Officin

Literatur Kesselbergstraße und Walchensee

Freutsmiedl, Johannes, **Römische Straßen der Tabula Peutingeriana in Noricum und Raetien** - Verlag Dr. Faustus, 2005 Büchenbach

Egg, Dr. Erich, **Die Glashütten zu Hall und Innsbruck im 16. Jahrhundert (Auszug)** - Innsbruck 1959 - in: Pressglas-Korrespondenz PK 2008-4-03 - http://www.pressglas-korrespondenz.de/

Badura, Peter - Schöfmann, Hans Hrsg., **500 Jahre Kesselbergstraße** - 1992 Kochel am See

Bernstein, Martin, **Römerstraßen und Kultplätze** - Süddeutsche Zeitung GmbH, München 2006

Crescenzio, Daniela, **Italienische Spaziergänge in München – Band I: Florenz Venedig Rom** - IT-INERARIO Verlag, Unterhaching 2009

von Oefele, Edmund, **Albrecht IV. (Herzog von Bayern)** - in: Allgemeine Deutsche Biographie, herausgegeben von der Historischen Kommission bei der Bayerischen Akademie der Wissenschaften, Band 1 (1875)

Goethe, Johann Wolfgang, **Italienische Reise** - insel taschenbuch 175, Ffk./Main 1976

Kraus, Andreas Kraus – Spindler, Max, **Handbuch der bayerischen Geschichte – Band II: Das Alte Bayern. Der Territorialstaat** - Verlag C. H. Beck, München 1988

St Jakob in Walchensee – Geschichte -http://www.bistum-augsburg.de/ba/dcms/sites/bistum/dioezese/pfarreien/dekanate/benediktbeuern/walchensee/Kirchen/Jakob/Geschichte.html

Literatur Mittenwald

Accornero, Giovanni - Epicoco, Ivan - Guerci, Eraldo, **Il Conte Cozio di Salabue, Liuteria e Collezionismo in Piemonte** - Edizioni il Salabue s.r.l., Torino 2005

Andre (gen. Schwalb) Johannes - in: Bosls bayerische Biographie / hrsg. von Karl Bosl. - Verlag Pustet, Regensburg 1983 - Online Version 24.05.06 der Universität Regensburg

Baader, Josef, **Chronik des Marktes Mittenwald seiner Kirchen, Stiftungen und Umgegend** - C.H. Beck'sche Buchhandlung, Nördlingen 1880

Denk, Viktor Martin Otto, **Der Geigenmacher von Mittenwald - Erzählung aus dem 17. Jahrhundert** - Verlag A. Nemayer, Mittenwald 1920

Focht, Dr. Josef, **Geigenbaumusem Mittenwald** – Kurzführer - Markt Mittenwald 2007

Focht , Dr. Josef - Zunterer, Wolfgang - Redaktion, **Geigenbaumuseum Mittenwald** - http://www.matthias-klotz.de – Stand März 2010

Focht, Dr. Josef, **Der Füssener Lautenbau und Italien** - in: Schwaben und Italien – Zwei europäische Kulturlandschaften zwischen Antike und Moderne - Historischer Verein Schwaben, 102. Band - Wißner Verlag, Augsburg 2010

Heiliger Paulus - http://www.heiligenlexikon.de/BiographienP/Paulus.htm – Stand März 2010

Kürzeder, Christoph, **Zu ewigen Zeiten ein Pilgram- oder Bruderhaus. Das Mittenwalder Pilgerhaus und die christliche „hospitalitas"** - in: Via Claudia Stationen einer Straße - Joosten, Hans-Dirk - Kürzeder, Christoph Hrsg. - Freilichtmuseum des Bezirks Oberbayern, Großweil 2000

Lütgendorff, Willibald Leo, **Die Geigen und Lautenmacher vom Mittelalter bis zur Gegenwart** - Frankfurter Verlags-Anstalt, Frankfurt 1921

Maçon, Julius, **Die Entwicklung der Geigenindustrie in Mittenwald** – Dissertation - K.B. Hof- und Universitätsbuchdruckerei von Junge & Sohn, Erlangen 1913

Meucci, Renato, **Strumentaio – Il costruttore di strumenti musicali nella tradizione occidentale** - Marsilio Editori S.p.a., 2008 Venezia

Ostler, Josef – Henker, Michael – Bäumler, Susanne – Hrsg., **Grafschaft Werdenfels 1294-1802** - Verein für Geschichte, Kunst- und Kulturgeschichte im Landkreis Garmisch-Partenkirchen e.V. - Haus der Bayerischen Geschichte, Garmisch-Partenkirchen 1994

Pellegrino - in: Palazzi, Fernando - Novissimo dizionario della lingua italiana - Diciasettesima ristampa - Casa editrice Ceschina, Milano 1940

Petzet, Michael, **Denkmäler in Bayern, Band 1-2** - Verlag Oldenbourg Wissenschaftsverlag GmbH, München 1986

Prechtl, Johann B., **Chronik der ehemals bischöflich freisingischen Grafschaft
Werdenfels in Oberbayern: mit ihren drei Untergerichten und Pfarreien Garmisch,
Partenkirchen und Mittenwald** - Verlag Lampart & Comp., Augsburg 1850

Provinostraße - Augsburger Stadtlexikon – www.augsburger-stadtlexikon.de – Stand
März 2010

Ramingo - In: Dizionario Etimologico della Lingua Italiana - http://www.etimo.it - Copy-
right 2004-2008 Francesco Bonomi

Senn, Walter, **Klotz, Matthias** - in: Neue Deutsche Biographie 12 (1979), S. 128 [On-
linefassung]; URL: http://www.deutsche-biographie.de/artikelNDB_pnd11872360X.html
– Stand März 2010

Seufert, Dr. Ingo, **Pfarrkirche St. Peter und Paul Mittenwald** - Kunstverlag Josef Fink,
Lindenberg 2008

Simonsfeld, Dr. Henry, **Der Fondaco dei Tedeschi in Venedig und die deutsch-veneti-
anischen Handelsbeziehungen** - Verlag der J. G. Cotta'schen Buchhandlung, Stuttgart
1887

Wasielewski, W. J. v., **Stainer, Jacobus St. (Steiner)** - in: Allgemeine Deutsche Biographie 35 (1893), S. 413 [Onlinefassung];
URL: http://www.deutsche-biographie.de/artikelADB_pnd118752596.html – Stand März
2010

Literatur Scharnitz

Claudia de Medici - http://www.fembio.org/english/biography.php/woman/biography_3rd/
claudia-de-medici – Stand März 2010

Jesuitenkirche Innsbruck (Universitätskirche) - http://www.jesuitenkirche-innsbruck.at/
claudia.html

Messe Bozen - http://www.fierabolzano.it/comunicati/comunicato181-d.htm – Stand März
2010

Olympiaregion Seefeld - http://www.seefeld.at/de/sommer/sehenswuerdigkeiten/por-
ta_claudia_scharnitz.php – Stand März 2010

Porta Claudia – Scharnitz - http://www.seefeld.com/de/sommer/sehenswuerdigkeiten/
porta_claudia_scharnitz.php – Stand März 2010

217

Literatur Klais und Garmisch-Partenkirchen

Balz, Robert Horst - Krause, Gerhard – Müller, Gerhard, **Theologische Realenzyklopä-
die,** Band 25 - Verlag Walter de Gruyter, Berlin 1995

Bartolomeo Litterini - http://losapioraffaella.wordpress.com – Stand März 2010

Crescenzio, Daniela, **Italienische Spaziergänge in München – Band I: Florenz
Venedig Rom** - IT-INERARIO Verlag, Unterhaching 2009

Degasperi, Fiorenzo, **Cavae. Le miniere in Trentino Alto Adige tra storia e leggenda** -
Libri Trentini Editore, Trento 2006

Die „Walen" oder „Venediger" - Regierung von Oberfranken/Schulabteilung - www.
bayernwetter.de/sagen – Stand April 2010

Eitzenberger, Martin, **Häuser und Familien 1664 – 1860 in Partenkirchen, sowie von
Esterberg bis Hintergraseck** - Selbstverlag des Autors, Garmisch-Partenkirchen 2006

Garmisch-Partenkirchen – Geschichte - http://www.garmisch-partenkirchen-info.de –
Stand März 2010

Geschichte der Kirche Maria Himmelfahrt - Franziskaner St. Anton - http://www.kath-
pfarrei-partenkirchen.de – Stand März 2010

Goldwaschen in der Schweiz, in Österreich und in Deutschland - www.goldwaschen.
de – Stand April 2010

Johann Michael Wittmer – Ein Maler in Murnau und Rom - http://www.schlossmuse-
um-murnau.de/johann_michael_wittmer_.html – Stand März 2010

Knoerrich, Isabel Alexandra, **Romanismen im Baierischen:** ein kommentiertes Wörter-
buch mit Karten des Sprachatlasses Oberbayern (OSB) und des Kleinen Bayerischen
Sprachatlasses (KBSA) sowie eine Diskussion zu Morphosyntax und Syntax - Inaugural-
dissertation – Philosophische Fakultät der Universität Passau 2002

Krünitz, Johann Georg, **Oeconomische Encyclopädie oder allgemeines System der
Land-, Haus- und Staats-Wirthschaft**: in alphabetischer Ordnung. Bd. 1 - 242. Berlin:
Pauli, 1773-1858 - Erstellte digitale Version der Universitätsbibliothek Trier - http://kru-
enitz1.uni-trier.de

Lang, Dr. Amei, **Farchant** - http://www.vfp-archaeologie.uni-muenchen.de/forschung/vor-
frueh/farchant/farchant1.pdf

Lipowsky, Felix Joseph, **Francesco Antonio Valotti** - in: Portraite der berühmtesten
Compositeurs der Tonkunst - Verlag Stuntz, 1821 München – Münchner Digitalisierungs-
Zentrum – Bayerische Staatsbibliothek

Litterini, Bartolomeo - in: Nagler, Georg Kaspar - Neues Allgemeines Künstler-Lexikon
oder Nachrichten aus dem Leben und den Werken der Maler, Bildhauer, Baumeister,
Kupferstecher, Formschneider, Lithographen, Zeichner, Medailleure, Elfenbeinarbeiter
Verlag von E. A. Fleischmann, München 1835–1852

von Löhneysen, Wolfgang, **Die Wirklichkeit im Bild: von der Antike zur Gegenwart** -
Königshausen & Neumann, Würzburg 2004

Orgelauskunft.de von Fabian Brackhane – http://www.orgelauskunft.de – Stand April
2010

Prechtl, Johann Baptist, **Chronik der ehemals bischöflich freisingischen Grafschaft
Werdendels in Oberbayern, mit ihren drei Untergerichten und Pfarreien, Garmisch,
Partenkirchen und Mittenwald** - Verlag Lampart & Comp., 1850 Augsburg

Resch-Rauter, Inge, **Keltische Gegenwart - Eine Spurensicherung** - Teletool Pro-
ductions GesembH, Wien 2008

Sauser, Ekkart, **ERHARD, hl. Bischof von Regensburg** - Biographisch-Bibliographischen Kirchenlexikons, Verlag Traugott Bautz - Bd. XV BBKL Herzberg 1999 ISBN 978-3-
88309-077-1

Schmidt , Wilhelm Adolf, **Holzer, Johann** in: Allgemeine Deutsche Biographie, (Hrsg.)
Historischen Kommission bei der Bayerischen Akademie der Wissenschaften, Band 13
(1881)

Simonsfeld, Henry, **Der Fondaco dei Tedeschi in Venedig und die deutsch-venezianischen Handelsbeziehungen** - Verlag J. G. Cotta'schen Buchhandlung, Stuttgart 1887

Soukup, R. Werner, **Chemie in Österreich** – Von den Anfängen bis zum Ende des 18. Jahrhunderts - Böhlau Verlag, Wien Köln Weimar 2007

Vallotti, Francesco Antonio - in: Bayerisches Musiker-Lexikon Online, hrsg. von Josef Focht, Version 3.07 vom 31. März 2010, http://www.bmlo.lmu.de/v0220

Wieninger, Karl, **Hier in diesem Hause...** - Athesia Verlag, Bozen 1978

von Zingerle, Ignaz Vincenz, **Sagen, Märchen und Gebräuche aus Tirol**: Gesammelt und herausgegeben von Ignaz Vincenz Zingerle - Verlag Wagner'sche Buchhandlung, 1859 - Original von der Bayerischen Staatsbibliothek Digitalisiert am 15. Mai 2009

Literatur Ettal

Bauer, Hermann und Anna, **Klöster in Bayern** – Verlag C. H. Beck, München 1985

Baumgartl, Edgar, **Martin Knoller 1725-1804** - Malerei zwischen Spätbarock und Klassizismus in Österreich, Italien und Süddeutschland - Deutscher Kunstverlag Mch-Bln 2004

Benedikt, Heinrich, **Firmian** in: Neue Deutsche Biographie 5 (1961), S. 169 [Onlinefassung] - URL: http://www.deutsche-biographie.de/artikelNDB_pnd133391736.html – Stand April 2010

Brinkmöller-Gandlau, Harriet, **Zuccalli, Enrico** - Biographisch-Bibliographischen Kirchenlexikons, Verlag Traugott Bautz - Bd. XIV BBKL Herzberg 1998 ISBN 978-3-88309-073-3

Buffa e Castellalto - Archivio di Stato di Trento - Sistema Informativo Archivi di Stato

Colsmann, Gudrun, **Die Ettaler Madonna – ein Sinnbild kaiserlicher Macht für Ludwig den Bayern** - in: Studien und Mitteilungen zur Geschichte des Benediktiner-Ordens und seiner Zweige – Bd. 67- I./II. Heft - Verlag der Bayerischen Benediktinerakademie - Abtei St. Bonifaz, München 1957

219

Crescenzio, Daniela, **Italienische Spaziergänge in München – Band I: Florenz Venedig Rom** - IT-INERARIO Verlag, Unterhaching 2009

Die Benediktinerabtei Ettal in Geschichte und Gegenwart - http://www.abtei-ettal.de/geschichte/seite02.html – Stand März 2010

Erlich, Horst, **Die Kadettenanstalten** - Herbert Utz Verlag, München 2006

Famiglia Carignani - http://www.nobili-napoletani.it/Carignani.htm

Familie Giovanelli - http://www.giovanelli.at/b1078.html

Felgel, Anton Victor, **Firmian, Carl** zu - in: Allgemeine Deutsche Biographie, Band 7 – Version 7. März 2010

Ferienregion Rottal-Inn - in: Landkreis Rottal-Inn - http://ferienregion.rottal-inn.de/index.asp?NAVIID={D9E1CD93-69E2-4337-BF3F-891E255391B5} – Stand März 2010

Ferrandini, Giovanni Battista - http://www.operone.de – Stand März 2010

Fischer, Dr. Pius, **Der Barockmaler Johann Jakob Zeiller und sein Ettaler Werk** - Verlag Herold, München 1964

Franz Laktanz Graf von Firmian - Salzburger Museumsblätter, Nr. 3-4 März 2008 – 69. Jahrgang

Gatterer, Johann Christoph, **Handbuch der neuesten Genealogie und Heraldick (!), worinnen aller jetzigen Europäischen Potentaten Stammtafeln und Wappen enthalten sind. (.). Aufs neue ausgefertiget**. - Weigels Erben, 1759 Nürnberg

Geschichte der Paris Lodron Universität Salzburg - in: http://www.uni-salzburg.at/portal/page?_pageid=117,58983&_dad=portal&_schema=PORTAL – Stand März 2010

Giordano, Gloria - Marchesi, Jehanne - Gaetano Grossatesta, an **Eighteenth-Century Italian Choreographer and Impresario**, Part Two: The Choreographer-Impresario in Naples - Dance Chronicle, Vol. 23, No. 2 (2000) - Taylor & Francis, Ltd., URL: http://www.jstor.org/stable/1568073

Heym, Sabine, **Henrico Zuccalli** – Der kurbayerische Hofbaumeister - Schnell & Steiner Kunstlerbibliothek, München – Zürich 1984

Kainz, Stephan, **Die Ritterakademie zu Ettal (1711-1745)** Programm des Kgl. Gymn. im Benediktinerkloster Ettal für das Schuljahr 1911/12 - Frank X. Seitz in München, 1912

Kalff, Athanasins - Koch, Laurentius, **Festschrift zum Ettaler Doppeljubiläum 1980 - Benedikt, 480-1980. Ettal, 1330-1980** - Buch- und Kunstdruckerei Hermann Weixler GmbH, Oberammergau 1981

Kroyer, Theodor, **Geschichte der Münchener Oper** - Verlag für praktische Kunstwissenschaft Dr. F. X. Weizinger & Co., 1923 München

Lindner, P. Firmin, **Album Ettalense** - Kgl. Hof und Universitäts-Buchdruckerei von Dr. Wolf & Sohn, 1887 München

Matsche, Franz - Doktorarbeit, **Der Freskomaler Johann Jakob Zeiller (1708-1783)** - Marburg/Lahn 1970

Petzte, Michael, **Denkmäler in Bayern, Band 1-2** - Oldenbourg Wissenschaftsverlag, München 1986

Schulten, Holger, **Der „Wittelsbacher"-Zyklus in den Hofgartenarkaden München** - Universitätsbibliothek Heidelberg, http://archiv.ub.uni-heidelberg.de/artdok/volltexte/2006/151/ - 2006

Schütz, Alois Schütz, Ludwig der Bayer, in: Neue Deutsche Biographie 1 (1953), S. 155 (Onlinefassung) - URL: http://www.deutsche-biographie.de/artikelNDB_pnd118574957.html – Stand März 2010

Thiersch, Friedrich von, **Die Baugeschichte des Klosters Ettal** - in: Bericht über die Königliche Technische Hochschule zu München; 1899-1900

Tolfo, Maria Grazia – Colussi, Paolo, **Cronologia di Milano dal 1326 al 1350** - http://www.storiadimilano.it/cron/dal1326al1350.htm – Stand März 2010

Vollmer, Eva Christina – Koch, Laurentius OSB, **Francesco Marazzi** - „Churbayerischer Stuckador" des Spätbarock aus dem Tessin - in: Jahrbuch des Vereins für Christliche Kunst – Band XII, Selbstverlag des Erzbischöflichen Ordinariats, München 1982

Literatur Oberammergau

Crescenzio, Daniela, **Italienische Spaziergänge in München – Band II: Dynastien aus Italien** - IT-INERARIO Verlag, Unterhaching 2009

Daisenberger, Joseph A., **Geschichte des Dorfes Oberammergau** - Aus dem XX. Bde. Des Oberbayerischen Archivs - Verlag C. Wolf, München 1858 - Digitalisiert von der Bayerischen Staatsbibliothek München

Geschichte der Pfarrkirche in Oberammergau - http://www.pfarrverband-oberammergau.de/index.php?id=40 – Stand März 2010

Gundersheimer, Hermann, **Matthäus Günther – Die Freskomalerei im süddeutschen Kirchenbau des 18. Jahrhunderts** - Dr. Benno Filser Verlag GmbH, Augsburg 1930

Mayer, Joseph Maria, **Das Bayern-Buch: Geschichtsbilder und Sagen aus der Vorzeit der Bayern, Franken und Schwaben** - Lindauer Verlag, München 1869 - Digitalisiert von der Bay. Staatsbibliothek München

Museum Oberammergau - http://www.oberammergaumuseum.de/ – Stand April 2010

Siegmeth, Lucia, **Das Verhältnis von Malerei und Architektur, Bild und Rahmung in der Deckenfresken des österreichischen Barock** - Dissertation vorgelegt in Wien 1952

Dank & Bildnachweis

Grazie!

Vielen Dank den Kirchen, Klöstern und dem Erzbischöflichen Kunstreferat in München, die uns Fotoaufnahmen und deren Veröffentlichung erlaubt haben, sowie den Museen, Archiven und Gemeinden, die uns Bildmaterial zur Verfügung gestellt haben.

Bildnachweis:

Volker Bergmann
9, 10, 12, 18, 20, 24, 28, 30, 33, 34, 36, 37 rechts, 38, 42, 43, 46, 49, 51, 53, 54, 55, 58, 59, 62, 63, 66, 67, 69, 74, 75, 76, 77, 79, 81, 83, 84, 85, 89, 90, 95, 96, 99, 100, 101, 104, 105, 113, 115, 118 oben, 119, 120, 121, 122, 123 links, 125, 126 oben, 131, 136, 137, 138, 140, 141, 145, 146, 148, 149, 150, 152, 153, 154, 155, 156, 157, 158, 159, 160, 161, 163 unten, 165, 167, 169, 170, 171, 173, 174, 175, 177 links, 178, 183, 185, 186, 187, 189, 193, 194, 197, 199, 200 links, 201, 202

Daniela Crescenzio
6, 7, 13 unten, 17, 22, 37 links, 39, 44, 45, 47, 64, 111, 117, 123 rechts, 123 unten, 124, 126 unten, 128 oben, 151, 163 oben, 191, 200 rechts

Kloster Benediktbeuern, Ölgemälde von Jan Mráz 1988, Fotograf Volker Bergmann 72

Verlagsarchiv
2, 13 oben, 16, 25, 27, 29, 71, 88, 98, 102, 108, 118 unten, 129, 134, 144 rechts, 162, 181, 198

Universität Salzburg, Inv.-Nr. G 1026 II, Bild 190

Flickr, Fotografin Clairity 177 rechts

Wera Tuma 144 links

Archiv FLM Glentleiten 87, 92, 94

Schwester Josefa Thusbaß, Kloster Schlehdorf 78

Bildarchiv Foto Marburg, Fotograf Roman von Götz 15

Bayerisches Hauptstaatsarchiv, München, Inv.-Nr. G. L. Fasc. 4064.30.I Bild 26

Moralt Tischlerplatten GmbH & Co. KG 32

Archiv des Erzbistums München und Freising 41

Südtiroler Weinmuseum, Kaltern 50, 52

© **istockphoto.com**/trait2lumiere Bild 48
© **istockphoto.com**/pixalot Bild 112

Comune Badia Calavena 65

Tiroler Landesmuseum Ferdinandeum, Innsbruck
Maler Franz Anton Zeiller, Inv.-Nr. Gem 281, Bild 70
Inv.-Nr. GL 84, Bild 110
Maler Martin Knoller, Inv.-Nr. Gem 257, Bild 192

Geigenbaumuseum Mittenwald, Fotograf Rollo Steffens Bild 128 unten, Bild 130

Gemeinde Mittenwald, Gemälde von Matthias Noder 1805, Fotograf Volker Bergmann 135

Die Deutsche Bibliothek verzeichnet diese Publikation in der Deutschen Nationalbibliographie; detaillierte bibliographische Daten sind im Internet über <http://dnb.ddb.de> abrufbar.

Haftung
Alle Angaben dieses Werkes wurden von der Autorin sorgfältig recherchiert. Für die Richtigkeit der Angaben kann jedoch keine Haftung übernommen werden.
Für eventuelle Hinweise wenden Sie sich bitte an den Verlag IT-INERARIO

info@it-inerario.de

oder per Post

IT-INERARIO GbR
Hauptstraße 18
D-82008 Unterhaching/München

Lektorat: Volker Bergmann
Pläne: Volker Bergmann
Typographische Gestaltung: IT-INERARIO, Unterhaching/München
Druck: Pinsker Druck und Medien, München-Mainburg

Auf dem Cover: Ein Bayer schaut nach Venedig, das an den Walchensee versetzt wurde. Walchensee: Volker Bergmann, Venedig: © istockphoto.com/Petergar, Bayer: © istockphoto.com/ra-photos, Montage: Volker Bergmann

Printed in Germany

ISBN 978-3-9813046-2-6